KB068995

[중화인민공화국이
공 식 인 정 한
中 韓 友 好 使 者]

김한규,
중국과 하다

김한규 지음

25년 동안 중국을 수백 차례 드나든
민간외교의 첨병 *김한규* 21세기한중교류협회 회장이 들려주는
중국, 중국인의 기질과 속살!!

박영books

정치인 김한규

김한규 의원이 방문한 덩샤오핑(鄧小方, 덩샤오핑 전 중앙군사위원회 주석의 장남) 중국장애인연합회 주석과 함께 한중 양국 장애인정책에 대해 의견을 교환한 후 기념촬영을 하고 있다.

1990년 7월 국회 88올림픽지원특별위원회 위원장을 맡았던 김한규 의원이 베이징아시안게임 메인스타디움을 찾아 중국 측 관계자들과 의견을 교환하고 있다. 당시 중국은 90베이징아시안게임을 성공적으로 치르겠다는 국가적인 목표를 세우고 한국에 도움을 요청했다.

1992년 한중 수교 전 양국 교류 협력에 가장 수고한 장바이파(張百發) 베이징시 상무부시장(왼쪽에서 첫 번째), 정홍예(鄭鴻業) 중국무역촉진회 회장(왼쪽에서 다섯 번째), 진홍잉(金紅英) 여사(왼쪽에서 일곱 번째)와 김한규 의원이 기념촬영을 하고 있다.

1992년 8월 장바이파(張百發) 베이징시 상무부시장이 90베이징아시안게임 지원에 감사하고, 2000년 베이징올림픽 지원을 요청하기 위해 박세직 의원과 김한규 의원을 초청했다.

1992년 한국 국회의원으로는 최초로 중국 전인대를 방문한 김한규 의원이 차오스(喬石) 전인대 상무위원회 위원장과 면담하고 있다.

중국정치협상회의 리루이환(李瑞環) 주석과 김한규 의원이 면담하고 있다.

한중 수교 다음 해인 1993년 중국을 방문한 김한규 의원이 차오스(喬石) 전국인민대표대회 위원장과 텐지윈(田紀雲) 전인대 제1부위원장을 만나 우의를 다지고 있다. 김한규 의원은 한국 국회와 중국 전국인민대표대회 간 교류에 기여한 공로로 텐지윈 전인대 제1부위원장의 초청을 받아 중국을 방문했다.

한국 민주자유당과 중국 공산당 사이의 당 차원의 교류를 추진한 김한규 의원, 박세직 의원과 왕자루이(王家瑞) 중국 공산당 대외연락부 부장이 베이징에서 만나고 있다.

1995년 12월 김한규 의원이 중국을 방문해 장쩌민(江澤民) 국가주석과 만나고 있다.

중국을 방문한 김한규 의원이 한중 양국의 교류와 협력을 위한 의견을 나눈 뒤 리펑(李鵬) 국무총리와 악수를 하고 있다.

중국정치협상회의 위정성(兪正聲) 주석과 김한규 의원이 함께 했다.

주량(朱良) 중국 공산당 대외연락부 부장의 초청으로 중국을 방문한 김한규 의원이 양국 교류에 대해 환담 후 기념촬영을 하고 있다.

21세기한중교류협회 회장 김한규

2000년 11월 김한규 회장이 신라호텔에서 방한 중인 주룽지(朱鎔基) 중국 총리와 만나 한중 양국 지도자 교류를 위한 방안을 협의하고 있다. 쌍방은 21세기한중교류협회와 중국인민외교학회가 상호 교류를 위한 창구 역할을 맡는 것에 동의했다.

2000년 11월 중국인민외교학회 강당에서 김한규 21세기한중교류협회 회장과 메이자오룽(梅兆榮) 중국인민외교학회 회장이 자매결연서를 교환하고 있다.

2000년 12월 중국 베이징에서 첸치천(錢其琛) 국무원 외교담당 부총리와 김한규 회장이 함께 했다.

2002년 9월 서울에서 열린 제2차 한중 지도자포럼에서 환영 만찬을 하기 전 기념촬영을 하고 있다. 박근혜 18대 대통령이 함께 했다(첫줄 왼쪽에서 네 번째).

김한규 회장과 꾸시우리엔(顾秀莲) 전인대 부위원장이 한 중 여성지도자포럼에 대해 협의하고 있다.

2006년 9월 베이징 인민대회당에서 김수한 전 국회의장 (본회 특별고문)이 자칭린(賈慶林) 전국정치협상회의 주석 과 면담한 뒤 기념촬영을 하고 있다. 김한규 회장도 자리 를 함께 했다.

2007년 4월 정부 초청으로 공식 방한한 원자바오(溫家寶) 국무총리와 김한규 회장이 회담 전 악수를 하고 있다.

2007년 장쩌민(江澤民) 전 국가주석 고향인 양저우시 최 치원 기념관에서 열린 한중 수교 15주년기념비 준공식에 서 (왼쪽부터) 양저우시 부시장, 김한규 회장, 전두환 전 대 통령 내외, 중국인 민외교학회 부회장 이 기념촬영을 하 고 있다.

2008년 8월 한국을 방문한 후진타오(胡錦濤) 국가주석과 김한규 회장이 만나고 있다.

2009년 제1차 한중 국방안보교류에 참가한 이종구 전 국방부장관이 중국인민해방군 총참모장 천빙더(陳炳德) 상장(대장)을 만났다. 왼쪽에 김한규 회장, 오른쪽에 슝광카이(熊光楷) 중국국제전략학회 회장이 함께 했다.

2009년 6월 제1차 한중 고위언론인포럼에 참여한 김한규 회장이 리창춘(李長春) 정치국 상무위원과 면담하고 있다.

2009년 12월 시진핑(習近平) 당시 국가부주석 방한 환영 조찬회에 참석한 김한규 회장이 인사하고 있다.

2010년 제3차 한중 국방안보교류에서 량광례(梁光烈) 국무위원(부총리급) 겸 국방부장관과 김한규 회장이 함께 했다.

2010년 8월 중국인민외교학회 양문창(杨文昌) 회장이 김한규 회장에게 기념패를 전달하고 있다.

2011년 10월 한국을 방문한 리커창(李克强) 국무총리와 김한규 회장이 만나고 있다.

한중 수교 20주년을 기념하여 21세기한중교류협회와 주한중국대사관이 공동으로 2012년 신년인사회를 주최했다.
(왼쪽부터 이참 전 한국관광공사 사장, 김운용 전 IOC 부위원장, 고명승 대한민국 성우회 회장, 박진 국회의원, 김덕룡 대통령실 국민통합특별보좌관, 오정현 사랑의교회 담임목사, 박선영 국회의원, 이종구 전 국방부장관, 이수성 전 국무총리, 최성원 백강복지재단 이사장, 장상 전 국무총리서리, 김수한 전 국회의장, 장신썬 주한중국특명전권대사, 김한규 21세기한중교류협회 회장, 김문수 경기도지사, 김부겸 국회의원, 원혜영 국회의원, 이배용 국가브랜드위원회 위원장, 고흥길 특임장관)

'21세기형 독립운동가'가 된 심정으로 쉬지 않고 달려온 25년이었다. 중국을 다녀온 횟수만 수백 차례에 이른다. 내가 한국으로 초청한 중국의 고위인사만도 연인원延人員으로 따지면 아마 천여 명은 훌쩍 넘어설 것이다.

한중 수교 과정에서는 초기 논의 단계에서부터 민간 차원국회의원으로 중국의 최고 지도자들을 만나 막후조율을 했다. 양국 정부 공식 채널 간 협상에서 막혔던 문제들도 민간 채널에서 쉽게 풀리곤 했다. 한중 수교 이후에는 21세기한중교류협회를 중심으로 양국의 국익 차원에서 다양한 포럼을 열어 양국관계를 지속적으로 발전시키기 위해 노력해 왔다.

이제 중국은 미국과 어깨를 나란히 하는 지구촌 G2 국가로 우뚝 섰다. 한국은 개발도상국을 넘어 선진국 문턱에 진입했다. 특히 중국에 시진핑習近平 주석 체제, 한국에 박근혜朴槿惠 대통령 체제가 새로 들어선 지금은 한중 양국의 미래 비전을 새로 그릴 수 있는 절호의 기회로서 한반도 평화통일의 초석도 다질 수 있다.

이 시점에서 내가 지난 25년 동안 중국을 오가며, 또 중국 지도자들을 한국으로 수없이 초청하며, 한중관계 발전을 위해 노력했던 일들을 기록으로 남겨야겠다고 판단했다. 지나간 일들을 단순하게 나열하는 것은 큰 의미가 없다는 생각을 했기에, 그보다는 어제의 경험을 바탕으로 오늘의 중국을 통찰洞察하고, 내일의 한중관계 방향을 제시하는 데 초점을 맞췄다.

현재 우리나라는 120여 개 대학의 중국 관련 학과에서 학생들이 중국어와 중국에 대해 공부를 하고 있다. 중국에 진출한 우리나라 기업체는 2만 3천 개가 넘는다. 우리 국민들의 중국에 대한 관심도 날로 높아지고 있다. 단순히 관광지로서의 중국 대륙이 아니라 중국과 중국인의 본질을 알고 싶어 한다.

이 책을 집필하면서 중국을 공부하는 대학생, 전문가, 중국 진출 기업체의 임직원, 나아가 중국이라는 나라에 호기심을 갖는 국민들에게 길잡이가 되도록 하겠다는 마음가짐으로 임했다. 한중 수교 비사, 중국의 지도자들, 중국의 정치체계, 중국의 현재와 미래뿐만 아니라 대륙에서 직접 몸으로 체험한 5천년 중화문명과 중화사상, 중국인의 기질까지 상세히 설명한 것도 이 때문이다.

이제 한중 양국은 바늘과 실의 관계다. 양국이 동반 성장하고 공생공존하는 관계로까지 발전하였다. 그리고 한반도의 평화통일은 중국의 협조 없이는 불가능하다고 생각한다. 이 책을 집필하게 된 이유 중 하나도 한반도 평화통일을 위해 북한에 대한 중국의 영향력을 어떻게 활용해야 하는지 방향을 제시하고 싶었기 때문이다. 중국이 한반도 평화통일에 기여할 수 있도록 만들기 위해서는 민간 차원의 역할이 매우 중요함을 깨닫게 하고 싶었다.

한중 수교와 수교 이후의 양국 발전에 기여한 사람들 가운데는 그 역할이 잘 알려지지 않은 사람도 많다. 그중에서도 중국의 장바이파張百發 당시 베이징시 상무부시장과 그의 통역이었던 진홍잉金紅英 여사, 그리고 김 여사의 부군인 민펑전閔鳳振 사장과 정홍예鄭鴻業 중국 무역촉진회 회장은 한중 수교 전 양국의 교류 협력을 위해 헌신적인 노력을 했다. 지금도 중국을 찾을 때면 그들의 얼굴이 먼저 떠오른다. 그 밖에도 한중 수교 후 당시 톈지윈田紀雲 전인대 제1부위원장, 주량朱良 대외연락부장, 자오둥완趙東宛 전인대 교육과학문화위생위원장 등을 잊을 수 없다. 또한 2000년 11월 당시 주룽지朱鎔基 총리의 국빈 방문 기간에 주룽지 총리와 탕자쉬안唐家璇 외교부장의 특별한 관심으로 21세기한중교류협회가 창립되어, 현재 정부 차원에서 하기 힘든 일을 중국인민외교학회한중 지도자포럼, 한중 여성지도자포럼, 한중 차세대정치지도자교류, 국무원 신문판공실한중 고위언론인포럼, 총참모부 국제전략학회한중 국방안보교류와의 협력과 노력으로 추진하고 있는 데 큰 보람을 느끼고 있다.

끝으로 이 책이 세상에 나오기까지 많은 도움을 주신 21세기한중교류협회 박몽용 대구경북협회 회장과 박영사 안종만 회장님에게 깊이 감사드린다.

2014년 1월

김 한 규

차 례

음수사원과 관시의 나라 중국

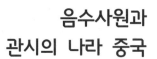

1992년 8월 24일, 한국과 중국이 적대관계를 청산하고 국교를 정상화했다. 한국 외무부장관 이상옥, 중국 외교부장 첸지천錢基琛이 베이징 시내 영빈관 댜오위타이釣魚台에서 상호불가침, 상호내정불간섭, 중국의 유일합법정부로 중화인민공화국 승인, 한반도 통일 문제의 자주적 해결원칙 등을 담은 6개항의 '대한민국과 중화인민공화국 간의 외교관계 수립에 관한 공동성명'을 교환했다.

1945년 남북 분단 이후 47년 동안 교류가 끊겼던 한국과 중국이 다시 국교를 맺은 것은 당시 냉전체제 붕괴라는 국제 정세의 변화에 발맞춰 우리 정부가 추진한 북방정책의 결실이었다. 수교 협상 과정에서는 많은 어려움도 있었다. 양국 사이의 공식 협상 채널에서는 도저히 풀 수 없는 난관도 많았다. 이때는 막후 라인을 통한 물밑 접촉으로 문제를 풀어 나갔다. 수교를 위한 분위기 조성 단계에서도 양국의 막후 라인이 활발하게 움직였다.

한중 수교 이후 21년 동안 양국 사이에 정치, 경제, 사회, 문화 등 모든 분야에서 나날이 교류 협력이 확대되고 신뢰도 쌓였다. 백지에 다채로운 색깔의 그림을 그려 나간 시간들이었다. 그러는 사이 양국이 동반성장을 하면서 지구촌에서의 위상도 나란히 올라갔다. 두 나라가 돈독한 우호관계를 맺는 과정에서는 정부 당국 간, 기업 간 왕래 외에 민간 차원의 교류도 큰 힘을 보탰다. 당국 간 협상에서 막힌 문제는 민간 교류단체가 해결을 위한 단서들을 제공했다. 특히 양국 국민들이 서로 마음을 터는 데도 민간외교의 첨병들이 앞장섰다.

나는 한중 수교를 위한 분위기 조성과 본격적인 협상 단계에서 중국 측 지인들을 만나 막후에서 물밑 접촉을 벌였다. 수교 하루 전날까지 동료 국회의원이었던 류돈우 의원전 한국주택은행장, 현 파이낸셜뉴스 경영고문 등과 함께 베이징에서 최종 점검을 했다. 또 한중 수교 이후에는 '21세기한중교류협회'를 이끌면서 민간외교에 매진했다. '21세기형 독립운동가'라는 심정으로 열심히 일했다. 이를 위해 그동안 중국을 다녀온 횟수가 수백 차례에 이른다.

이 기간 동안 장쩌민江澤民, 리펑李鵬, 주룽지朱鎔基, 후진타오胡錦濤, 원자바오溫家寶, 시진핑習近平, 리커창李克强 같은 중국의 최고 지도자들과 깊게 교류했다. 리루이환李瑞环, 자칭린賈慶林, 텐지원田紀雲, 차오스喬石, 후이량위回良玉, 리창춘李長春, 꾸시우리엔顾秀蓮, 탕자쉬안唐家璇, 리테잉李鐵映, 첸치천錢其琛, 위정성俞正聲, 천빙더陳炳德, 량광례梁光烈, 자오난치趙南起, 천즈리陳至立, 주량朱良, 다이빙궈戴秉国, 왕자루이王家瑞, 리잔수栗戰書 등 수많은 고위층 인사들도 나의 오랜 친구다.

나는 그들과 만나면서 중국이 '음수사원飮水思源과 관시關係의 나라'라는 생각을 수없이 했다. 음수사원은 '우물물을 마실 때 그 우물을 판 사람을 기억하라'는 뜻이다. 관시는 '사람과의 관계', 즉 인맥이다.

중화인민공화국이 공식 인정한 '中韓友好使者'

중국의 국민성도 그렇지만 최고위 지도자들은 어떤 경우에도 은혜를 잊지 않고, 한 번 맺은 인연은 끝까지 간직한다. 이런 중국 고유의 덕목이 내가 한중 수교를 막후에서 지원하고, 양국 교류 확대에 일조하는 데 큰 힘이 됐다. 중국 정부는 나의 그런 노력을 인정해 '중한우호사자中韓友好使者'라는 영예로운 칭호를 부여했다.

나는 한중관계의 바람직한 미래상을 찾아보고, 나아가 남북통일의 기반을 닦는 데 조금이라고 도움이 되고자 이 책을 통해 나의 경험을 공유하려 한다. 중국의 본질, 중국인의 속살을 정확하고 명쾌하게 설명하려 한다. 중국은 어떤 나라일까? 피부로 느낀 중국식 사회주의와 중국 공산당의 지도체제는 어떤 모습일까? 바람직한 한중관계와 동북아시아의 미래는 어떤 그림일까? 내가 소망하는 남북통일의 대업, 그 실마리는 어떻게 풀 것인가를 이야기하려 한다.

미국과 어깨를 나란히 하면서 지구촌을 주도해 나갈 'G2' 국가로 우뚝 선 중국, 중국인의 세계로 들어가 보자.

나의 삶은 늘 새로운 일에 대한 도전, 그 자체였다. 남들이 불가능하다고 했던 일들도 뚝심으로 밀어붙였다. 그러는 사이 나에게는 어느 때부터인가 여러 가지 수식어가 붙어 다닌다. 사람들이 가장 먼저 떠올리는 이미지는 '중국통'이다. 또 '민간외교 특사'라고도 한다. 나는 그런 말들이 좋다. 21세기한중교류협회를 이끌면서 양국 우호 증진과 교류 발전에 기여한 공로를 인정받는 기분이다.

나를 '정치인 김한규'로 기억하는 사람도 많다. 실제로 정치권에 몸담았을 때는 국회의원, 김영삼 대통령(여당 총재) 비서실장, 국회 국제경쟁력강화 특별위원장, 제20대 총무처장관을 거쳤다. 역사의 고비에서 수많은 고뇌를 하고, 결단을 내리던 시기다.

또 아시아 최대 규모의 일산복지타운을 설립하면서 '장애인의 대부'라는 영예스러운 별칭을 얻었다. 3개의 장학재단을 설립해 운영하면서 인재 양성에도 힘쓰고 있다. 동양인 최초로 러시아 사회과학원에서 정치학 박사학위를 취득했고, 노르웨이 국왕으로부터 공로훈장을 수여받아 복지외교의 지평을 열었다고도 자부한다. 지금은 '21세기형 독립운동가'가 된 심경으로 한중 민간외교에 매진하면서 조국의 평화통일을 준비하는 데 힘을 보태고 있다.

그러나 내 삶의 시작은 결코 순탄하지 않았다.

가난과의 싸움으로 얼룩진 독학의 길

나는 한반도에서 일제의 수탈과 착취가 극에 달했던 1940년에 경상북도 달성군 성서면 본리동지금의 대구광역시의 한 소작농 가정에서 7남매 중 다섯째로 태어났다. 태어난 지 얼마 안 되어 본리동에는 지독한 콜레라가 돌았고, 곧이어 전쟁의 참화가 반도에 깊은 상처를 내고 지나갔기에 고향사람들에게 가난은 밥 먹듯 익숙한, 삶의 한 형태가 되어 버렸다. 아니 '밥 먹듯'이가 아니라 '피죽 마시듯'이가 더 적절한 표현일 것이다.

게다가 해방이 된 이듬해에 찾아든 지독한 가뭄은 땅바닥을 얼기설기 갈라 터지게 했을 뿐만 아니라 사람들의 가슴과 입술마저 말라 터지게 했다. 바람 한 점 없는 하늘 아래 맥없이 축 늘어진 수양버들이 금방 쓰러질듯 한 모습으로 개울가에 고개를 떨어뜨리고 서 있었다. 그런 혹독한 가뭄에도 악착스런 생명력을 가진 '피볏과의 한해살이 풀'만은 살아남아 그 세월 동안 피죽을 얼마나 마셨는지 모른다. 감자나 고구마는 부잣집에서나 먹는 음식이었고, 과일이나 고기는 아예 구경조차 못했다. 서민들은 그냥 아침에도 피죽, 저녁에도 피죽, 하루 세 끼가 아니라 두 끼를 피죽으로 때웠다.

본리동은 당시 '지루지'라고도 불렸다. 비만 한 번 오면 땅이 얼마나 질던지 장화를 신지 않고는 도저히 나다닐 수 없을 정도의 벽촌이었다.

그런 곳에서도 늘 더 어려운 이웃들을 먼저 염려하시며 사셨던 온화한 성품을 지닌 아버지는 마을의 정신적 지주로 존경을 받았었다. 그러던 아버지마저도 혹심한 가난 앞에서는 가끔씩 정신 줄을 놓고 멀거니 하늘만 쳐다볼 때가 있었다. 그나마 있던 몇 마지기 땅도 거의 팔아 버린 상황에서 나는 고등학교 진학은 꿈도 꾸지 말았어야 했다. 그 후 가정의 버팀목이셨던 아버지가 돌아가시자 가난은 더더욱 남은 가족들에게 파고들었다.

그런 가난에 설상가상으로 같은 동쪽끼리의 전쟁이 터지면서 한반도는 말 그대로 비운의 먹구름에 감싸여 있었다. 나는 고향에서 낮에는 형을 도와 사과 장사를 하고 밤에는 검문소에 나가 밤 경계 근무를 서면서 그 살벌하고 처참했던 전쟁을 경험했다. 전쟁은 선량했던 사람들의 가슴에 피비린내와 더불어 가난만을 남기고 갔다.

그 험난한 세월에도 나는 배움에 목말라 있었다. 영어사전 한 권을 통째로 외워 버릴 정도로 지독하리만치 혼자 공부했다.

어려운 중학 시절을 보내고 고등학교에 진학해야 하는데 등록금이 문제였다. 한때는 고등학교 등록금을 마련하기 위해 가정교사를 하면서 버티기도 했다. 결국 반년 만에 자퇴를 하고 검정고시에 도전장을 낼 수밖에 없었다.

독학 2년 만에 대입 검정고시에 합격한 뒤 홀로 상경해 대입고시를 준비했다. 서울에 입성한 지 2년 만인 1963년 봄, 마침내 대학 진학의 꿈을 이뤘다.

하지만 청운의 꿈을 안고 밟은 대학 캠퍼스는 이내 4.19의 소용돌이에 휘말려 들어갔다.

'상아의 진리 탑을 박차고 거리에 나선 우리는 질풍과 같은 역사의 조류에 자신을 참여시킴으로써 이성과 진리, 그리고 자유의 대학 정신을 현실의 참담한 박토에 뿌리려 하는 바이다. 나가자! 자유의 비밀은 용기뿐이다'.

피로 전해져 오는 현실의 메시지, 안팎에서 들려오는 참혹한 소식들은 갓 입학한 '촌뜨기'를 혼란과 흥분에 빠뜨리기에 충분했다. 나는 그런 모순과 갈등 속에서 잠깐 방황했다. 그러다 곧 자신을 추스르고 선진 외국에 나가 공부하고 싶은 충동을 느꼈다. 내 미국 유학의 꿈은 이렇게 시작됐다. 새로운 도전이었다.

'민주주의란 대체 무엇인가? 자유와 정의의 한계는 어디인가? 선善은 무엇이고 악惡은 무엇인가?'

이런 원론적인 질문들에 대해 정확한 답안을 찾고자 했다. 그러자면 우물 안 개구리 식의 사고에서 벗어나야 했다. 더 넓은 세계를 알아야 했다. 영어가 필요했다. 미친 듯이 영어 공부를 했다.

어린 시절 나에게 있어서 미국이란 과연 어떤 나라였을까? 시커먼 연탄 같은 사람이 사는 곳, 감미로운 'C레이션'의 나라. 그러나 그 당시 대학생이던 나에게 다가온 미국은 이미 그런 '도깨비 나라'는 아니었다. 세계를 좌지우지하는 힘 있는 나라였다. 그 힘을 배워 오고 싶었다. 그 힘과 사회 운영의 체계를 배워 올 수만 있다면 그 혼란스러웠던 나라도 진정시킬 수 있을 거고 어찌 보면 분단의 아픔으로 극의 대립을 이룬 남북통일의 대업도 이루어 낼 수 있지 않을까….

"그래, 가는 거다. 부딪쳐 보는 거야, 난 젊으니까!"

미국 유학 시절: 새로운 세계를 접하다

미국 유학을 결심한 지 4년째 되는 1970년, 미국 캘리포니아 주립대학 유학길에 올랐다.

미국 공항에 내리는 순간, 그동안 한국에서 아르바이트로 버티며

중화인민공화국이 공식 인정한 '中韓友好使者'

고학하던 일들, 유학을 준비하느라 밤샘을 하던 생각, 이리저리 서류를 들고 수속을 밟느라 노심초사하던 기억들이 아스라이 떠올랐다. 하지만 오히려 그때까지는 행복이었다. 진짜 고생이 시작되었다.

캘리포니아 주립대학 정치학과에 편입해 막상 공부를 시작하니 언어의 벽이 너무나도 높았다. 한국에서 그렇게 열심히 배운 영어가 미국인들이 일상으로 쓰는 영어하고는 판이하게 달랐다. 일상생활에 쓰이는 관용어나 은어, 슬랭Slang 같은 말은 도저히 귀에 익지 않았다. '이거 내가 영어 공부 헛했나?' 하는 회의와 함께 조급증이 생겼다. 1년간 랭귀지 스쿨과 시티 칼리지코스를 밟으면서 차츰 빠른 말이나 관용어에는 적응이 되었지만 은어나 슬랭에는 여전히 입과 귀가 열리지 않았다. 그런 용어들이 어떤 자리에서는 '아하, 그런 뜻이었구나' 하고 알게 된 듯했지만 다른 자리에서는 또 전혀 다른 뜻으로 사용돼 멀쩡한 사람을 바보로 만들기 일쑤였다.

후일 랭귀지 스쿨을 마치고 미국 체류 기간도 늘어나면서 그런 말들의 '변화 법칙'을 자연스레 터득하게 됐다.

당시 미국 내에서 한국 유학생들의 처지는 말이 아니었다. 그 어려운 영어 관문을 넘느라 고생인데다, 등골이 휘게 아르바이트를 하느라 매일매일 녹초가 되곤 했다. 접시닦이는 기본이고 주유소의 허드렛일, 도서관 책 정리, 베이비시터, 청소 용역, 슈퍼마켓 포터짐꾼 등등 유학생들은 학비와 생활에 보탬이 되는 일이면 무엇이든 마다하지 않았다. 그러다 보니 그들은 대개가 늘 꾀죄죄한 모습이었다.

차츰 미국 내에서 활동 반경과 대인관계가 넓어지면서 당시 한국인이 미국에서 어떤 이미지인지를 뼈저리게 실감했다. 미국인 중, '코리아'가 나라 이름인지, 새로 나온 초콜릿 이름인지 헷갈려 하는 이도 간혹 있었다. 안다고 해도 극동 아시아에 붙은 가난하기 그지 없는 나라, 전쟁의 폐허 위에 거리의 고아들이 득실거리는 나라, 부랑인들이 도처에 깔려서 깡통으로 밥을 구걸해 먹는 나라 정도로 알고 있었다.

미국의 공용 도서관에서 한국에 관한 책은 거의 전무한 상태였다.

사정이 이렇다 보니 교민들 사이에는 조국에 대한 자긍심은 커녕 부끄러움과 자기 비하의 분위기가 팽배해 있었다. 나에게는 당시 미국인의 잘못된 인식보다는 교민사회의 그런 모습들이 더 안타까움으로 다가왔다.

차츰 미국 생활에 익숙해지면서 공부도 공부지만 뭔가를 하지 않으면 안 되겠다고 스스로 다짐했다. 그러나 구체적인 방법이 떠오르지 않았다. 다만, 무엇을 하더라도 조직적으로 하지 않으면 괜한 시간낭비일 뿐이라는 것은 분명히 알고 있었다.

이런 고민에 휩싸여 있던 1968년도에 '케네디 이민법'이 반포되면서 세인의 눈길이 아메리카에 쏠리게 되었다. 미국 내의 연고자 초청만 있으면 바로 이민이 허용되면서 미국으로 들어가는 길이 활짝 열린 것이다. 그해부터 한인 교포 이민자 수는 해마다 2만 명에서 2만 5천 명까지 증가하게 되었다. 그들 중에는 일단 미국으로 들어가고 보자는 식으로 온 이민자들도 상당수였는데 이들은 당장 언어, 직업 등의 여러 가지 난관에 부닥쳤다. 그중 가장 시급한 것이 자녀 교육 문제였다.

나는 어느 때인가부터 이 낯설은 곳으로 무작정 이민을 와서 어찌할 바를 모르는 교민사회의 '상담역'을 자진해 맡고 있었다. 솔직히 어떤 사명감을 가졌다기보다는 현지 사정을 잘 아는 사람으로서 외면할 수 없었던 일이었다. 이민 초기에는 교민사회의 허다한 문제들을 풀었다.

그 사이에 나도 캘리포니아 주립대학에 편입하고 1972년에 학위를 받았다. 그해 대학원에 진학해 국제비교행정학을 전공했다. 어느덧 재미 유학생들 중에서 맏형으로 자리매김했고, 미국 한인유학생회 회장으로 선임되면서 어깨가 무거워짐을 느꼈다.

1960-1970년대 미국에서는 거의 매일 워싱턴을 위시한 전국의 주요 도시에 시위 군중이 모여들었다. 월남전쟁과 중동전쟁에 반대해 '반전反戰'을 외치는 미국 시위 군중의 한 귀퉁이에는 한국의 정치 상황을 비판하는 한국 젊은이들도 자리하고 있었다. 그들을 볼 때마다 가슴이 아팠다. 하루 이틀도 아니고 매일 거리에 나와 목이 터져라 외쳐댄다는 것이 보통 고역이 아니었다. 그들은 그들 나름으로 나라를 위해 무언가를 하려 애쓰고 있다는 점에서 애국자임에는 틀림없었다. 아예 한국인임을 부끄럽게 생각하는 부류와는 애초 비교할 수도 없이 달랐다. 다만 타향에서 자국 정부를 비난해 본들 그것이 무슨 소용이 있으랴. 가족의 허물을 밖에 누설하면 화가 미치듯 나라와 나라 사이에서도 그 이치는 마찬가지 아닌가.

나는 유학생회 회장으로서 교민사회에서 정부에 대한 시각 때문에 일어나는 갈등에 책임을 느끼지 않을 수 없었다. 어떤 형태로든 잘되든 못되든 해결을 위한 시도, 오해가 있다면 풀고 이해할 것이 있다면 상호 이해할 수 있는 허심탄회한 대화의 장이 필요하다고 생각했다. 그래서 마련한 것이 '주미대사 간담회'였다. 함병춘 대사를 찾아가 간담회의 취지와 필요성을 설명했더니 그도 쾌히 승낙했다.

1974년 3월, 나를 비롯한 유학생회 임원들과 한국인 교수단, 그리고 각 단체 대표 150여 명이 참석한 가운데 간담회가 열렸다.

간담회는 함 대사의 기조 발제로 시작되었다. 말이 간담회지 실은 한국의 정치 상황에 대한 토론회장이나 다름없었다. 함 대사는 연설과도 같고, 강의와도 같은 장시간의 기조 발제를 했다.

"결론적으로 말해서 우리 한국은 거대한 자유세계와 공산권의 틈바구니에 끼인 냉전시대의 미아와 다름이 없습니다. 위험에 처한 미아가 최우선적으로 해야 할 일이 무엇이겠습니까? 물론 길을 찾아야 할 것입니다. 그러나 그보다 시급한 것은 당장의 안정입니다. 우선 위험으로부터 몸을 빼내야 합니다. 여기에 한국이 처한 딜레마가 있는 것입니다. 자신의 안전을 돌보면서 동시에 길을 찾아야 한다는 것입니다. 즉, 한국은 언제 다시 일어날지 모르는 전쟁에 대비하면서, 극단적으로 말하면 전쟁 준비를 하면서 한편으로는 평화를 추구하고 산업혁명을 해야 한다는 것입니다. 여기 계신 몇몇 분들이 혹시라도 선입견을 가지고 있을지도 모르겠기에 말씀드립니다만 저는 결코 한쪽으로 편향을 두고 생각하지 않습니다. 사람이나 이념보다도 민족은 우위 개념이 아니겠습니까? 이 점은 여러분들이 낯선 미국 땅에서 더욱 뼈저리게 느끼고 계시리라 믿습니다. 현대사회에서는 영원한 우방이란 있을 수 없습니다. 그러기에 어떻게든 우리는 모든 면에서 강해져야 한다는 것입니다. 우리 힘이 강해야 다시는 냉전의 희생물이 되지 않을 것입니다. 외부 사람들이 국내 정치체제에 대해 갖는 불만은 한국의 이와 같은 독특한 현실을 깊이 이해하지 못하는 데 그 뿌리를 두고 있다고 봅니다."

열변이었다. 처음엔 다소 시큰둥한 표정의 청중들은 어느새 깊이 몰입하기 시작했다. 그리고 대사의 발표가 끝나자 다들 깊은 생각에 잠겨 있는 듯했다.
한 젊은이가 일어났다.

"대사님 말씀은 잘 들었습니다. 지금 미국 여론은 '한국의 민주주의가 후퇴하고 있다'고 합니다. 자주국방도 좋고 산업혁명도 다 좋은데 그러한 것들이 민주주의 없이 행해진다면 결국 국민들 개개인에겐 무슨 소용이 있습니까? 대사님께선 민족이 다른 모든 것에 앞서는 우위 개념이라 하셨는데, 그럼 재작년 10월에 선포한 비상계엄과 국회해산도 우리 민족의 앞날에 도움이 된다고 생각하십니까? 저는 지금 이 시대가 이렇듯 우리에게 어려운 이유는 바로 몇십 년 전의 독립운동가분들 같은 정치인이 없기 때문이라고 생각합니다."

젊은이의 도전적이고 열정에 찬 질문이었다. 모두의 눈이 함 대사에게로 쏠렸다.

"여러분들의 심정은 이해가 갑니다. 그러나 미국이 처음 민주주의를 시작할 때는 어땠습니까? 인디언과 흑인에 대한 차별은 물론이었고 여자들에게도 참정권을 제한하지 않았습니까. 우리는 아직 평화 아닌 휴전 상태에 있습니다. 그리고 후진 상태를 벗어나기 위해서는 산업화가 필요한데, 이 과정에서 부작용도 열 배, 스무 배 늘어나는 것입니다."

이 외에도 이날 간담회에서는 한국 외교가 사대주의적으로 흐르고 있다는 맹비난도 쏟아졌고, "함 대사 말대로 그렇게 힘들고 각박한 상황이라면, 그런 상황에서 터져 나오는 부정부패는 어떻게 이해해야 하느냐"는 날카로운 질문도 나왔다. 또 "언제까지 우리는 안보 논리 속에서 웅크리고만 있어야 하느냐"고도 했다. 모두가 진지했고 진정으로 내 나라를 위한 고민에 찬 발언들이었다. 그러나 그런 모든 질문에 함 대사가 적확한 해답을 제시할 수는 없었다. 결국 주미 대사와의 간담회는 참석자들 간의 열띤 토론으로 바뀌고 말았다.

아무렴 그래도 좋았다. 오랜만에, 아니 어쩌면 처음으로 생각이 다른 사람들끼리, 그러나 내 나라를 걱정하는 사람들끼리 모여 서로를 확인하며 속 시원히 터놓고 애기 한 번 제대로 나눈 것이다. 서로 간 예의를 갖추며 깊이 귀 기울여 듣고 또 자신의 의사를 말하고자 하는 그 모습들은 참으로 아름다웠다.

박정희 대통령과의 감동적인 만남

당시 한국 유학생들의 처지는 매우 곤궁했다. 한 학기를 휴학하여 아르바이트로 학비를 마련해서는, 다음 학기 공부를 하고 다시 휴학하여 아르바이트에 매달리는, 지루하고도 고통스러운 나날을 보내는 이들이 대다수였다. 거기에 비해 유대인과 일본인 유학생들은 참으로 여유로웠다. 이국땅에서 죽느냐 사느냐 하는 극단적인 빈곤과 절박감에 시달리는 이는 찾아보기 어려웠다. 특히 유대인의 장학제도는 감동 그 이상이었다. 이스라엘은 국가는 물론 유대인들을 중심으로 미국 전 지역 대학에 장학기금을 만들어 가난한 학생들에게 학비를 제공하고 있었다. 이웃 나라 일본도 1965년 정부가 100만 달러를 투자해 장학기금을 만들었다.

그러다 보니 유대인들의 애국심은 남달랐다. 국가는 어려운 학생들에 학비를 대 주어 인재를 양성하고, 혜택을 본 유학생들은 사회적 성공을 거둔 후에 그 일을 잊지 않고 몇 배로 갚아 후학을 돕는 선순환을 되풀이했다. 그러니 애국심은 커지고 국가가 위급할 때 그들은 조국의 부름에 부응한다. 그것이 중동 아랍권 틈바구니에 끼인 인구 400만 명도 안 되는 이스라엘이 존립하는 이유가 아니겠는가. 결국 유대인들은 각 분야에서 인재가 넘치고, 특유의 민족성을 바탕으로 미국을 비롯해 세계를 주무르고 있는 보이지 않는 손이 된 것이다.

나는 한인유학생회 회장이 되고 나서 우선은 재미 한인유학생을 위한 장학재단 설립에 심혈을 기울였다. 우선 나와 뜻을 같이하는 동료들을 모으는 한편, 교포사회의 재력가들을 찾아가 장학기금의 필요성을 알리는 데 주력했다. 각 대학에 몸담고 있는 한국인 교수들이 흔쾌히 호응했다. 김하태 박사, 김병곤 박사, 노준희 박사, 오영균 선생 등이 발 벗고 나섰다. 당시 타이어 사업을 크게 하던 교포 사업가 양회직 사장님도 적극적으로 도와주었다.

뜻이 있는 사람들의 동참으로 장학재단 설립에 가속도가 붙기 시작하여 1972년 12월 15일 장학재단 설립을 위한 발기위원회가 발족되었다. 문제는 돈이었다. 나는 학생회 임원들과 매일 머리를 맞대고 고민하기 시작했다.

이제 교민사회에서의 모금은 한계에 이르렀다. 마지막으로 기댈 곳이 그래도 조국, 바로 대한민국이었다.

고심 끝에 박정희 대통령 각하와 육영수 여사님 앞으로 절절한 사연을 담은 편지를 보냈다. 미국에서 공부하는 학생들의 사연을 소상히 적고, 그들이 공부를 마친 뒤 조국을 위해서 어떤 일을 할 수 있는지를 구체적으로 설명했다. 국가 100년 대계의 중요성도 강조했다.

어느 날 주미 한국대사관에서 전화가 왔다. 드디어 꿈이 성사되는 순간이었다. 박정희 대통령 내외가 편지를 받아 보고 만나자는 전갈을 대사관으로 보내온 것이다.

대통령을 만날 생각을 하니 가슴이 벅차올랐다. 이스라엘과 일본 등 장학제도를 더 자세히 살펴보고 대통령께 하고 싶은 말을 정리했다. 그리고 당당한 걸음으로 청와대로 향했다. 당시만 해도 대통령을 만난다는 것은 쉬운 일이 아니었다. 가문의 영광쯤으로 치던 시절이다.

먼저 반겨 준 이가 영부인 육영수 여사였다. 후에 안 일이지만 박대통령을 설득해 만남을 주선한 이가 육영수 여사였다고 한다.

한복을 곱게 차려입은 육 여사는 아주 단아해 보였다. 1974년 6월 어느 날 육 여사는 오전 10시부터 한 시간 내내 나의 얘기를 진지하게 들어 주었다. '무슨 학생이 이렇게 당돌하냐'는 표정보다 오히려 정부가 유학생을 돕지 못해 미안해 하는 모습이었다.

육영수 여사는 내가 요청한 유학생 장학금 5만 달러 중, 5천 달러는 개인적으로 부담하겠다고 흔쾌히 말했다. 그 말을 듣는 순간 가슴에서 뜨거운 피가 거꾸로 솟아오름을 느꼈다.

오전 11시에 육영수 여사와 김정렴 비서실장의 안내로 박정희 대통령을 예방하게 됐다. 박정희 대통령은 만나자마자 첫마디로 "외국에 나가 정부나 헐뜯고 욕하는 사람이 많은데, 젊은이는 참으로 진정한 애국청년이구먼 …"이라며 칭찬을 아끼지 않았다. 그 시절은 정부도 외화 보유고가 별로 없었을 때였다.

"임자가 5천 달러를 내기로 했으니 대통령인 내가 그 이상 내야지 않겠소? 나는 돈이 없지만 기업인들에게 협조를 얻어 내가 2만 달러를 내놓을 테니 부족한 부분은 김 회장이 국내 체류 기간 중 기업인들을 만나 어떻게든 달리 만들어 보도록 노력하기를 바랍니다"라고 했다. 심장이 밖으로 튀어나오는 감동을 느꼈다.

박정희 대통령 내외와 함께 또 1시간여 이야기했다. 면담 중 박정희 대통령의 검소한 모습에 무척 놀랐다. 구두가 낡아 뒤꿈치가 내

중화인민공화국이 공식 인정한 '中韓友好使者'

려앉아 있었고 혁대는 빛이 바래 있었다. 박정희 대통령은 외모와 어울리게 대화가 솔직하고 담백했다. 서른이 넘는 늦깎이 유학생의 말을 유심히 경청했다. 진정으로 고마웠다. 낯선 유학생이 오랫동안 대통령과 이야기를 해서 그런지 청와대 참모들이 안절부절 못하는 모습을 보이기도 했다.

박정희 대통령을 면담하고 서울에 체류하는 며칠간 융숭한 대접을 받았다. 그때 유학생회의 대표 자격으로 대통령을 만났지만 유신정부, 장기 집권정부에 대한 대학생들의 데모가 심하던 때라 뜻하지 않은 오해도 받았다. 하지만 뜻이 올바르다고 확신했으므로 개의치 않았다.

미국에 돌아와서도 박 대통령 부부가 마련해 준 장학기금 2만 5천 달러에 대해서는 주변에 공개할 수가 없었다. 당시 상황이 워낙 민감했다. 괜히 오해하고, 진의와 다르게 시빗거리가 될 수 있는 일이었다.

어쨌든 재미 한인유학생을 위한 장학기금은 액수는 적었지만 출범했고, 그 후 여러 실업인의 도움으로 번창해 갔다. 기금은 지금까지 쭉 유지돼 오면서 많은 유학생들이 학업에 열중할 수 있게 버팀목이 되어 주고 있다. 그때 나는 언젠가 유대인 장학금을 능가하는 대한민국 장학재단을 만들고 싶었다.

지금이나 그때나 나는 일에 욕심이 많았다. 장학기금을 설립하는 일부터, 교회 일, 한국학연구회 설립, 미국 대학에 한국 관련 책 모으기, 유학생 상담소 운영 등 눈코 뜰 사이 없었다.

그러던 1974년 8월 15일, 뜻하지 않은 비보가 날아들었다. 그날은 어쩐지 비까지 부슬부슬 내렸던 것으로 기억한다.

영부인 육영수 여사가 광복절 기념식장에서 북한이 사주한 문세광의 총에 유명을 달리 한 일이었다. 단숨에 달려가고 싶었지만 그럴 수 없었다. 청와대에서 만났던 영부인의 모습을 떠올리며 숙소

베란다에 나가 한없이 울었다. 그리고 분단의 설움과 북한의 만행을 가슴에 새겼다.

그때 처음으로 통일의 염원이 가슴속 한가운데서 솟구쳐 올랐다.

열정으로 세운 동양 최대의 홀트 일산복지타운

경기도 고양시 일산서구 탄현동에 가면 7만여 평의 부지에 중증 장애인들의 보금자리인 '홀트 일산복지타운'이 있다. 봄이면 진달래, 개나리가 이곳에서 생활하는 이들의 한恨과 삶에의 열정, 순수함만큼이나 흐드러지게 피어난다. 그곳 양지바른 한 켠에 세 쪽 병풍 모양의 묘비가 하나 세워져 있다. 묘비에는 '사랑하는 할아버지 — 해리 홀트'라는 굵고 선명한 글씨가 새겨져 있다.

한국전 직후, 이 먼 동북아시아 한반도로 건너와 전쟁고아와 장애인들을 돌보며 평생을 바치고, 마침내는 이 땅에 뼈를 묻은 미국인 해리 홀트씨의 묘비다.

1980년, 국가의 부름을 받아 국가비상대책위원회의 문공위 전문위원, 입법회의 전문위원을 맡아 어려운 시기에 국가를 위해 헌신했다. 그 기간에 미국 교민사회 2세 교육을 위해 정부 지원을 받아 LA 지역에 한국학교를 설립한 것은 매우 뜻깊은 일이었다. 나는 그 이듬해인 1981년 홀트 아동복지회 회장으로 취임했다.

홀트 일산복지타운의 전신인 '일산원'은 당시 시설이 크게 노화되어 있었고, 재활 프로그램은 거의 전무한 상태였다.

며칠간의 관찰과 고민 끝에 일산원의 모든 시설과 설비들을 폐지하고 건물부터 다시 현대적으로 지었다. 이어 전문적인 재활 프로그램을 도입하는 한편, 그 프로그램을 운용하여 장애인들을 돌볼 전문 인력을 양성한다는 획기적인 계획을 세워 나갔다. 그 같은 목적을 위해서는 일단 원생 숙박시설이 될 편리한 휠체어 하우스와 영적인 훈련으로 심리 재활을 할 수 있는 장소, 직업 재활 프로그램과 공장, 그리고 초·중·고등부로 연령에 맞게 짜인 특수 교육 프로그램과 시설물이 필요했다. 또 내친김에 홀트 기념관과 자활을 위한 3만여 평의 재활 농장 조성도 계획에 포함시켰다.

이것이 야심차게 내놓은 '홀트 개혁'의 1차 목표였다.

그러나 그런 원대한 계획은 가장 믿고 따라 주리라 여겼던 직원들로부터 강한 거부와 반발을 샀다. 너무 방대하고 무모하다는 것이 이유였다.

"회장님의 뜻은 잘 알겠습니다. 그러나 지금까지 이곳 일산원은 대한민국의 그 어느 시설보다도 모범적으로 운영되어 왔고 평온했습니다. 그런 엄청난 계획을 추진하다 보면 우선 재정난에 부딪칠 것이고 또 뜻하지 않은 난관도 많을 것입니다. 그러다 만일 일이 중도에 그친다거나 했을 때 여기 있는 아동들의 실망은 어떻게 감당하겠습니까? 아이들은 단순하고 순진한 만큼 매사에 기대도 큰 법입니다."

일리 있는 말이다. 그러나 나는 이미 결심을 굳힌 상태였다.

"여러분은 태국 사람들이 야생 코끼리를 길들이는 방법을 알고 있습니까? 그 사람들은 먼저 정글 속에서 유인한 코끼리의 한쪽 발목에다 쇠사슬을 채운다고 합니다. 그리고 그 쇠사슬의 다른 쪽 끝을 크고 우람한 나무 둥치에 매어 놓습니다. 그러면 코끼리는 몇 주가 지나도록 그 나무뿌리를 뽑거나 사슬을 끊어 그곳에서 벗어나려고 안간힘을 쓴다고 합니다. 그러나 결국 코끼리는 자기 힘으론 어쩔 수 없다는 것을 알게 되고 탈출을 포기합니다. 그 후부터는 사람이 쇠사슬을 팽팽하게 잡아당기기만 하면 코끼리는 자신의 활동 영역의 끝에 왔음을 알고 힘도 써 보지 않고 순순히 말을 듣는다고 합니다. 거대한 코끼리가 작은 인간에게 이리저리 끌려다니게 되는 거죠."

회의장의 열띤 분위기가 조금 가라앉는 듯했다.

"어떻습니까. 여러분, 지금 우리는 혹시 이 코끼리와 비슷해져 있는 것은 아닐까요? 조금만 더 분발하면 되는데도 힘 한 번 써 보지 않고 상황이란, 타성이란 사슬에 붙들려 있는 것은 아닐까요? 그렇다면 우리는 코끼리만도 못한지 모릅니다. 코끼리는 포기하고 복종하기 전에 제 힘껏 노력은 해 보지 않았습니까? 큰 부정은 위대한 긍정을 낳는다고 했습니다. 우리 사회에 아직 장애인 복지에 관한 인식이 거의 전무한 상태에서 지금 제가 내놓은 마스터 플랜은 무모하리만큼 방대하다는 건 잘 압니다. 그러나 바로 그렇기 때문에 우리에게는 더 큰 가능성이 있다고 볼 수 있습니다. 제가 하는 말이 자가당착이요, 허황된 역설로 들리는 분도 있을 줄 압니다. 우리가 추진하는 일은 어렵습니다. 그러나 우리는 그 일이 어렵다는 것을 누구보다도 잘 알고 있습니다. 헌신적인 희생과 봉사가 따라야 하는 일이지요. 그러나 저는 예전부터 희생과 봉사란 말이 별로 탐탁지 않았습니다. 희생이 아니라 희망입니다. 봉사가 아니라 노력입니다. 희망을 만드는 노력을 하기 위해 우리는 여기 모여 있는 것입니다. 그러니까 …."

긴 발언을 일단 마치고 입술을 축였다. 그리고는 결론부터 내렸다.

"우리 한 번 해 봅시다!"

이렇게 직원들은 설득했지만 정작 문제는 그때부터였다.

나는 우선 미국을 위시한 세계 각국의 16개 홀트 사회복지 협력 기관에 일산원 재개발의 취지를 설명하는 편지를 보냈다. 그리고 국내에서는 각계 요로에 사업 홍보를 시작하며 제일 먼저 여의도 순복음교회의 조용기 목사를 만나 도움을 청했다.

방대한 계획을 담담히 듣고 있던 조용기 목사가 눈물을 글썽이며 한마디했다.

"김 회장, 우리 함께 해 봅시다. 우리가 하면 될 겁니다."

그 후 조용기 목사는 자신이 했던 말 그대로 돕는 차원이 아니라 물심양면으로 '함께' 했다. 홀트 일산복지타운의 심장부라 할 휠체어 하우스와 교회를 여의도 순복음교회의 지원으로 세울 수 있었다. 그리고 1988년도 세계장애인올림픽에 즈음하여 장애인 체육관을 지을 때도 조 목사는 장애인복지를 위해 특별히 지원해 주었다.

그 외에도 각계에서 따뜻한 배려와 지원이 쏟아져 들어왔다. 쌍용건설의 김석원 회장은 시멘트를 지원했고, 육군 1군단의 공병여단에서는 무려 7만여 평이나 되는 복지타운의 길과 터를 닦아 주기도 하였다. 민民과 종교계와 군이 일체가 된 사업이 전개된 것이다.

그런 와중에 세계 각국의 사회복지 기관에서의 모금도 속속 들어왔다. 홀트 직원들의 사기와 자신감도 높고 분명해졌다. 비로소 일은 순풍을 타기 시작한 것이다.

결국 홀트 사업 1차 목표는 당초 계획했던 대로 1985년도에 달성되었다. 그 모든 시설들의 규모나 수준이 동양 최고다. 언젠가부터 우리 사회엔 걸핏하면 세계 최고라느니, 동양 최초라느니 하는 말들만 성행하고, 막상 내실에 있어선 실망을 주는 경우가 많이 있었다. 그러나 홀트 일산복지타운만은 그 같은 찬사를 들어도 별 손색이 없다고 확신한다.

현재 세계 각국에 흩어져 있는 홀트 가족들은 30여만 명에 달한다. 홀트 일산복지타운은 대만의 '진흥보건의학중심', 하와이 와이마노 학교와 결연을 맺어 세미나를 통한 상호 정보 교환, 직원 연수 등의 교류를 하고 있다. 또 덴마크와 노르웨이, 프랑스 등지에는 양부모 중심으로 한국과 친선협회가 조직되어 활발한 프로그램을 교환하고 있다.

홀트에서는 그 외에도 세계 각국에 사물놀이 등의 민족예술단을 파견하고 한국을 소개하는 사진전을 열어 적극적인 홍보에 나서기도 했다. 특히 노르웨이의 오슬로 근교 아스케르시와 한국 홀트 아동복지회 본부가 있는 서울 마포구와는 자매결연을 맺어 1982년부터 1987년까지 여러 차례 전시회를 갖고 빈번한 상호 방문으로 선진복지 프로그램의 안목을 키우며 복지 교류를 확대해 나갔다.

그 뒤에도 3만여 평에 달하는 재활 농장을 세운 일, 세계 각국의 뜻있는 지인들의 힘을 모아 '홀트 장학기금'을 설립한 일, 홀트 당산빌딩을 설립한 일 …. 내가 회장으로 있은 8년간 홀트 아동복지회는 그야말로 환골탈퇴의 일대 변혁기를 맞이했다. 나는 그렇게 홀트가 홀로서기를 할 수 있는 기틀을 마련해 주고 뒤로 물러났다. 밑거름이 된 것만으로 만족했다.

편견을 넘어 뚝심으로 밀어붙인
88서울장애인올림픽

장애인 스포츠는 고대 그리스의 히포크라테스 시대부터 진료를 목적으로 실시되어 그 맥을 이어왔다. 그러던 것이 두 차례의 세계대전을 거치면서 전상자의 재활 수단으로 유럽을 중심으로 성행하게 됐다. 그 후 영국의 스토크 맨필드 병원의 구트먼 박사가 1884년에 '전 영국 척수장애 상이용사 체육대회'를 개최한 이래 매년 그 규모를 확대하여 1952년부터는 네덜란드·독일·스웨덴·노르웨이 등 유럽을 중심으로 국제대회가 열리게 되었고, 드디어 국제 척수장애인 경기연맹ISMGF이라는 스포츠 기구를 설립하기에 이른다.

그 후 국제올림픽위원회의 협력으로, 1960년 제17회 하계올림픽이 열린 이탈리아 로마에서 제1회 장애인올림픽이 개최되었다.

해가 거듭됨에 따라 일반 올림픽이 열리는 같은 해, 같은 나라에서 장애인올림픽이 동시에 열리는 것이 관례화되긴 했으나 몇 번의 예외가 있었다. 1968년 멕시코올림픽과 1980년 모스크바올림픽 때는 일반 올림픽 개최국에서 열리지 못했고, 1984년도 LA올림픽 때는 LA가 아닌 뉴욕과 영국의 에일즈베리에서 분산 개최되었다.

이러한 예외 때문에 88서울장애인올림픽도 개최하는 데 어려움을 겪었다. 당시 나는 88서울장애인올림픽 조직위원회 실무부위원장을 맡고 있었다.

당시 서울장애인올림픽을 열어야 하느냐 마느냐를 두고 찬반논란이 거세게 일었다. 그러던 어느 날 정부 고위층 인사 세 사람이 아예 작정하고 나를 찾아왔다.

"김 위원장이 올린 장애인올림픽 약사를 대충 훑어봤는데 …. 그거 우리가 반드시 치러야 한다는 원칙은 없잖습니까?"

드디어 올 것이 온 거라 생각했다. 진작부터 올림픽 관계자들 간에는 '장애인올림픽 무용론'이 나돌고 있던 터였다. 나는 하도 기가 막혀 대꾸를 하지 않았다. 그러자 옆에 있던 사람이 한 수 더 나갔다.

"올림픽이 아이들 장난이 아니라는 것쯤은 김 위원장도 잘 아실 터인데 …. 게다가 우리나라 국민들 의식이 서구에서처럼 성숙돼 있지 않고요. 괜히 세계 여러 나라 장애인들 데려다 자기들을 무시했다는 혹평이나 받을 정도라면 피해야 하지 않겠습니까. 그리고 시설도 아직 장애인들이 불편 없이 경기를 치를 정도가 아닌 것 같고 …. 그래서 말인데, 좀 더 나은 여건의 다른 나라에 유치 의뢰를 하는 건 어떨까 합니다. 모스크바올림픽 때 소련도 그렇게 하지 않았습니까. 물론 뒷수습은 우리가 할 겁니다. 우리 외에도 사람은 많습니다."

나는 듣다못해 입을 열었다.

"소련의 경우 그들이 장애인올림픽을 열지 않고, LA올림픽 때 참석하지 않았던 구실이 뭔지 아십니까. '우리나라엔 장애인이 없어서'라고 했습니다. 우리도 그런 이유를 댈 겁니까?"
"김 위원장, 말이 너무 심하지 않소."
"내 말이 심하면 당신들의 말은 준수하다고 생각하는 겁니까?"

세 사람은 표정을 굳혔다. 그들의 시선이 내 쪽으로 일제히 쏠렸

　　　　　　　　중화인민공화국이 공식 인정한 '中韓友好使者'

다. 포위를 당한 기분이었다. 이번엔 다른 한 사람이 입을 열었다.

"김 위원장은 두 마리 토끼를 잡으려다 한 마리도 못 잡는다는 옛
말도 모릅니까? 그러다 진짜 올림픽 망치면 그거 누가 책임질거요.
우린 뭐 인정이 없어서 이러는 줄 아오?"

분위기가 악화일로로 치닫는 느낌이다. 1 대 3으로 싸움을 걸어
왔으니 일단은 몰아 부치기만 하면 어련히 기가 꺾일 거라고 오산한
모양이다.

"남들이 김 위원장을 뒤에서 뭐라고 평가하는지 알고나 있는 겁니
까? '고집불통', '촌뜨기'라고 합니다. 촌뜨기의 행위 특성 중 하나
가 자신이 옳다고 믿는 일은 끝까지 포기하지 않는 것입니다. 이
젠 좀 융통성을 발휘해야 할 때가 된 거 아닙니까?"
"도대체 장애인올림픽이 뭐가 그리도 좋다고 다들 이 난리들이오?"
"……"

나는 맞받아치기로 했다. 이런 때는 정면 돌파가 필요하다.

"원론적으로 말해서 장애인올림픽은 인정으로 여는 것이 아닙니
다. 그건 스포츠를 통해서 장애인들에게 자신감을 회복하고 사회
적응력을 키워 주는 복지 이념으로 여는 것입니다. 그러기에 장애
인올림픽은 인간 평등을 확인하고 인간 능력의 한계를 뛰어넘는
제전인 겁니다."
"아니, 그런 건 다 좋은데 …."

나는 그의 말을 가로막았다.

"따라서 세계 여러 나라에서는 한국의 사회복지 이미지, 국민의식의 성숙도를 이번 장애인올림픽으로 측정하려 할 겁니다. 그들은 진정한 선진국의 척도를 경제발전에만 두지 않습니다. 경제가 발전했지만 사회복지, 특히 장애인복지에 무관심한 나라를 그들은 인정하지 않습니다. 급작스런 땅 투기나 비정상적인 방법으로 큰 돈을 벌어 쓸데 안 쓸데 모르고 펑펑 써 대는 졸부 정도로밖엔 보지 않습니다. 우리는 1988년을 계기로 나라의 총체적인 도약 발판을 마련하려고 하지 않습니까? 장애인올림픽을 열지 않고는 일반 올림픽을 아주 잘 치러냈다 하더라도 절반의 효과밖엔 거두지 못할 것입니다. 국민의식이 아직 빈약하다면 그때까지 최대한 홍보를 하고, 또 미진하다 하더라도 그 올림픽을 치르면서 장애인들이 최선을 다하는 모습과 의지를 보면서 크게 향상될 걸 기대해 볼 수 있습니다. 가뜩이나 예산이 부족하고 협조도 별로 없고 해서 어려움을 겪고 있는데 …. 그렇다고 해서 여기 계신 여러분께 도움을 요청해서 귀찮게 하진 않을 거니 걱정들 하지 마세요."

속사포같이 내 생각과 결심을 전한 뒤 '쾅!'하고 문을 닫고 휑하니 나가 버렸다. 그들에게서 더 이상 들을 말도 없었다. 공연한 입씨름은 서로 감정만 상하게 할 뿐이다.

장애인올림픽은 결국 유치하는 쪽으로 결론이 났다.

역시 가장 큰 골칫거리가 대회 운영비였다. 조직위원회에서는 우선 휘장 사업, 곰돌이 배지 달기 등의 국민적 모금운동을 벌이기로 하였다. 모금운동에 국민들이 참여한다는 사실 자체가 장애인들에 대한 인식을 달리할 수 있는 계기라 믿었다. 그리고 그것은 자연스

중화인민공화국이 공식 인정한 '中韓友好使者'

러운 홍보활동이기도 했다. 다방면으로 노력한 결과 1987년 11월까지 수십억 원을 모금할 수 있었다. 보람을 느꼈고 모금 액수도 적은 돈은 아니었지만 전체 대회 운영 예산으로는 턱없이 부족했다. 나는 각계 요로에 지원을 요청했고, 발바닥이 닳도록 뛰고 또 뛰었다.

> "지난 수십 년간 우리가 그렇게도 피와 땀을 흘리며 성취하려 했던 민주화도 복지가 없이는 기대할 수 없습니다 …. 이번 장애인올림픽이야말로 총체적인 국민복지의 기틀을 마련하는 좋은 계기가 될 것입니다 …."

그렇게 고군분투하던 때 구세주처럼 나타난 사람이 있었다. 다름 아닌 박세직 88서울올림픽 조직위원장이다. 그는 처음부터 장애인올림픽에 깊은 관심을 가지고 있었지만 실제적인 일에까지 관여하긴 어려운 입장이었다. 워낙에 대외적인 올림픽 사무가 바빴던 까닭이다. 하지만 장애인올림픽이 예산 문제로 난항에 빠지자 그 해결을 위해 적극적으로, 아니 심혈을 기울여 뛰어 주었다. 그 결과 예산 문제도 어렵게나마 해결되었다.

홀트 아동복지회 회장과 88서울장애인올림픽 실무부위원장으로 일하면서 대한민국 복지행정의 현주소와 복지제도의 공백을 세세히 파악할 수 있었다. 기가 막히고 한심했다. 하지만 따지고 보면 무리가 아니었다. 이 세상에 그런 특수 소외계층의 인간들과 함께 울고 웃을 사람이 과연 몇이나 될까?

장애인올림픽의 행정 절차와 난제들이 거의 해결되어 갈 즈음인 1988년, 13대 총선거에 출마하여 국회의원으로 당선되었다.

서울 양대 올림픽을 앞두고 국회의원이 된 나는 국회 88올림픽지원특별위원회 여당 간사 및 위원장 신분으로 여야 의원 8명과 함께 이미 올림픽을 치른 선진 6개국을 시찰하게 되었다. 막대한 국가예산을 들여 치르는 올림픽은 그 시설이나 사회 체육제도, 국가 이미지 전략 등의 사후 관리도 올림픽 그 자체 못지않게 중요했다. 미국·서독·프랑스·이탈리아·캐나다·스위스 등 6개국 시찰은 그 대책 수립을 위한 여정이었다.

이들 나라 중에 아주 훌륭하게 올림픽을 치렀다고 자부하는 나라는 거의 없었다. 캐나다는 올림픽 후 적자에 시달려야 했고 미국은 동서 냉전으로 인한 반쪽 올림픽을 치렀다. 그리고 올림픽을 통한 재정 수입도 신통치 않았다. 게다가 독일 뮌헨올림픽은 피로 물든 올림픽이라는 비극으로 막을 내리지 않았는가.

시찰을 마치고 돌아온 나는 서울 양대 올림픽을 제대로 치르기 위해 현장을 중심으로 안전 점검을 실시하고 홍보활동을 벌였다.

> "올림픽은 세계사에 남는 역사적인 기록이 될 것입니다. 특히 잘못 치러진 올림픽은 후세 지구촌 사람들에게 영원히 지울 수도, 만회할 수도 없는 불행과 치욕으로 남게 되지요. 여러분들은 세계사에 휘황찬란한 한 페이지를 남기는 올림픽을 원하십니까? 아니면 영원한 오욕과 부끄러움만을 남기는 올림픽을 원하십니까?"

가는 곳마다 국민 모두의 동참을 호소하면서 열변을 토했다. 당시 나의 머릿속은 서울 양대 올림픽이 국제 올림픽 수준을 한 차원 크게 끌어올리는 행사가 되도록 해야겠다는 생각으로만 꽉 차 있었다.

특히 1988년 10월 15일, 서울올림픽이 성공적으로 끝난 보름 후에 치러진 장애인올림픽은 눈물과 감동 없이는 볼 수 없는 세계적인 행사로 역사에 남았다.

보람이 모녀의 성화 마지막 봉송. 여섯 살의 어린 보람이가 하얀 운동복 차림에 흰 머리띠를 동여매고 성화를 치켜 올린 엄마의 휠체어를 밀며 맑은 가을 하늘 아래 고동색 메인 트랙 위를 한 발 한 발 티 없이 맑은 걸음으로 달음박질하고 있다. 유난히 크게 터져 나오며 물결을 이루던 감동의 박수 소리 ….

보람 엄마가 성화봉을 건네받을 때 스타디움은 더없이 깊은 감동의 물결이 넘쳐 났다. 관중들은 저마다 '아!'하는 탄성을 울리며 하나 둘씩 일어섰다. 그라운드에 입장해 있던 각국의 선수들도 환호했다. 본부석을 지날 때쯤 보람이가 지친 기색을 보이자 관중들은 일제히 "보람아, 힘내라!" 하고 외쳤다. 관중들의 환호와 박수, 눈물과 안타까움 속에 휠체어가 성화대 앞에 도착하였다. 보람 엄마가 성화를 하늘 높이 치켜들자 감동은 절정에 달했다.

이때 보람이는 엄마가 탄 휠체어를 한 바퀴 돌리며 관중들의 성원에 답했다. 그리고 모녀는 와락 끌어안았다. 아마도 관중들과 텔레비전을 시청하던 많은 이들은 보람이 모녀의 모습에서 사랑과 신뢰, 그리고 편견과 고난을 이겨낸 자부심이 한꺼번에 터져 나오는 듯한 느낌을 받았을 것이다. 그 감동의 휴먼스토리를 지켜보면서 벅찬 감회를 느꼈다.

그렇게 총 61개국 4천220명의 선수가 참여한 제8회 서울장애인올림픽은 보람이 모녀의 감동 드라마로 시작되어 아무런 사고도 없이 성황리에 종료됐다. 뿐만 아니라 세계장애인스포츠조직위원회ICC 결성 이후, 첫 통합의 대회라는 평가를 받았다. 서울 일반올림픽이 세계 속에 한국의 위상을 드높인 인류축제였다면, 장애인올림픽은 장애인들에 대한 대한민국의 정책·제도·인식 등을 10년 이상 앞당긴 복지의 제전이었다고 평가하고 싶다.

장애인올림픽을 성공적으로 치른 여세를 몰아 국회 보사위원회에서 곧바로 '장애인올림픽연금제도' 수립, '장애인복지체육회' 설립, '장애인고용촉진공단' 건립, '장애인복지법' 개정 등의 작업에 총력을 쏟았다. 이처럼 일을 진척시킬 때는 항상 타이밍이 중요하다. 시의적절한 타이밍을 잡기만 하면 좌고우면하지 않고 밀어붙여야 한다.

새로운 도전, 국회의원과 총무처장관 시절

내 고향은 대구다. 태어날 때는 경북 달성군으로 두메산골이었지만 지금은 대구 달서구가 되었다.

1988년, 나는 8년간의 홀트 아동복지회에서의 봉사를 마치고 새로운 도전을 준비하고 있었다. 봉사 외에는 할 줄 아는 게 별로 없었지만 나라를 위해 무언가 할 일을 찾고 싶었다. 남들은 대통령을 3명_{박정희, 전두환, 노태우}이나 배출한 대구 출신으로 인맥도 넓을 터이니 정치 무대에 나서보라고 권유했다. 그러나 나는 군인 출신도 아니고 인맥도 내세울 게 별로 없었다. 미국에 가서 비교적 좋은 대학_{캘리포니아 주립대학교}, 대학원을 나왔지만 고국에서는 찢어지게 가난해 영남중학교를 졸업한 후 검정고시로 고등학교를 대신했고, 연세대학교 행정대학원 재학 중 유학길에 오른 게 전부다. 그러다 어느덧 40대 후반이 되어 친구들도 사회의 중추적 역할을 하고 있었다.

어느 날 고향분이 찾아왔다.

중화인민공화국이 공식 인정한 '中韓友好使者'

"김 회장, 이제 우리 고향을 위해 일을 해 주어야겠소. 당신이 적합한 인물이라고 다들 합의를 봤어요."

그는 그러면서 무슨 서류를 내밀었다. 주민들로부터 받은 '김한규 국회의원 만들기'라는 주민 서명부가 들어 있었다. 무려 2만 명의 서명을 받아 왔다.

처음엔 고사했다. 정치 인맥도 없고 돈도 없고 고향을 위해 한 일도 없고 설사 있다한들 집권당의 텃밭에서 누가 공천을 주겠냐는 이유에서였다. 고향분들은 고향을 위해 일할 국회의원을 뽑아야 한다는 이유와 그동안 복지기관을 이끌고 장애인올림픽 실무부위원장으로서 사회에서 소외된 사람을 위해 헌신한 경력을 들추며 물러서지 않았다.

바로 그때 13대 총선 선거구가 조정되어 대구의 서구와 달성군이 분할돼 달서구가 새로 생겼다. 고향 달서가 새 단독 선거구가 된 것이다. 나는 고사하다가 정치를 하는 것도 고향과 나라를 위한 봉사라는 생각에서 출마하기로 결심을 굳혔다. 그러나 공천을 받기란 쉽지 않았다. 배경 좋은 정치인들이 이 지역을 탐냈으니 그럴 만도 했다. '정치 초보' 운운하며 음모도 나돌았다. 그러나 고향사람들의 서명 덕분인지 우여곡절 끝에 공천을 받았다.

공천을 받은 후에도 '초보' 딱지가 따라붙어 다녔다. 심지어 경쟁자인 다른 당 거물급 정치인이 자기 지역구를 포기하고 달서구로 올 정도였다. 실제로 당시 여론조사에서도 처음엔 3 대 7 정도로 불리했다.

이미 내친걸음이라 마음을 다잡았다. 그리고는 희망을 잃지 않고 열심히 뛰었다. 열심히 발로 뛰며 활동한 결과 한 달 만에 감이 오기 시작했다. 유명 정치인을 상대한 다윗과 골리앗의 싸움이었지만 가능성이 보였다. 결과는 나의 승리였다. 드디어 13대 국회의원이 된 것이다.

매스컴은 나를 화제인물로 다루었다. 내가 거물 정치인을 꺾으리라고는 상상도 못했기 때문이다. 그것도 상대방을 1만 표 이상 득표 차이로 이기는 기록까지 세웠으니 언론이 관심을 갖는 것은 당연했다.

금배지를 단 이후 고향 달서를 위해 열심히 뛰었다. 사소한 민원이라도 해결해 주기 위해 최선을 다했고 거의 지역구에서 살다시피 했다. 지금 달서구는 대구 신개발 중심 지역으로 성장했다. 구마고속도로가 통과하고 경부, 중앙, 88고속도로가 연결되는 교통의 요충지가 됐다. 또한 지하철 1호선의 기점이며, 지하철 2호선의 통과지점으로 무한한 성장 잠재력을 갖췄다. 그 토대를 세우려고 정말 열심히 일했다.

그 노력의 보답인지 14대 국회의원에 재선되었다. 1995년에는 민자당 총재김영삼 대통령 비서실장을 지냈고, 이듬해에는 제20대 총무처장관도 역임했다.

제 **2** 장

세계를 가슴에 품고

8년간 국회의원을 하면서 가장 신경 썼던 일은 '북방외교'와 '21세기형 복지정책 수립'이었다. 8년간 줄곧 몸담았던 국회 보건사회위원회 여당 간사(여당 위원장)로서 최선을 다했다. 특히 1995년에는 복지 분야의 헌법이라고 할 수 있는 사회보장기본법을 제정하는 데 많은 노력을 했다.

그 사이 『2000년대 복지국가의 비전』이란 책을 냈는데, 이 책은 훗날 '대한민국다운 복지 이념' 수립에 일조를 했고 나아가서는 노르웨이, 러시아, 중국 등 세계 여러 나라 복지정책 수립 및 교류에도 기여를 했다는 평가를 받았다.

그 즈음에 복지선진국인 노르웨이 국왕 올라프 5세로부터 공로훈장을 수여받았다. 또 타이완(台湾)학술원으로부터 복지 분야 명예 철학박사학위를 받았다.

뿐만 아니라 러시아 사회과학원으로부터 동양인 최초로 복지정책학 박사학위를 취득했다. 러시아 부총리 출신인 이그나텐코 타스 통신 회장은 내가 집필한 『2000년대 복지국가의 비전』이라는 책을 러시아어로 번역하여 출판했으며, 러시아 여러 대학의 교재로 채택되기도 했다.

국회의원을 하는 동안 세계 각국을 다니며 많은 해외 지도자들과 친분을 쌓았다. 특히 카자흐스탄의 나자르바예프 대통령과는 추억이 많다. 나자르바예프 대통령은 나의 주선으로 수교 전 러시아 지역 대통령으로는 처음으로 한국을 방문했다. 정부 초청 형식으로 이뤄진 이 방한은 지금까지 '북방외교'의 걸작으로 꼽힌다. 한국은 나자르바예프 대통령을 통해 1990년 한소 수교 전 구소련 측 인사들을 많이 소개받았다. 나는 그때부터 중국도 자주 드나들기 시작했다.

노르웨이 국왕의 특별한 훈장

나에게 1987년은 참으로 뜻깊은 한해였다. 복지 분야 최고 선진국 중 하나인 노르웨이에서 공로훈장을 주겠다는 연락이 왔다. 한국과 노르웨이 간 복지 증진과 문화 교류에 기여했다고 그곳 정부가 추천하여 국왕이 직접 시상한다는 것이었다. 그 훈장 수상은 동양인으로 최초라는 말도 덧붙여 왔다.

희소식을 접했지만 한동안 망설였다. 세상에 상받는 것을 싫어 하는 사람이야 있겠냐만 내가 한 일에 비해 너무나도 큰 상이란 생각이 들었기 때문이다. 하지만 그 크나큰 상이 일개 개인의 명예에만 그치는 것이 아니라 나라와 나라 간 민간외교, 국위선양에 도움이 되리라는 생각이 들어 받아들이기로 했다.

노르웨이 오슬로 공항에 내리는 순간 깜짝 놀랐다. 공항 게시판마다 한국에서 개최되는 88서울올림픽 선전 포스터가 붙어 있었기 때문이다.

왕궁에 들어서기 전 노르웨이 국왕의 전통복장은 과연 어떤 모습일까 하고 약간은 장난기 어린 호기심을 가져보았다. 바이킹 족장의 후예니까 강인한 느낌의 가죽옷에, 금으로 치장한 치렁치렁한 비단 가운을 걸치고 있을지도 모른다고 생각했다. 하지만 정작 나를 맞아준 국왕은 양복 차림의 품위 있는 노인이었다. 깊고 차분한 눈빛에 미소를 머금고 있었다. 바로 올라프 5세였다.

훈장 수여식은 꽤나 엄숙하고 진지한 가운데 진행되었다. 지금도 그 분위기를 생생히 기억한다.

수여식이 끝나고 올라프 5세는 차를 들며 느긋한 눈길로 말했다.

"이제 한국은 내년에 올림픽을 치를 정도로 경제가 발달했다고 들었습니다. 그러나 잘 아시겠지만 진정한 선진국의 척도는 바로 사회복지입니다. 그런데 … 우리나라에서는 복지에 너무 치중하다 보니 여러 가지 문제가 생겨났지 뭡니까."

국왕은 찻잔을 잠깐 입에 대고 그 향을 맡고 나서 말을 이었다.

"이런 말씀을 드리는 것은 한국에서 복지정책을 시행하는 데 혹시라도 참고가 될까 해서입니다. 우리나라에서 실업자들은 실업수당을 받지만 세금을 낼 의무를 지지 않습니다. 의료보험까지 무료지요. 그러자니 직장에서 일하는 사람들에겐 세금 부담이 무겁게 돌아가게 되지요. 직장인들은 월급의 51퍼센트를 세금으로 내야 합니다. 그런데 그들이 직장을 그만두고 실업자가 되면 실업수당으로 본봉의 50퍼센트를 세금도 없이 받게 되지요. 사정이 이렇다 보니 직장에서 꾸준히 일하는 젊은이들이 드물어진 겁니다. 실업수당으로 편히 여행이나 다니려고 하지요. 그렇다고 이때까지 애써 발전시켜 시행해 온 복지정책을 후퇴시킬 수도 없는 것 아닙니까. 문제는 바로 여기에 있습니다."

당시 나는 88장애인올림픽 조직위원회의 실무 책임을 맡고 있었다. 그 큰 행사를 준비하면서 가장 많이 들었던 말 중 하나가 '복지망국론'이었다. 복지에 신경 쓰다 나라의 다른 여러 가지 일들과 경제를 위축시킨다는 말이었다.

울라프 5세는 결론을 내리듯 말을 이어 갔다.

"세계 여러 나라 사람들은 흔히들 우리 노르웨이나 스웨덴, 덴마크 등을 복지선진국으로 생각해서 그 제도를 모방해 시행하려고 합니다. 그러나 그건 잘못된 것입니다. 물론 복지에 대한 의식을 함께 선진화해 가는 것은 좋은 일이지만 무조건적으로 다 따라하는 것은 옳지 않다는 겁니다. 앞으로 한국은 가장 한국적인 복지제도를 개발해야 할 것입니다. 선진국에 대한 섣부른 흉내는 절대 금물입니다. 나는 김 회장에 대한 기대가 커요."

올라프 5세는 정말 진솔하게 자기 나라 복지제도의 문제점을 털어놓으며 속마음에서 우러난 충고를 해 주었다.

올라프 5세는 비록 세습에 의한 국왕이었지만 지도자의 품격을 보여 주었고, 진실한 마음을 전달할 줄 아는 사람이었다. 지금은 유명을 달리하셨지만 영원히 잊을 수 없는 분이다.

'철의 장막'을 걷는 데 힘을 보태다

1980년대 말과 1990년대 초반은 대한민국의 '북방외교'가 한창 무르익었던 때였다. 아시안게임과 양대 올림픽을 치르면서 공산권 국가 수반들과 맺어 둔 친교가 구체적인 결실로 나타나기 시작했던 것이다. 이 과정에서 민간외교인들이 펼친 초당적, 초정권적인 '복지외교'가 한몫을 담당했다.

1988년 1월, 나는 '철의 장막'으로 알려진 구소련 땅에 처음 발을 들여놓았다. 소련 체육회의 초청을 받았던 것이다. 나중에 한소 수교 과정에서 구소련 측의 산파 역할을 담당했던 카자흐스탄의 누르

중화인민공화국이 공식 인정한 '中韓友好使者'

술탄 나자르바예프 대통령을 만난 것도 이때가 처음이었다. 구소련의 15개 독립국가연합CIS 의장을 지낸 그는 당시 소련 대통령인 미하일 고르바초프와 둘도 없는 동료였다. 이 한 가지 사실만으로도 그가 한소 수교에 얼마나 결정적인 기여를 했던 인물이었던가를 짐작할 수 있을 것이다.

그때 내가 만난 주요 지도자들 중에는 전 러시아 최고회의 의장 루슬란 하스블라토프, 크레믈린 대변인이었던 타스통신 사장 비탈리 이그나텐코, 극동문제연구소 소장 미하일 티타렌코 등도 있었다.

그들과 만나면서 소련 측에서도 우선 체육회 이름으로 민간 차원의 초청을 하고서 한국과의 수교 가능성과 그 분위기를 탐색하고자 하는 의도임을 읽을 수 있었다. 얼마 지나지 않아 그들 모두는 한소 수교에 결정적인 막후 역할을 담당하였다.

거대한 북극곰에 비유되기도 하고, 때로 '철의 장막'이라고도 불렸던 구소련에서의 '훈풍 외교'는 이렇게 첫발을 내디뎠다.

한소 간 전초외교에 있어서 구소련 측의 훈풍을 몰고 온 이는 카자흐스탄의 나자르바예프 대통령이었다. 그는 당시 소련연방 15개 공화국협의회 의장으로서 실력자였고, 고르바초프의 측근 중의 측근이었다. 소련연방 단위국가 대통령으로는 나자르바예프가 사상 처음으로 대한민국을 공식 방문했을 때 나는 호스트 역할을 했다.

당시 나와 나자르바예프 대통령이 나란히 걸어가면 주변에서 형제같아 보인다는 말을 참 많이들 했다. 키도 비슷했고, 1940년생 동갑인데다, 서글서글한 성격이나 식성까지도 엇비슷한 데가 많았다.

한번은 두 사람이 나란히 서서 함께 찍은 사진을 들여다보며 이런 대화를 한 적이 있다. 나자르바예프 대통령이 말했다.

"우리 둘이 꼭 닮았다는 게 사실은 사실이군요. 그런데 키는 제 쪽이 조금은 훤칠해 보이는데요?"

나는 한 수 더 떴다.

"아하, 정말 그렇군요. 그런데 구두 굽은 제가 더 낮은 듯한데요?"
"그래요? 하하하 ….."

둘은 호탕하게 웃었다. 나자르바예프 대통령은 농담을 잘 하는 만큼 성격 또한 화끈했다. 게다가 그런 성격만큼이나 거칠 것 없는 식성을 과시하기도 했다. 통배추 김치 한 접시를 게 눈 감추듯 비워버리는가 하면, 불고기 몇 인분을 맛깔스레 먹고서 씨익 웃기도 한다.

"역시 '코리아' 하면 김치라더니 그 말이 맞나 봅니다. 코리아 플러스 김치입니다. 거기에다 이 불고기는 정말 세계 최고의 궁합입니다!"

국적이나 이념, 지위를 떠나 소탈하고 털털한 그가 좋았다. 그 역시 말은 통역을 통해 전달이 되지만 거리감 없이 대하는 나를 무척이나 좋아했다. 이따금씩 소탈하게 서로 간 교환하는 웃음은 서로의 호의를 느끼게 하기에 충분했다.
나자르바예프 대통령은 이런 말도 했다.

"저와 김한규 의원은 나이도 같고 얼굴도 닮았고 키도 비슷하고, 또 우리의 고향인 알마아타와 대구는 똑같이 사과의 도시로 유명

합니다. 정말 신기할 정도로 닮은 데가 많은 우리는 영원한 친구
입니다."

역시나 보통 인연은 아닌 것 같다. 우리 두 사람은 나중에 서로의
고향 대구와 알마아타를 '사과결연'이라는 테마로 자매도시로 맺어
그 친분을 오래오래 이어 가고 있다. 그것은 양국 간에 정식 국교가
이루어지기 전에 일군 매우 의미 있는 '물밑외교'였다. 그 후 한소
수교 교두보로서의 일익을 감당한 셈이다.

그 뒤 몇 개월이 지나 한국과 소련은 정식으로 국교를 맺었다. 나
와의 인연으로 이어진 나자르바예프 대통령의 공로가 크게 빛을 본
결과다.

나자르바예프는 소련이 와해된 후 완전한 독립국가의 대통령으로
1995년 5월에 당시 김영삼 대통령의 초청으로 또다시 한국을 방문
하였다. 나도 그 사이 여러 번 나자르바예프 대통령의 특별초청으로
카자흐스탄을 찾았다.

러시아 사회과학원으로부터 박사학위를 받기까지

다년간 국회의원을 지내면서 '인간복지학' 연구에 박차를 가해오던
중 1995년에 『2000년대 복지국가의 비전』이라는 책을 펴냈다. 당시
책 머리말에 쓴 글이다.

"우리 인간은 누구나 행복하게 살 권리를 지니고 태어났습니다.
근원적으로 볼 때 인간은 모두가 평등하기 때문입니다. 따라서 현실
사회에서 생기는 개인의 노력이나 능력을 넘어서는 불평등이나 격

차를 해소해야 한다는 사상이 나오게 되는 것은 당연한 것입니다. 복지국가의 이념은 이처럼 모든 사람이 더불어 함께 복된 생활을 누릴 수 있도록 국가가 힘써야 한다는 데서 나왔다고 볼 수 있습니다. 흔히 우리가 말하는 복지국가라는 말은 두 가지로 해석합니다. 첫째는 모든 인류가 소망하는 이상적인 국가의 모습이라는 뜻이고, 둘째는 현실적으로 경제나 정치, 문화 등이 발전하여 국민의 복지가 크게 실현되고 있는 나라를 뜻합니다. 그러나 역사상 완벽하고 이상적인 복지국가라고 정의를 내릴 수 있는 나라는 지구상에서 찾기가 그리 쉽지 않습니다. 말하자면 그 나라의 역사적, 문화적 배경에 따라 복지국가의 모습은 다를 수도 있고, 정치적, 경제적 상황에 따라서도 다소 차이가 날 수도 있습니다. 다만 우리 인류가 지향하고 있는 국가의 형태 중에 가장 '사람이 사람답게 사는 국가'의 형태라는 데서 우리 모두는 복지국가를 선호하고 있는 것입니다 ….”

이 책의 한국어판 출판에 즈음하여 미국 오레곤 주립대학 사회복지대학원 버나드 로스Dr.Bernard Ross 원장이 추천사를 보내 왔다.

“내가 가장 존경하는 사회복지계의 별 김한규 의원이 '2000년대 복지국가의 비전'이란 저서를 발간하게 된 것에 대해 멀리 미국에서 축하와 함께 격려를 드립니다. 사실 저는 김한규 의원이란 말보다는 김한규 동지라는 말이 더 익숙해져 있고 또 즐겨 써왔습니다. 그 이유는 어둡고, 그늘진 곳을 찾아 광명을 주는 사회복지대가로서 그이는 신념이나 추진력이 뛰어난 나의 가장 아끼는 동지이고, 또 한편으로 그의 조국 대한민국에 대해 남다른 국가관을 가진 분으로서 '다 함께 잘 사는 복지국가 실현'을 위해 일생일념 살아왔고, 또 살아가는 동반자이기 때문입니다. 그는 일찍 미국유학에서 국제행정학, 정치학을 전공하면서 남달리 복지행정, 복지정책과 비교복지론에도 심취되어 심도 있게 연구해왔고, 탁월한 연구업적도 남겨 타이완학술원으로부터 '복지행정분야'의 철학박사 학위를 받은 석학입니다. 그는 이미 1980년대에 미국 언론으로부터 '장애인의 대부', '복지국가 실현의 선구자'라는 갖가지 칭호를 수여 받은 적이 있습니다. 뿐만 아니라 김한규 의원은 '복지문제는 세계나 국경도 없다'는 지론을 갖고 노르웨이 등 유럽 각국에 '민간복지외교'를 펼쳐왔고, 서울 양대 올림픽의 성공적인 개최 주역으로 활약상을 보이기도 했습니다. 또한 사회주의 국가의 복지문제에도 관심을 가져 소련과 중국 등도 그의 숭고한 인생관과 탁월한 외교적 수완으로 복지향상에 힘써온 것으로 미국서도 잘 알고 있습니다 …."

이렇게 한국에서 출판된 『2000년대 복지국가의 비전』은 러시아어로 번역되어 내 서재에 꽂혀 있다. 『한국 사회 복지의 구성과 사회복지 정책』이란 제목으로 된 논문집으로 재탄생한 것이다.

당시 구소련과의 수교를 전후하여 나는 그곳 사회과학원으로부터 특별초청을 받고 수차에 달하는 사회복지학 관련 강연을 하게 되었다.

그런데 그때 제출했던 특강 자료나 논문들이 대부분 한국을 주제로 다룬 자료였기 때문에 러시아 사회과학원에서 번역 출판을 서두르게 되었다. 그런데 막상 번역이 끝나자 이를 검토해 본 타스통신사에서 논문을 출간하게 되었고 각 대학원에서 이를 교재를 채택하는 등 예상 밖의 일들이 생겨났다. 그러자 학술원에서는 산하의 극동문제연구소, 경제연구소, 정치학연구소, 역사연구소, 사회연구소 등의 교수 40여 명으로 심사위원회를 구성하여 논문에 대한 세밀한 검토에 들어갔다.

그러던 1994년 12월, 러시아 사회과학원은 나를 특별초청했다. 논문 내용을 놓고 열띤 토론을 벌이기 위해서였다. 나는 러시아 각계 최고 전문가 40여 명을 상대로 '논문 답변'을 하게 되었다.

1차 질의응답심의는 오후 2시부터 저녁 6시까지 계속되었다. 그들의 질문은 집요했고 때로 핵심을 비키며 사회과학 전반에 관한 포괄적인 지식을 요구하기도 하였다. 마르크스주의와 레닌주의에 대해서 논하면서 사회주의권과 자유주의권 국가들의 사회보장제도를 비교하고 고찰해야 했다.

또 한국 복지제도의 어제와 오늘에 대한 발자취와 전망에 대해서도 물어 왔다. 하나 같이 송곳 같은 질문들이었다. 그에 걸맞게 답변 또한 얼음송곳처럼 냉철하고 차갑지 않으면 안 되었다.

그렇게 한 치의 양보도 없이 4시간여 진행된 공방을 거쳐 나의 논문은 드디어 만장일치로 통과되었다. 치열한 질문과 답변이 거의 다 오가고 나서 어느 정도 풀어진 분위기가 되자 그들은 이런 이야기를 했다.

> "우리는 한국이 대가족제도가 참 인상에 남습니다. 그것이야말로 가장 안전한 노후복지가 아니겠습니까."
> "맞습니다. 경로효친사상은 '한국적 복지'의 가장 좋은 전통입니다. 국가 연금도 중요하지만 대가족제도하에서 자손들의 봉양을 받는 것이 최고의 노후복지가 되지요. 그것은 웨스턴 스타일이 아닌 한국만의 독특한, 도덕적 복지제도라고 할 수 있습니다. 정말 연구가치가 높습니다."

나의 복지 이론 관련 논문은 이렇게 러시아 최고의 학계로부터 검증을 받았고 드디어 1995년 1월 러시아 외교부에서 박사학위를 받으러 올 것을 통보해 왔다. 그러나 개인적인 사정이 있어 학위수여식에 참석을 못하게 됐다. 그러자 이듬해 7월, 러시아 이그나텐코 부총리가 직접 방한하여 프레스센터 20층에서 열린 학위수여식을 주관했다. 이그나텐코 부총리는 박사학위 증서를 전달하면서 다음과 같이 말하였다.

> "귀하는 지난 1993년도에 우리 국립 사회과학원 산하의 극동문제 연구소에서 인류복지정치학 명예박사 학위를 받았지요? 그 상은 일본의 나카소네 전 수상에 이어 귀하가 아시아에서 두 번째로 받은 것입니다. 그러나 이 상은 그것과는 아주 많이 다릅니다. 이것은 러시아 최고학술원인 사회과학원에서 주는 정식 박사학위입니다. 동양인으로서는 당신이 처음으로 수상하는 것입니다. 축하합니다!"

지구촌을 누비며

나는 어려서부터 더 넓은 세상을 접하고 싶은 욕구가 무척 강했다. 공부를 하면서, 또 사회생활을 하면서 가급적 활동 무대를 아시아뿐만 아니라 미주, 유럽권으로 뻗쳐 나가려고 노력했다.

미국 캘리포니아 주립대학교에서 정치학을 전공하고 뒤이어 캘리포니아 주립대학교 대학원에서 국제비교행정학 석사학위를 수여받았다. 그 사이 한국유학생회 회장을 맡았고, 한인유학생 장학재단을 설립해 이사를 지냈다. 또 한인기독실업인회 회장을 역임하기도 했다. 귀국해서는 홀트 아동복지회 회장으로 8년간 근무하면서 홀트를 세계적인 복지네트워크로 만들어 나갔다.

러시아 사회과학원 정치학 박사에 이어 카자흐스탄 국제경영전략 대학원 명예정치학 박사학위도 받았다. 1987년도에 노르웨이 국왕 울라프 5세로부터 인류복지 분야에 공헌한 공로로 공로훈장을 수여 받았고, 카자흐스탄 대통령 나자르바예프와는 깊은 교분을 쌓았다.

1980년대 후반부터는 중국 공산당 고위층과 잦은 접촉을 했다. 이 과정에서 중국 여러 시市의 경제고문으로, 또 유명 대학의 명예교수나 고문교수로 활동했다. 특히 양저우시揚州市에서 외국인으로는 처음으로 '귀빈' 칭호를 받았고 하얼빈시哈爾濱市에서는 명예시민으로 위촉되는 영예를 누렸다.

나아가 중국 사회과학원의 고위직 연구원으로 초빙되어 이른바 '죽의 장막'을 거둬 내고 중국과 신나는 '민간외교'를 펼쳤다. 마침내 2010년 8월 중국인민외교학회는 나에게 '중한우호사자中韓友好使者'라는 칭호를 부여했다. 특히 장쩌민, 후진타오, 시진핑, 리펑, 주룽지, 원자바오, 리커창 등 중국 정상급 지도자들과의 인연은 나에게 든든한 자산이다.

제 3 장

숙명적으로 마주친
중국 대륙

국가 간의 수교는 스포츠가 연결 고리가 되는 경우가 많다. 중국과 미국도 탁구가 맺어 주었다. 당시 냉전체제였던 중국과 미국이 저우언라이(周恩来) 총리의 탁월한 외교수완과 헨리 키신저 박사의 노력으로 손을 잡으면서 스포츠를 앞세운 화해의 장이 열렸다. 두 나라 사이의 장막을 거둬 낸 '핑팡외교'(乒乓外交)였다.

한국과 중국도 마찬가지다. 올림픽이 양국 수교에 결정적인 기여를 했다고 할 수 있다. 86서울아시안게임과 88서울올림픽에 이은 1990년 베이징아시안게임이 양국 수교의 밑거름이 된 것이다.

그 밑거름을 만드는 '물밑작업' 과정에서 정부가 할 수 없는 일이 있었는데 그 역할을 당파와 정권을 초월한 민간외교 방식으로 대신하기 위해 많은 노력을 했다.

한중 수교의 연결 고리 베이징아시안게임

중국은 당시 한국에서 열린 86서울아시안게임에 사상 최대 규모의 선수단을 파견했다. 당시 한국과는 수교가 되지 않았음에도 서울아시안게임에 적극성을 보인 것이다.

그 무렵 덩샤오핑鄧小平 주석의 특별지시가 내려졌다고 한다. 그는 "서울에서 열리는 아시안게임에 적극 참여하고 베이징아시안게임을 위해 많이 배워 오라"고 지시했다. 1983년 중국 민항기의 춘천 불시착을 계기로 양국의 조심스런 접근이 이루어진 데 이어 스포츠를 내세운 민간외교의 틀을 마련해 보려는 의도가 보였다.

당시 중국에서는 장바이파張百發 베이징시 상무부시장이 아시안게임을 보러 한국에 왔다. 중국 고위급 관리가 한국에 온 것은 신기한 일이기도 했다. 그는 1990년 베이징아시안게임의 실질적 총책을 맡고 있었다. 그리고 고위층의 특사 역할을 수행하고 있었다. 장 부시장은 경기 관람보다는 서울아시안게임의 운영과 시스템을 배우는 데 주력했다.

1990년 베이징아시안게임을 잘 치르기 위한 그의 노력은 주도면밀했다. 그는 못다 배운 것은 88서울올림픽에서 배우겠다면서 돌아갔다가 2년 후, 다시 한국으로 왔다.

장바이파는 올림픽이라는 스포츠를 내세워 한중 수교를 위한 '막후외교'를 담당했다. 나는 그의 물밑협상 파트너였다장바이파와의 인연은 이 책의 제6장 「내가 만난 중국 지도자들」에서 상세히 소개한다.

당시 중국은 국교도 맺지 않은 상태에서 88서울올림픽의 모의고사라고 할 수 있는 아시안게임을 보러 왔고 한중 수교의 초석을 다지는 계기를 만들었다.

중화인민공화국이 공식 인정한 '中韓友好使者'

한중 수교의 결정타 88서울올림픽

한중 수교의 결정타는 88서울올림픽이라고 감히 말할 수 있다. 중국은 그 당시 아시아권에서 이미 경제발전의 꿈을 이루어 냈고 86아시안게임과 88올림픽을 무사히 치르면서 서서히 선진국 대열에 들어서고 있는 한국을 눈여겨보아 왔다.

뿐만 아니라 중국도 베이징아시안게임을 잘 치르고 싶었다. 그러나 진행 방법은 물론 시설과 물자가 턱없이 부족했다. 중국은 초조했다.

베이징아시안게임을 어떻게 치러낼까를 고민하면서 올림픽 참가 사상 가장 많은 선수단을 이끌고 한국으로 온 것이다.

한국도 언젠가 친구가 될 중국을 열렬히 응원했다. 경기장마다 낯선 중국을 응원하는 오성홍기가 휘날렸다. 공산권의 국기가 대한민국 하늘에서 펄럭인다는 건 당시로서는 상상할 수도 없는 일이었다. 중국 체육계 인사들은 88서울올림픽을 보고 크게 놀랐고 또 감동을 받았다.

나는 그해 동시에 치러질 장애인올림픽 준비로 더 분주했다. 중국도 나와의 인연으로 일반올림픽에 이어 10월에 열린 장애인올림픽에 많은 관심을 보이고 있었다. 그것이 끈이 되어 당시 중국장애인협회 회장으로 있는 덩샤오핑의 아들 덩푸팡鄧樸方과도 만남을 가졌다.

뿐만 아니라 그때 중국 선수단의 일행으로 온 장바이파 베이징시 상무부시장도 다시 만나게 됐다. 그들과의 만남은 나의 인생 후반기를 바꿔 놓은 계기였다.

공산권 국가의 요인들은 예상 외로 자상하고 따뜻했다. 예전에 알고 있는 '혁명적인' 모습이 아니었다. 오히려 자유민주주의를 선호하는 한국 관료들보다 더 민주적이고 친화적이고 인간적이었다. 업무에 관해서는 빈틈없이 챙겼고 소박함이 몸에 배어 있었다. 그런가 하면 사석에서는 농담도 잘 했고 또 공과 사가 분명한 사람들이었다.

나는 대한민국 국회의원으로서뿐만 아니라 민간외교관이 됐다는 자세로 공산국가에서 온 귀한 손님들을 최대한 챙겼다. 따뜻하게 진심으로 다가갔다.

그들은 "구경 잘 하고 많이 배우고 간다"며 몇 번이고 감사함을 표했다.

88올림픽의 또 다른 민간외교의 화제는 한중 양국 선수들의 국경을 넘은 결혼이었다. 양국 탁구선수인 안재형과 자오즈민이 사랑의 결실을 맺은 것이다.

스포츠로 맺어진 중국과의 인연

나와 중국의 인연은 지난 세기인 1980년대로 거슬러 올라간다. 88서울올림픽을 앞두고 장애인올림픽 조직위원회 실무부위원장을 맡은 나는 1987년 초 한국 측 국회의원으로는 최초로 중국을 방문했다. 중국 정부 측과 진지한 협상을 벌여 사상 처음으로 공산권 나라 중국을 참가시킴으로써 88서울올림픽과 장애인올림픽이 동서진영 간 스포츠로 화합을 이루며 초유의 성공적인 대회가 되도록 하는 데 일조했다.

1980년대 후반, 90베이징아시안게임을 눈앞에 둔 중국 정부는 다급해졌다. 그때까지만 해도 발전 도상의 나라로 세계적인 스포츠행사를 한 번도 치러 보지 못한 중국이니 당연했다. 중국 정부는 대규모 국제 스포츠 제전을 연이어 성공적으로 치러낸 한국에 절실한 도움이 필요했다.

당시 중국은 나라 안팎으로 사정이 복잡하고 국내 정세가 불안정하던 때였다. 1989년 6월 4일 중국은 뜻하지 않은 큰 사건을 맞게 되는데, 바로 베이징에서 발생한 천안문사태다.

공산당 총서기를 역임했던 후야오방胡耀邦의 사망을 계기로 추모 기간 중에 이른바 민주화를 요구하는 민심이 학생시위로 돌변한 것이다.

중국 정부는 계엄령을 내려 학생시위대에 대한 강경진압에 나섰다. 사태는 무마되었지만 나라는 크게 상처를 입었다. 세계 여론도 매우 나빴다. 인민들은 불안에 떨며 사태의 뒷수습을 지켜보고 있었다.

덩샤오핑은 이 사건 후, 장쩌민에게 공산당 총서기 자리를 물려준다. 덩샤오핑은 모든 공직에서 물러나고 2인자 장쩌민이 천안문사태를 계기로 정치 무대 전면에 나서게 된다.

중국은 천안문사태 후, 코앞으로 다가온 베이징아시안게임을 성공적으로 치러야 하는 초조함과 절박함을 느꼈다. 베이징아시안게임은 안으로는 국민화합을 위한 계기로, 밖으로는 국제 여론을 전환시키기 위한 기회로써 시기적절한 행사였다. 국제적인 위신도 회복하고 국민들의 민심도 바로잡아 보려는 복안이 있었다.

그러던 1990년 초, 이제 더는 미룰 수 없는 상황에서 체면을 무릅쓰고 한국 측에 공식자문을 요청하게 된다.

한국 역시 은근히 중국에 다가가고 싶었던 터라 중국 정부의 요청을 받아들일 수밖에 없었다. 그래서 장애인올림픽 실무부위원장을 지냈던 내가 한국 측의 베이징아시안게임 지원단 단장으로 중국으로 특파됐다. 그것이 끈이 되어 나와 중국과의 인연이 더 깊어졌다.

중국이 도움을 요청하다

1990년 중국은 베이징아시안게임 준비에 큰 정성을 쏟고 있었다. 경기장 시설 등 하드웨어는 어느 정도 준비가 되어 있는 상태였다. 그러나 소프트웨어에는 아직 미진한 부분이 많았다.

그해 한여름인 7월에 다시 중국 정부의 요청을 받고 베이징으로 갔다. 베이징아시안게임 조직위원회의 초청이었다. 중국 정부가 국회 올림픽지원특별위원회 위원장을 지낸 나를 아시안게임을 몇 개월 앞두고 다시 초청한 것이다.

그 이유는 우선 86아시안게임과 88올림픽의 성공담을 전수받고 싶었고, 다음으로는 코앞에 닿은 올림픽이라 미진한 소프트웨어 분야에서 지원이 절실했기 때문이었다. 중국은 물질적인 지원도 필요했지만 올림픽 운영시스템을 그대로 전수해 주기를 바랐다.

내심 긍정적인 생각을 해 보았다. 적극 도와주고, 굴지의 기업 간에 다리도 놓아 주어 중국이라는 거대 시장을 뚫을 수 있는 모티브가 될 수도 있었으니 말이다.

일주일 동안 중국에서 극진한 대접을 받았다. 최고급 호텔에서 묵으며 각계의 많은 사람들과도 만났다.

중국은 한국 측과의 접촉을 비밀로 해 줄 것을 요청했다. 북한의 눈치도 보였겠지만 그보다는 덩치 큰 나라에서 작은 나라에 대놓고 지원을 요청해야 되는 입장이었으니 이해할 만도 했다.

그 당시만 해도 중국은 개혁개방에 몰입하고는 있었지만 자동차를 대량으로 만든다거나 IT산업과 같은 첨단 과학기술 분야는 미진한 상태였다.

중화인민공화국이 공식 인정한 '中韓友好使者'

중국은 협조 품목을 아예 지정해서 요청했다. 컴퓨터 프로그램과 자동차, 복사기 등을 요구한 것이다. 자동차는 흩어져 있는 경기장을 오가기 위한 목적이었고 복사기는 경기 결과 등을 신속히 전달하기 위한 것이라 했다. 3개월 후 열릴 올림픽의 성공 개최를 위해서는 필수적인 것들이었다.

"걱정 마십시오, 돌아가서 이 사실을 정부에 보고하고 적극 지원하도록 하겠습니다."

일단은 시름을 놓으라는 위안의 답을 전했다.

"감사합니다. 이 은혜를 꼭 잊지 않겠습니다. 아울러 이번 협력이 양국이 화합, 발전해 나가는 계기가 됐으면 합니다."

장바이파 상무부시장은 "한동안 고생하셨으니 한 사흘 푹 쉬었다 가십시오. 저희들이 성심껏 모시겠습니다"라고 했다.

우리 일행은 그 기회에 평소 가보고 싶었던 백두산에 가보기로 했다. 7월 베이징은 무척 더웠다. 백두산까지는 이동하기가 쉽지 않았다. 비행기로 움직이기로 했다.

당시 중국의 국내선은 에어컨이 잘 가동되지 않았다. 공항엔 장바이파 상무부시장을 비롯해 공항 관계자들이 우리 일행을 환송하기 위해 나와서 기다리고 있었다. 그리고 에어컨은 물론 최신 시설을 갖춘 비행기가 대기하고 있었다. 국빈 수준의 대우였다.

중국에서 무척 융숭한 대접을 받고 돌아온 뒤 당시 강영훈 국무총리에게 상의를 하면서 "어차피 도와줄 바엔 화끈하게 도와주자"고 제안했다. 강영훈 총리의 노력으로 200여 대의 승용차를 중국 측에 제공했고, 100대의 복사기는 서울시 예비비로 신도리코에서 구입하여 보내주었다. 이를 통해 많은 기업 관련 인사들이 중국을 오고 가는 계기가 되었다.

결국 중국도 그해 10월 아시안게임을 성공적으로 치렀다. 나는 특별귀빈으로 베이징아시안게임에 초청받았다. 그 기회에 수많은 중국 고위인사들과 만나 친분을 쌓았다.

그때 내 머릿속에서 내내 맴돈 생각의 수수께끼가 서서히 풀렸다. '중국 사람은 참으로 은혜를 입었으면 몇 곱절로 갚으려고 노력하는 민족이구나!'

비로소 중국인의 '관시'문화에 대해 서서히 눈을 뜨게 되었다.

한중관계에 있어서 잊어서는 안 될 사람이 있다. 장바이파張百發 베이징시 상무부시장과 그의 비서겸 통역이었던 진홍잉金紅英 여사, 그리고 김 여사의 부군인 민평전閔鳳振 사장이다. 세 분은 수교 이전인 1980년대 후반부터 수교가 이뤄질 때까지 한국과 중국의 국익을 위해 민간 차원에서 비공식적인 교량 역할을 성심껏 해 주었다. 지금도 세 분의 헌신적인 노력에 감사하고 있다.

한중 수교는 스포츠가 끈이 되었다

노태우 대통령은 1992년 8월 24일 "한국과 중국은 양국의 발전을 위해 국교를 맺었다"고 전 세계에 선포했다. 역사적인 날이었다.

1983년 5월 5일 춘천 중국 민항기 불시착에 이어 86아시안게임, 88올림픽으로 이어지며 조심스럽게 모색되던 한중 수교가 마침내

중화인민공화국이 공식 인정한 '中韓友好使者'

성사된 것이다.

양국은 축하성명을 발표하며 이날의 의미를 새겼다. 양국 수교는 미국, 일본, 소련 등 주변 관련국들의 환영을 받았다.

당시 미국은 닉슨 대통령 시절이었다. 그는 중국이 한국과의 수교를 원하고 있으니 한국도 마다할 이유가 없다고 말했다. 닉슨 대통령은 중국을 꿰뚫고 있었다. 몇 번 중국을 오가며 친중 인사가 된 듯했다.

일본도 한소 국교 정상화 때는 탐탁지 않게 생각하다가 한중 수교에는 비교적 우호적이었다.

심지어 한중 수교에 필요한 심부름을 해 주겠다는 일본 지도자들도 많았다. 당시 노태우 대통령은 이에 힘을 얻어 수교를 서둘렀고 역사적인 결단을 내렸다.

한국에서는 임기도 얼마 남지 않았으니 다음 정부로 넘기라고 수교를 비난하는 이도 있었다. 수교 전후 많은 정치인들이나 사회단체 사람들이 "한중 수교는 내가 했다"며 자랑하고 다녔다. 중국과의 교류로 이익을 보려는 사람들이었다.

솔직히 한중 교류는 막전막후에서 고생한 사람이 많았다. 결정적인 계기는 88서울올림픽이었고, 굳이 지도자를 따지자면 중국 최고의 지도자 덩샤오핑의 결단력과 한국의 전두환, 노태우 두 대통령의 과감한 추진력 덕분이었다고 생각한다.

그 과정에서 여러 경로의 외교채널이 가동됐고 각 분야의 민간적인 노력 또한 한몫을 했다. 나도 일조를 했다고 자부한다.

한국과 중국이 수교하던 날 베이징시는 별도로 나를 특별초청했다. 중국 방문에는 류돈우 국회의원도 동행했다. 특히 천시통陳希同 베이징시장은 나를 시청으로 초대해 듣기 민망할 정도로 감사 인사를 건넸다.

"중국과 한국이 친구가 되는 데 민간 차원에서 가장 노력하신 분의 우리 시청 방문을 진심으로 환영합니다. 한국 사람이 이곳에 초청돼 온 것은 김한규 의원이 처음입니다."

정말 가슴이 뭉클했다. 그동안의 고생이 보람으로 돌아왔다. 전인대의 차오스 상무위원장으로부터도 초청을 받아 대화를 나누며 서로 기뻐하고 축하 인사를 나눴다. 이 모습이 중국 텔레비전을 통해 방영되기도 했다.

수교 직후인 1993년에는 나의 주선으로 중국 지도자로서는 처음으로 텐지윈 전국인민대회 제1부위원장이 한국을 방문했다. 이 일이 양국 의회교류한국 국회-중국 전인대의 시작이었다. 뒤이어 장쩌민 주석, 리펑 총리, 차오스 전인대 상무위원장 등 중국의 지도자들이 한국을 초청·방문하면서 두 나라는 서로가 마음의 문을 열고 허심탄회한 대화의 장을 마련하게 됐다.

한중 수교에 날개를 달아 준 중국의 WTO 가입

중국은 2001년 11월 10일에 미국이 주도하는 세계무역기구wto에 가입했다. 이날 장쩌민 국가주석과 살린 바세프스키 미국 무역대표부 대표가 WTO 가입과 관련한 합의문을 교환하는 역사적인 순간을 맞았다.

중국은 세계 143번째 가입으로, 다소 늦은 감이 있으나 WTO 가입 후 수출 등으로 눈부신 경제성장을 달성하게 된다. 관세장벽이 낮아져 세계 각국은 중국으로 모여들었다. 한국의 대중국 수출도 이

때부터 급격히 늘기 시작했다. 결국 중국은 WTO 가입을 계기로 미국을 제치고 세계 1위 수출국이 된 것이다.

WTO 가입을 놓고 중국 지도부는 찬반 논란이 심했다고 한다. '미국이 WTO를 이용해 중국을 분열시키려 한다'는 음모론까지 나돌았다.

그러나 당시 실권자 리펑은 "중국의 WTO 가입은 손오공이 칠선 공주의 배 속으로 들어가는 것과 같다. 들어갈 수만 있다면 세상을 떠들썩하게 만들 수 있겠지만 아예 아니 들어가면 아무것도 못 한다"며 반대파들을 설득했다. 장쩌민 국가주석도 "이익을 극대화하고 부작용을 최소화하면 된다"며 협상에 힘을 실어 주었다.

중국 전인대 관계자는 "회담 결렬 직전에 타결된 1999년 11월 15일 베이징 담판이 가장 극적이었다"고 회고했다. 미국 대표단은 이틀 전만 해도 15일 10시 귀국 비행기를 예약했다며 중국을 압박했다. 보고를 받은 장쩌민 주석은 "손님들을 돌려보내라"고 말했고, 주룽지 총리도 짜증을 냈다. 결렬은 불 보듯 뻔했다.

그러나 15일 새벽 4시 협상장에 주룽지 총리가 예고 없이 나타났다. 협상은 30분 만에 타결되었다. 양국이 하나를 양보하고 하나를 받는 식으로 매듭을 풀어 나갔던 것이다.

중국은 WTO 가입을 계기로 무서운 속도로 발전했다. 미국은 '수퍼 파워'의 입지가 흔들리자 인권, 민주, 환율 등을 무기 삼아 중국 견제에 나서기도 했다.

한국도 1997년 외환위기를 극복하는 과정에서 어려움을 겪었지만 중국의 WTO 가입으로 대중국 수출이 늘고 경기회복세를 맞이한 것이다. 역사는 만약이 없다. 그러나 만약 중국이 WTO 가입을 안 했다면 중국은 물론, 한국도 큰 경제적 위기를 맞았을 것이다.

중국은 전두환, 노태우 두 대통령을 잊지 않았다

중국은 한중 수교를 두고두고 고마워했다. 중국이라는 나라는 고마움을 잊지 않는 나라다. 믿음을 중시하고 의리가 있는 나라다. 그래서 늘 중국을 생각하면 '음수사원'이라는 사자성어가 떠오른다.

중국이 한중 수교에 공이 많았던 사람을 대접하고 예우하는 모습에서도 그걸 잘 읽을 수 있다.

중국은 내가 1990년 베이징아시안게임 때 큰 도움을 주었다고 생각하고 지금까지 잊지 않는다. 기회만 되면 초청해 항시 기쁨을 함께 나눈다.

가장 감명을 받은 일 가운데 하나는 중국이 전두환 전 대통령과 노태우 전 대통령을 잊지 않고 있다는 점이다.

전두환 전 대통령은 사실 한중 수교의 주역은 아니다. 퇴임 4년 후에야 한중 수교가 성사됐다. 그러나 중국은 전두환 전 대통령이 수교의 우물을 팠다고 생각한다. 전두환 전 대통령 재임 시절에 있었던 1983년 춘천 민항기 불시착, 1986년 서울아시안게임 등이 수교의 계기를 만들었다고 믿는다.

중국은 전두환 전 대통령이 퇴임하고 10여 년이 지난 2001년에 전두환 전 대통령을 초청했다. 그리고 퇴임한 지 오래된 대통령이지만 국빈 수준으로 예우했다. 그 후 전두환 전 대통령은 2007년, 2011년 두 차례 다시 중국에 다녀왔다. 중국이 전두환 전 대통령을 좋아하는 것은 처음 만난 사람하고도 친근감을 느끼게 하는 친화력 때문이기도 하다.

중국 측 인사들은 한국에 오면 늘 연희동 전두환 전 대통령 사저

중화인민공화국이 공식 인정한 '中韓友好使者'

를 방문하여 인사하고 고마움을 표시한다. 나는 전두환 전 대통령을 자주 찾아뵙는 편인데 그때마다 중국의 고마움을 이야기한다.

중국은 1992년 한중 수교를 이뤄낸 노태우 전 대통령에 대해서도 감사한 마음을 깊이 갖고 있다. 노태우 전 대통령 역시 퇴임 10년 후인 2002년 11월에 한중 수교 10주년을 맞아 중국 정부의 초청을 받았다.

노태우 전 대통령은 회고록에서 "당시 장쩌민 국가주석을 비롯해 첸치천 부총리, 다이빙궈 공산당 연락부장, 탕자쉬안 외교부장, 자오난치 정치협상회의 부주석 등을 만나고 최고의 환대를 받았다"고 적고 있다.

특히 자오난치 부주석은 "중국으로서는 수교에 큰 공헌을 했던 노태우 전 대통령을 영원히 잊지 못할 것"이라며 환대했다고 한다.

노태우 전 대통령은 회고록에서 당시 김대중 대통령이 중국에 가기 전날 전화를 걸어 "잘 다녀오시라"며 "장쩌민 주석에게 북한 핵 문제에 대한 우리 정부의 우려를 전해 달라"고 한 일화를 소개하기도 했다.

장쩌민 주석은 "한중 수교는 대단한 성공작이었다. 수교의 공로자는 감히 수교를 결정한 덩샤오핑 주석과 그것을 실행한 한국의 노태우 대통령이었다"고 말했다고 한다.

장쩌민 주석과의 만남에서 전한 노태우 전 대통령의 화답도 멋졌다. '송무백열松茂柏悅: 소나무가 잘 자라면 잣나무도 기뻐한다'이라는 고사로 한중 수교 이후 중국이 발전한 데 대해 화답해 주었다고 한다.

음수사원은 중국인 고유의 사상 이념인 것 같다. 우리뿐 아니라 미국과도 그러했다. 중미 수교의 당사자인 닉슨 대통령과 국무장관인 헨리 키신저 박사를 잊지 않았던 점은 은혜를 두고두고 깊이 간직하면서 배로 갚아 주려는 중국인만의 참모습이다.

제 4 장

한중 의회 및 정당 교류에
물꼬를 트다

한국 민주자유당과 중국 공산당의 첫 만남
전인대 2인자의 역사적 방한

1990년 베이징아시안게임을 성공리에 끝낸 중국은 2000년 올림픽을 유치하기 위해 '2000년 베이징올림픽 유치위원회'를 구성했다. 결과적으로 2000년 올림픽 유치에는 실패하고 2008년에야 베이징에서 올림픽이 열렸지만 중국의 '2000년 베이징올림픽 유치위원회'는 한국과 중국 두 나라가 정당 및 의회 교류를 시작하는 물꼬를 텄다.

중국은 한국의 88서울올림픽 유치와 개최 과정의 노하우를 알고 싶어 했고, 이를 위해 다방면으로 한국 측과 접촉했다. 특히 한국의 의회와 정당에서 올림픽 유치 및 개최를 어떻게 지원했는지를 알기 위해 나에게 많은 자문을 구했다. 내가 국회의 88올림픽지원특별위원회 위원장으로서 서울올림픽의 성공적 개최에 기여했음을 잘 알았기 때문이다.

한국 민주자유당과 중국 공산당의 첫 만남

역사적인 한중 수교가 이뤄진 1992년부터 1993년까지 나는 여당인 민주자유당이하, 민자당 소속 국회의원으로서 당내에 설치된 북방정책 특별위원회이하, 북방특위를 이끌고 있었다. 북방특위는 당시 우리 정부가 야심차게 추진했던 북방정책을 당 차원에서 지원하기 위해 구성됐다. 나는 1992년 연말에 민자당 북방특위 위원장 자격으로 중국을 다시 찾았다.

12월 24일 베이징호텔에서 중국의 텐지윈 전인대 상무위원회 제1부위원장 겸 정치국원과 만찬을 가졌다. 이 자리에서 우리 두 사람은 양국이 당 대 당 교류를 시작할 분위기가 무르익었고, 이 일이 동반 발전에 도움이 될 것이라는 데 의견을 일치시켰다.

귀국해서 텐지윈 부위원장과의 대화 내용을 민자당 지도부에 구두로 보고했다. 이듬해인 1993년 1월 26일 중국 공산당은 주중 한국 대사관을 통해 한국의 집권당인 민자당과의 당 대 당 교류를 희망한다는 뜻을 공식 전달해 왔다.

이후 중국의 '2000년 베이징올림픽 유치위원회'는 1993년 4월 1일부터 7일까지 나와 박세직 의원을 베이징으로 초청했다. 박세직 의원은 88서울올림픽 조직위원장을 지냈다. 나와 박세직 의원은 중국에 올림픽 관련 자문을 해 주고, 한편으로는 한중 양국 간의 의원 친선협회 구성, 민자당과 중국 공산당과의 교류 추진, 그리고 한반도 현안에 대한 의견을 교환하기 위해 선뜻 초청에 응했다. 일석이조의 기회였다.

우리 일행은 방중 기간 중 베이징의 공산당 중앙초대소에서 중국 공산당 대표단과 오찬을 함께 하며 당 대 당 교류 문제를 논의했다. 한국 측에서는 나와 박세직 의원, 주중 한국대사관 대표, 중국 측에서는 주산칭朱善卿 공산당 대외연락부 비서장 일행이 참석했다.

그때 중국 공산당은 전 세계 100여 개 국가의 200여 개 정당과 연계를 맺고 있었다. 여기에는 각국의 공산당 외에 사회당, 사회민주당, 노동당, 그리고 제3세계 국가의 주요 정당도 포함된다.

중국 공산당은 외국과 정당 교류를 할 때 독립·자주, 완전평등, 상호 존중, 상호 내정불간섭을 4대 기본원칙으로 삼는다. 이데올로기가 다르더라도 이 같은 4대 기본원칙을 지키면 언제든 교류가 이뤄질 수 있다.

주산칭 비서장은 이런 기조를 설명한 뒤 "중국 공산당과 한국 집권당인 민주자유당 간의 교류 문제에 대해서는 이미 외교관계가 수립된 상태여서 시기가 성숙됐다고 본다"고 밝혔다. 그러면서 중국 공산당이 미국의 공화당과 민주당, 일본의 자민당과 교류할 때 시행했던 2단계 교류 방안을 택하는 것이 좋겠다는 뜻을 전했다. 우선 한국 집권당인 민자당과 교류를 하고, 2단계로 야당을 포함한 전반적인 의회 교류로 발전시키자는 의미다.

한국 대표단은 이에 동의했다. 또 양당 교류 방식은 처음부터 공개적으로 진행하기보다는 일정 기간 비공식 교류가 바람직하다고 제안했다. 이에 따라 1993년 9월에 중국 공산당 초청으로 당시 문정수 민자당 사무총장을 단장으로 한 한국 대표단이 중국을 방문해 당 대 당 첫 교류가 시작됐다.

중국 공산당과의 교류에 물꼬를 튼 우리 일행은 1993년 4월 1일부터 7일까지의 베이징 방문에서 차오스 전인대 상무위원장, 텐지원 전인대 상무위원회 제1부위원장, 장바이파 베이징시 상무부시장을 비롯해 당과 정부의 주요 지도자들을 잇달아 면담하고 정당, 의회 교류에 협조를 이끌어 냈다.

전인대 2인자의 역사적 방한

우리나라 국회와 중국의 의회 격인 전국인민대표대회의 교류도 우리 일행의 1993년 4월 베이징 방문이 시발점이 됐다. 우리는 그해 4월 5일 텐지원 전인대 상무위원회 제1부위원장과 오찬을 함께 한 자리에서 그를 한국으로 초청했다.

이에 텐지원 제1부위원장은 "6월경에 한국 방문 일정이 있으니 별도로 공식 초청하기보다는 비공식 초청 형식이 좋겠다"고 말했다. 우리는 귀국 후 황낙주 국회부의장과 협의해 비공식으로 그를 초청키로 결정했다.

텐지원 제1부위원장은 황낙주 부의장의 비공식 초청 형식으로 그해 6월에 한국을 방문했다. 한중 수교 후 한국을 찾은 첫 중국 최고위층의 방한이었다.

텐지원 제1부위원장의 한국 방문으로 의회 교류 분위기를 띄운 한국 국회와 중국 전인대는 그 후 본격적인 왕래를 시작했다. 역시 물꼬는 내가 텄다. 나를 단장으로, 강우혁·송두호 의원으로 구성된 한국 국회대표단은 자오둥완趙東宛 전인대 교육과학문화위생위원회 위원장 초청으로 그해 8월 17일부터 23일까지 중국을 방문했다.

내가 이끈 한국 국회대표단이 공식 방문한 이 일이 양국 간 첫 의회 교류로 기록된다. 이후 주량 전인대 외사위원회 주임의 노력으로 1996년까지 한국의 여야 국회의원 중 절반 이상이 중국을 다녀왔다.

제 5 장

한중 민간외교의 등불을 밝힌 21세기한중교류협회

13년 전, 지금의 21세기한중교류협회를 만들었다. 이후 우리 협회는 정치, 외교, 경제, 국방안보, 언론 등 모든 분야에서 양국 민간 교류의 수준을 한 차원 끌어올렸다고 자부한다. 그 일은 지금도 진행형이다. 우리 협회의 중국 측 파트너는 중국인민외교학회다. 두 단체는 한중 수교 이후 양국 사이에 중요한 현안이 일어났을 때 머리를 맞대고 문제를 풀었다.

2003년 4월 베이징에서 북핵 문제 해결을 위한 미국과 중국, 북한의 3자회담이 열렸다. 나는 그해 1월 중국 고위층의 요청으로 방중, 3자회담 필요성에 대해 자문을 했다. 당시는 미국 부시 대통령이 '북한을 악의 축'으로 지칭했을 때다. 나는 "2008년 베이징 올림픽은 중국이 후진국에서 중진국으로 진입할 수 있는 천재일우의 기회. 올림픽의 성공적 개최를 위해서는 한반도의 평화 안정과 미국의 협력이 절대적으로 필요하다"고 조언했다.

2004년에는 동북공정 문제가 양국의 현안이 됐다. 그해 김수한 전 국회의장과 함께 중국인민외교학회 초청으로 중국을 방문했다. 자칭린 전인대 정치협상회의 주석과 면담을 갖고 역사 문제는 현실화할 수 없고, 정치 문제화할 수 없는 만큼 학술적으로 풀어야 한다는 데 공감대를 형성했다. 한중 수교 이후 모든 면에서 교류 협력이 잘 이뤄지고 있는데 동북공정 문제가 걸림돌이 돼선 안 된다는 데도 의견을 일치시켰다.

2008년에는 세계 금융대란이 일어나고 있던 시점에 한국에 미치는 영향을 사전 차단하기 위해 중국을 방문했다. 천즈리 전인대 상임부위원장 등 고위 지도자들을 만나 협조를 요청했고, 중국 정부의 주도적 역할로 외교정책적 측면에서 중국, 일본과 통화스와프를 체결하는 데 힘을 보탰다. 민간외교의 진가를 발휘한 일들이었다.

또한 천안함 폭침 사건과 연평도 포격 사건으로 한반도 주변 정세가 긴박한 시기에 중국인민외교학회와 민간외교 차원에서 양국의 이해 증진을 위한 역할을 수행하기도 했다.

근현대 한중 교류의 발자취

"한중 두 나라는 지리적으로 인접해 있고 역사적으로 밀접한 관계를 가지고 오랜 세월 운명을 함께 해 왔기에 두 나라 국민은 서로 의지하고 돕지 않을 수 없습니다."

나는 김구 선생의 이 말을 아주 좋아했다. 한중 교류는 오늘에 비로소 이루어진 것이 아니다. 역사를 거슬러 올라가면 삼국시기고구려, 신라, 백제부터 정치, 경제, 문화 등 제반 분야에서 교류가 빈번하였고 그러한 교류가 지금까지 면면히 맥을 이어 왔으며 그 와중에 두 나라는 끈끈한 우정을 쌓아 왔다. 그러나 정식으로 단체가 생겨 교류가 진행된 것은 지난 세기, 1920년대 초부터였다.

1920년 9월 대한민국 임시정부가 '한중 친목회 설립 필요성'이란 글을 발표하자 전국 각계 연합회가 '한인들을 원조할 데 대해 국민들에게 알리는 글'을 발표하였다. 이에 호응하여 중국의 여러 지역에서 '중한호조사中韓互助社'가 설립되었다.

1921년 3월 대한민국 임시정부 특파원 황영희黃永熙 등과 후난湖南 신문계의 진보인사들이 연합으로 창사長沙에서 첫 '중한호조사'를 설립하였다. 당시 마오쩌둥毛澤東은 창사 '중한호조사'의 주요 발기인이자 조직자였다.

'중한호조사'는 대한민국 임시정부의 절박한 요구가 시발점이 되었다. 망명정부로서의 대한민국 임시정부는 중국 민중의 지지와 동정이 절대적으로 필요했다. 그래서 중국 각지에 선전원들을 파견하여 대한민국 임시정부를 지지해 달라고 호소하였고 그 호소를 받아들여 창사를 시발점으로 전국 각지에 '중한호조사'가 설립되었다.

중화인민공화국이 공식 인정한 '中韓友好使者'

'중한호조사'는 한중 두 나라 인민들이 어깨를 나란히 해서 일본 제국주의에 항거하는 사회적 기반을 닦아 놓았다.

그 뒤를 이어 항일전쟁의 포화 속에서 탄생한 '중한문화협회中韓文化协会'는 중한 두 나라의 우의와 단결의 상징으로서 역사에 생생히 기록되어 있다.

국민당 행정원 원장이자 입법원 원장이었던 쑨원孫文의 아들 쑨커孫科가 발기하고 국민당 조직부장 주자화朱家華와 중앙 비서실장 우테청吳鐵成의 지지하에 1942년 10월 11일에 성립된 '중한문화협회'는 한민족의 독립운동을 적극적으로 지지하고 세계 각국이 임시정부를 승인토록 만들기 위해 수많은 일을 하였다. 그리고 광복군 편성과 독립군 자금 지원 등 여러 가지 지원을 했다. 사실상 '중한문화협회'는 중국 국민당 정부가 대내외의 압박으로 잠시 대한민국 임시정부를 승인하지 못하는 상황에서 한국독립운동을 지지하기 위해서 설립한 반관半官 성격의 민간단체였다. 그렇기 때문에 항일전쟁의 포화 속에서도 장제스蒋介石 위원장이 축사를 보내 왔고 주자화 부장은 병석에 있으면서도 김구에게 축하편지를 띄웠다.

당시 중국 공산당도 항일민족통일전선의 전략에 따라 한국의 여러 당파들과 밀접한 관계를 가졌다. 중국 공산당은 항일근거지에서 활동하는 공산당 계열의 의용군을 적극적으로 지지했을 뿐 아니라, 국민당 통치 구역에서 활동하는 대한민국 임시정부 및 기타 정당에 대해서도 지지를 보내고 성원하였다. 중국 공산당이 충칭重慶에서 발간한 '신화일보'는 한국독립당과 대한민국 임시정부 및 조선민족혁명당, 조선의용대 등 독립운동 단체들이 중국에서 활약한 기사를 많이 실었다. 그중 대한민국 임시정부에 대한 직접적인 보도만 30여 편을 웃돌았으며 간접적인 보도는 수백 편에 달했다.

항일전쟁 후기에 이르러 중국 공산당과 대한민국 임시정부는 노선 차이와 의용군 문제에서 심각한 갈등이 있었지만 일본 제국주의에 맞서 공동 항쟁한다는 면에서는 항상 일치단결하였다. 1945년 11월 대한민국 임시정부 요인들이 귀국할 무렵 저우언라이와 둥비우董必武는 충칭 주재 팔로군 판사처의 명의로 임시정부 각 당파의 지도자인 김구, 김약산, 김규식, 홍진 등을 초청해 환송연회를 베풀고 우정을 나누었다.

여기서 알 수 있듯이 중국 공산당도 '중한문화협회'를 중시하고 한국의 독립운동을 지지하고 관심을 두었다. 당시 저우언라이는 기꺼이 협회의 명예이사를 맡아 주었다. 특히 대한민국 임시정부에서 가장 관심을 갖는 문제, 즉 대한민국 임시정부의 운명을 결정짓는 임시정부 승인 문제에서 국민당과 공산당은 시종일관 임시정부를 지지하면서 세계 각국이 대한민국 임시정부를 승인하라고 호소하였다. 하지만 중국 공산당은 스스로 만든 정권이 없었기에 결국 호소에 머무르고 말았고, 국민당 정부는 강국들의 압력에 눌려 자신들의 체면마저 유지하기 어려운 처지에 놓여 있었다.

이것은 역사의 비극이다. 그때 대한민국 임시정부가 세계의 승인을 받았더라면 6.25와 같은 참상이 일어나지 않았을 것이고, 오늘날 허리가 두 동강 난 한반도가 지도에 나타나지 않았을지도 모른다. 하지만 '중한문화협회'는 역사의 증거로 남아 피로써 맺어진 한중 두 나라 우의를 길이 이야기할 것이다.

대한민국 임시정부가 해체되고 김구는 귀국했다. 김구는 '중한문화협회'의 명맥을 유지하려고 노력했지만 안두희의 총탄에 쓰러지면서 무산됐다. 한국과 중국의 관계도 제2차 세계대전이 끝나고 자본주의와 공산주의가 대치하는 세계질서 속에서 완전히 단절됐다.

이후 반세기가 흐른 뒤 한국과 중국은 다시 수교했다. 그리고 주룽지 총리의 제의와 한국의 적극적인 참여로 '21세기한중교류협회'가 창립되면서 양국 간 민간외교도 본격적으로 재개됐다.

오늘날 최대 민간외교 단체로 자리매김한 21세기한중교류협회는 어찌 보면 지난 세기에 출범했던 '중한호조사'와 '중한문화협회'의 명맥을 잇는 조직인 셈이다.

주룽지 총리, '21세기한중교류협회' 설립을 권고하다

21세기한중교류협회가 발족하기까지의 과정을 되새겨 보면 나와 친분이 있는 중국 지도자들이 이 단체에 얼마나 관심을 가졌는지, 양국 민간외교의 토대를 만들기 위해 우리가 어떤 노력을 했는지를 읽을 수 있다.

2000년 10월, 서울 신라호텔에서 방한 중인 중국 정부의 주룽지 총리를 비롯한 대표단을 만났다. 경제통이면서 각 분야의 해박한 지식을 가진 주룽지 총리는 중요한 결심이라도 내린 듯 무겁게 말문을 열었다.

"한중 교류는 아주 성공적으로 잘 진행되고 있습니다. 21세기를 맞이해서도 양국의 교류가 활발히 진행되기를 원합니다. 저는 여기서 양국 국익을 위해 한 가지 제안을 할까 합니다. 한중 양국의 미래를 위해 민간 차원에서 친선단체를 만들자는 것입니다."

그러자 양국 참석 인사들의 박수 소리가 장내에 퍼졌다. 21세기한중교류협회가 탄생되는 순간이었다.

당시 주룽지 총리는 서울에서 열리는 아시아·유럽정상회의ASEM

에 참석하기 위해 탕자쉬안 외교부장 일행과 함께 방한 중이었다. 회의를 마친 그는 우다웨이武大偉 주한 중국대사에게 "일은 잘 추진돼 가고 있냐"고 물었다. 그 일이 바로 한중 지도자급 친선 모임이었다. 이미 주룽지 총리는 당시 우다웨이 대사에게 양국 지도자급 인사들 로 구성된 친선단체를 만들라고 지시를 내렸던 것이다. 우다웨이 대 사는 지시를 받고, 나와도 몇 번 만나 협회 창립을 의논했었다.

일국의 총리가 제안할 정도로 그 일은 무게가 실려 있었다. 나도 취지가 괜찮다고 생각했고, 한중 수교 후 교류가 8년간 안정적으로 유지되며 21세기를 맞는 중대한 시점에서 누군가 이 일을 추진해야 한다는 데 의미를 두었다.

주룽지 총리는 결국 전용기 출발을 연기시키면서까지 신라호텔에 서 열린 협회 창립 모임에 참석했다.

중국은 친선단체를 통해 민간외교를 이루고 전·현직 고위인사들 이 친목을 도모하기를 원했다.

주룽지 총리는 양국 교류에서 여러 복잡한 문제들에 정부가 나서 는 것보다 민간이 주도하는 것이 낫다고 판단했다. 바로 '21세기한 중교류협회' 창립이다.

중국 측에서는 비정부기구인 중국인민외교학회가 21세기한중교류 협회의 카운트 파트너를 맡기로 했다. 그만큼 민간외교 채널 가동을 비중 있게 생각한 것이다.

21세기한중교류협회의 회장을 누가 해야 할지도 문제였다. 중국 측은 자기들이 관여할 일은 아니지만은 한국 측을 향해 가급적이면 중국과 오랜 기간 친분을 맺어온 사람이 회장을 맡으면 좋지 않겠냐 는 의견을 제시했다.

나중에 확인된 일이지만 주룽지 총리 등 중국 측 인사들은 나를 회장으로 천거했다고 한다. 결국 한국 측에서는 내가 회장으로 선임됐고, 중국은 메이자오룽梅兆榮 중국 인민학회 회장이 상대역을 맡았다.

협회 창립 과정에서 2000년 11월 만난 주룽지 총리는 기억이 생생하다. 일을 추진하는 힘과 청렴함은 익히 들어 알았지만 지도자로서의 카리스마와 친근감에 더 끌렸다.

그는 서울 신라호텔에서 만난 나에게 "이 협회는 한중 발전에 중요합니다. 김 회장님께 잘 부탁합니다"라고 말하며 "앞으로 중국에 오면 자주 만나자"고 했다. 그 후 그는 고령으로 은퇴했다. 지금도 나는 중국에 가면 주룽지 총리의 안부를 묻곤 한다. 건강하게 인민의 가슴속에 깊게 추억이 되어 살아 계신다. 훌륭한 총리였다. 그를 한중 수교에 획을 그은 중국 지도자 중의 한 분으로 생각하면서 항상 존경하고 있다.

주룽지 총리로부터 힘을 얻어 열심히 일했다. 21세기한중교류협회의 회원은 정부와 정계, 경제계, 교육계 등 여러 분야의 전·현직 고위인사들로 구성했다. 특히 한중 수교를 전후해 두 나라의 우의 증진과 친선 도모를 위해 노력해 왔던 전·현직 국무총리 등 행정부의 장·차관급 이상, 입법부의 국회의장·부의장·국회의원, 교육계의 대학총장, 한중 양국 경제 교류를 위해 노력한 경제계의 대표, 대학총장, 군부의 예비역 장성, 대사 등 각 분야의 지도급 인사 200여 명이 참여했다.

21세기한중교류협회와 중국인민외교학회는 매년 양국을 번갈아 오가며 포럼을 열어 주요 현안을 토론하고 미래를 제시한다. 포럼을 개최하는 목적은 두 단체가 21세기 국제화 시대를 맞이하여 한중 양국의 역할이 매우 중요한 시기에 각 분야 지도급 인사들 간의 교류와 협력을 통해서 공식 외교 채널로 풀기 어려운 한중관계의 문제들을 허심탄회한 대화로 풀어나가 양국의 우호 증진과 국가 발전에 기여하고 나아가 동북아시아의 평화와 안정에 기여하자는 데 있다.

한국에서 협회가 만들어지던 그해 말 나를 단장으로 한 협회 일행은 상견례를 겸해 파트너인 중국인민외교학회를 방문했다. 그 자리에는 전·현직 고위인사들과 기업인들이 대거 참석했다.

메이자오룽 중국인민외교학회 회장 등이 우리 일행을 반갑게 맞았다. 그는 환영사를 하면서 "우리는 한배를 탔습니다. 한국을 대표하는 21세기한중교류협회와 함께 한중 양국의 발전을 위해 일합시다"라고 격려했다.

한국의 21세기한중교류협회와 중국인민외교학회는 2000년 11월 29일 인민외교학회 강당에서 자매결연을 맺었다. 취지도 목적도 확실했다. 양국의 정치지도자들을 중심으로 친선을 도모하고 양국의 동반 발전을 이루자는 데 의견을 모았다.

협회가 창립된 지도 어언 13년이 된다. 2010년 11월 창립 10주년을 기념하는 날, 양국의 많은 고위인사들이 축하해 주었다.

노태우 전 대통령은 축전과 함께 축하의 말을 보내 격려했다.

"21세기한중교류협회의 10주년을 진심으로 축하한다. 한중 수교의 참뜻대로 한중교류협회가 세계 평화와 양국 발전에 기여해 주기를 바란다"고 당부했다.

21세기한중교류협회는 발족 이래 두 나라 교류와 협력에 지속적인 역할을 하여 괄목할 만한 성과를 거두었다. 현재 200여 명의 회원을 가진 초超정권, 초超정당의 '민간외교군단'으로 자리매김하였다.

그러는 사이에 나와 중국과의 인연은 날로 두터워지면서 장쩌민, 후진타오, 시진핑 등 중국 국가지도자를 거의 예방하거나 그들과 면담을 가졌다. 또 정부 및 대학교의 초청 특강, 경제문화교류,

세계 각국의 정계·재계 고위층이 운집하는 하이난성海南省 해남 보아오博鰲 포럼을 비롯한 다양한 주제의 포럼, 여러 가지 결연행사에 참석하면서 나의 중국행은 거침없이 이어져 나갔다.

장쩌민 주석의 고향 양저우에서 열린 첫 포럼

'양저우'하면 중국 사람들은 원나라 때 양저우에서 총관을 지내다가 훗날 베니스 거상이 된 마르코 폴로를 떠올리고, 한국 사람들은 최치원을 떠올린다. 하지만 나는 양저우가 중국 전 국가주석인 장쩌민이 태어난 곳이라 특별한 관심을 가져왔다.

2001년 10월 가을이 절정에 이를 때 21세기한중교류협회는 중국 양저우에서 역사적인 제1회 지도자포럼을 개최했다. 양저우는 장강長江 상류에 위치한 조용한 도시이다. 주변 경치도 아름다웠고 은행가, 지식인, 상인들이 적당히 살고 있는 곳으로, 한국인에게도 아주 익숙한 곳이다.

중국인민외교학회와 21세기한중교류협회는 어디서 첫 포럼을 개최할 것인지 결정하지 못했다. 당연히 첫 포럼이니 중국에서 열린다면 베이징을 예상했다.

그러나 중국 측은 기발한 아이디어를 내어 양저우를 택했다. 그 이유는 첫째, 양저우는 당시 국가주석이던 장쩌민의 고향이었고, 둘째, 신라시대 최치원 선생이 살고 관직을 가졌던 고장이기 때문이었다.

장쩌민은 1926년 양저우 텐자 거리에서 태어났다. 그는 강이 있는 고향을 아주 좋아했다.

장쩌민 주석은 21세기한중교류협회가 첫 포럼을 자신의 고향에서 열기로 했다는 소식을 듣고 아주 기뻐했다고 한다.

중국 지도자의 고향을 택한 것과 함께 한국에도 양저우는 의미가 있는 도시였다. 양저우는 신라시대의 문장가인 최치원과 인연이 깊다.

최치원은 신라 경문왕 때 사람으로 12세 때 당나라 서경으로 유학을 떠났다. 7년 만에 18세 나이로 당나라 과거제도인 빈공과에 장원으로 급제하여 양저우에서 첫 관직을 지냈다. 몇 년 후 고국인 신라로 돌아오지만 중국에서 시를 쓰며 문장가로 명성을 떨치고 동양문학의 시조라고 불리고 있다. 양저우에서는 이미 이 사실을 알고 우리 일행을 환대해 주었다.

최치원 말고도 중국 사람이 인정하는 신라 사람이 한 명 더 있다. 중국의 4대 명산 중 하나인 안후이성安徽省의 구화산九華山에 절을 짓고 지장보살로 살았던 김교각 스님이 바로 그다. 신라 성덕왕의 큰 아들로 알려진 김교각 왕자는 동생이 왕위에 오르자 흰 삽살개 한 마리를 데리고 중국으로 건너갔다. 문헌에도 잠깐 나오지만 중국 역사에서는 김교각을 유명한 승려로 소개하고 있다. 지금도 구화산에는 등신불로 남아 있다. 또한 한중 수교 15주년을 맞이하여 21세기 한중교류협회는 양저우시 최치원 기념관 경내에 기념비를 세워 전두환 전 대통령을 모시고 준공식을 가졌다.

중국의 깊이를 느끼다

지금 와서 생각하면 중국과의 인연은 운명인 것 같다. 우연이 아니라 필연인 것이다. 나는 인생 후반기를 거의 중국과 보내고 있다. 중국은 이미 내 마음속 깊은 곳에 자리잡았다. 이제 비켜 가고 싶어도

중화인민공화국이 공식 인정한 '中韓友好使者'

비켜 갈 수 없게 되었다. 나는 중국을 통해 많은 사람을 만났다. 중국을 안방 드나들 듯하며 좋은 관계를 유지했다. 한국과 중국의 수교를 민간 차원에서 성심껏 도왔다. 정부의 공식외교보다 중국이 중시하는 '관시'를 통해 두 발로 뛴 현장 감각으로 중국에 접근했다.

한중 수교 21주년은 감회가 깊다. 특히 사단법인 21세기한중교류협회를 창립하고 파트너인 중국인민외교학회와 한중관계의 일을 해온 것은 여러모로 보람을 느낀다. 역사에 기재될 일이다.

양국의 지도자 리더십, 차세대 지도자상, 여성상, 군부의 교류 등을 포럼을 통해 제시했다. 그러기 위해 많은 사람들을 21세기한중교류협회에 영입해 중국과의 교류를 촉진시켜 나갔다. 전직 대통령, 국무총리, 국회의원, 교수, 전문가들이 동참해 주제별로 토론하고 발표를 하기도 했다.

물론 중국의 지도자들도 많이 오갔다. 중국은 일당체제라 획일적이지만 토론은 한국보다 자유분방하다. 전문성 또한 높은 경지에 있다. 양국의 전문가를 초청, 포럼을 하다 보면 한국은 전문가가 빈약함을 느낀다. 하루 속히 전문가를 육성해 적재적소에 배치해야 한다는 생각을 많이 했다.

나이가 들거나, 정권이 바뀌면 전문가까지 모두 바뀌는 풍토는 잘못된 것이다. 중국을 연구하고 남북통일을 하는 데 소속과 성분이 무엇이 중요한지 다시 한 번 생각해 볼 필요가 있다. 어떻든 전문가는 필요하고 그것이 나라의 힘인 것이다. 국가 간의 외교는 초당적이어야 한다. 그리고 각 분야에서 전문성과 경륜, 확고한 애국심을 가진 사람들이 참여해야 한다.

21세기한중교류협회는 비정부기구NGO로서 정부 지원도 거의 없이 고군분투해 왔다. 그나마 협회를 13년이나 이끌 수 있었던 것은 뜻을 같이하는 헌신적인 독지가와 후원자들 덕분이었다. 정부 예산으로 운영되는 중국인민외교학회와는 전혀 차원이 다르다.

21세기한중교류협회는 5대 포럼을 매년 개최하고 있다. 지금까지 한중 지도자포럼은 양국을 오가며 13차례 열렸다. 여기에 한중 여성 지도자포럼도 10차례 열었다. 또한 한중 국방안보교류, 한중 고위언론인포럼, 한중 차세대 정치지도자교류 등도 계속 이어 가고 있다.

앞으로도 한반도 평화통일이 이뤄질 때까지 이 일을 계속해 나갈 것이다.

고향 대구·경북과 동북3성 교류 기틀 마련을 위해 고군분투하는 박몽용 회장

중국의 동북3성인 지린성吉林省, 헤이룽장성黑龍江省, 랴오닝성遼寧省에는 약 200만 명의 우리 민족이 살고 있다. 일제 강점기에 우리나라 애국지사들이 항일투쟁을 했던 곳으로, 지금도 후손들은 그 얼을 지키며 우리의 풍습과 생활방식 그대로 살아간다.

동북3성은 조선족 170만 명의 동포들의 생활터전인데다 지정학적으로 한반도와 가장 가까이 있기 때문에 앞으로 남북통일 시대에 매우 중요한 역할을 할 곳이다. 최근 고향인 대구·경북과 동북3성의 교류를 확대하고 통일에 대비하기 위해 21세기한중교류협회 안에 대구경북협회를 창립했다.

그동안 21세기한중교류협회가 5대 포럼을 통해 중국의 중앙정부를 상대로 정치, 외교, 경제, 언론, 국방안보 분야 교류를 해 온 데 이어 남북통일 시대에 한국과 중국의 교량 역할을 할 동북3성에 관심을 두기 위해서다.

대구·경북과 동북3성 사이의 교류는 조만간 본격적으로 추진될 예정이다. 21세기한중교류협회의 대구경북협회 박몽용 회장이 동북3성과 경제, 인적, 문화, 청소년 교류를 위해 본격적으로 추진할 예정으로 노력하고 있고 또한 랴오닝성의 심장부인 심양 근교에 한국타운조선족타운을 건설하기 위해 정부와 협의를 하고 있는 중이다.

제 6 장

내가 만난 중국 지도자들

지칠 줄 모르는 활동력과 통 큰 결단력의 장바이파
매서움과 겸손, 추진력과 진지함을 두루 갖춘 외유내강의 주룽지
대국 지도자의 비범함이 묻어나는 한중 교류 막후지휘자 장쩌민
한반도의 남과 북을 함께 감싸 안은 '실익외교'의 후진타오
내가 가장 일찍, 가장 자주 만난 친한파 중의 친한파 주량

나는 한중 수교를 준비하고, 수교 이후 민간외교에 매진하면서 25년 동안 중국과 중국인을 경험했다. 이젠 중국이 안방 같은 느낌도 든다. 그동안 열심히 중국을 공부했다. 그냥 서재에서 책이나 읽는 식이 아니라 두 발로 뛰면서 공부했다.

보통 서민들에게서 중국 이야기를 들은 것이 아니라 중국을 통솔하는 국가 지도자나 국빈급 지인들과 마주 앉아 중국을, 한중관계를 담론하면서 중국을 알아 나갔다. 25년 인연으로 만난 중국의 주요 고위 지도자들은 수도 없이 많다. 아마 각 성, 시, 자치구를 다니며 만난 지방 관리까지 합치면 수천 명에 달할 것이다. 중국 지도자를 알면 중국이 보인다. 중국 지도자를 알면 중국의 정치, 경제, 문화가 보이고 나아가서는 중국인이 보인다.

지칠 줄 모르는 활동력과 통 큰 결단력의 장바이파

장바이파張百發. 그는 내 인생에서 아주 중요한 인물이다. 88서울올림픽 때 한국에서 처음 만났지만 그 후 많은 인연을 갖고 지금까지도 쭉 만나고 있다. 그를 통해 중국에 대한 많은 것을 배웠다. 중국인의 믿음과 의리가 무엇인지 그로부터 터득했다. '음수사원'이란 중국인 특유의 기질도 그로부터 알게 됐다.

장바이파와의 인연은 1986년으로 거슬러 올라간다. 그해 장바이파가 중국 고위 지도자로는 최초로 한국을 찾았다. 당시 베이징시 건설담당 상무부시장 신분으로 서울 하얏트호텔에서 열린 '아시아올림픽평의회OCA' 총회에 참석해서 1990년에 치르게 될 제11회 아시아경기대회를 베이징에 유치하기 위해 방한했던 것이다. 그때만 해도 중국에서 온 손님들을 만난다는 게 여간 조심스러운 일이 아니었다.

당시 나는 장애인올림픽 조직위원회 실무부위원장으로 있던 터라 올림픽 유치를 위해 한국을 찾은 장바이파와의 만남이 자연스럽게 이루어진 것이다. 다행히 그해 OCA 총회에서 찬성 48표, 반대 22표, 기권 6표로 베이징시가 1990년 아시아경기대회 개최지로 결정됐다. 장바이파로서는 방한 목적을 달성한 셈이고, 중국으로서는 역사의 새로운 장을 여는 순간이었다.

1990년 아시안게임을 개최하게 된 베이징시는 1986년 서울아시안게임에 참석했는데, 그때도 장바이파가 중국 선수단 단장으로 방한했다. 사실 중국 측으로서는 90아시안게임의 성공적인 개최를 위해 한국의 노하우을 배워 가야 했고, 한국 역시 중국 측의 협력이 절실히 필요했던 시점이었다. 한국은 86아시안게임의 성공뿐 아니라 88올림픽의 성공적 개최를 위해서는 중국의 협력이 필요했다. 무엇보다도 '세계의 평화와 화합, 전진'이라는 슬로건을 내건 88서울올림픽은 중국을 비롯한 공산권 국가의 참여가 성공을 좌우하는 핵심 포인트였다.

그래서 한국 측은 진심으로 중국 선수단을 예우하고 응원했다. 그러는 과정에서 나와 장바이파는 차츰 허물없는 친숙한 사이가 되었다. 어찌 보면 나는 장바이파를 통해 중국의 수많은 고위층 인사들을 만날 수 있는 계기를 만들었고 장바이파 또한 나를 통해 한국 측의 고위급 인사들과 교류하게 된 것이다.

86아시안게임에서는 예상을 깨고 중국이 금메달 순위에서 1위를 했다. 한국은 그 뒤를 이어 2위를 차지했다. 중국으로선 대국의 체면이 서게 된지라 만남의 분위기가 더더욱 무르익을 수밖에 없었다.

이 절호의 찬스를 이용해 장바이파와 절친한 친구가 되었고 아무쪼록 88서울올림픽에도 중국이 꼭 참여하여 또다시 새로운 신화를 창조하길 바란다는 진심을 전했다.

86아시안게임 이후 한중 간의 스포츠 교류는 크게 확대되었다. 중국이 2000년 베이징올림픽 유치를 위한 노력을 가시화하면서 양국 간 스포츠 분야에서의 협력에 탄력이 붙은 것이다. 잦은 접촉과 허심탄회한 교류를 통해 한중관계의 발전은 양국의 이익은 물론 한반도와 동북아시아의 평화와 발전에 기여할 수 있기 때문에 이젠 마음으로 대화를 할 때가 되었다는 사실에 공감했다.

한중 수교 이전에 장바이파는 스포츠 분야뿐만 아니라 한중 경제협력 분야에서도 많은 일을 했다. 삼성과 현대, 대우, 럭키금성지금의 LG 등 한국 굴지의 기업이 중국에 진출하는 데 많은 도움을 준 것이다.

그는 1980년대부터 김우중, 정몽구 등 한국 대기업 총수와도 친하게 지냈다.

1989년 가을, 나는 장바이파의 초청으로 말로만 듣던 중국 베이징 공항에 첫발을 내디뎠다. 대한민국 국회의원으로서는 최초로 중국 땅을 밟은 것이다.

공항에 내리자마자 중국 공안부에서 총을 든 채 검문검색을 하고 있었다. 순간 섬뜩한 생각이 들었다. 이윽고 우리 일행이 탄 자동차가 천안문 광장의 붉은 담장을 돌아 어디론가 질주하고 있었다. 광장 주위를 붉게 물들이며 나부끼는 오성홍기, 마오쩌둥의 대형 초상화가 걸려 있는 천안문 성루는 그날따라 묘한 분위기를 자아냈다. 거리에는 인민복을 입은 사람들이 오갔다. '여기가 중국이구나'. 그때서야 실감이 났다.

중국 정부가 장바이파의 제의로 88서울올림픽 때 국회 올림픽특별위원회 위원장을 지낸 나를 비밀리에 초청한 것이다. 그때 세 번째로 장바이파를 만났고 그를 통해 중국의 여러 요인들과 접촉했다. 장바이파의 절친한 친구이자 전국정치협상회의 주석인 리루이환, 전인대 상무위원회 부위원장 텐지윈, 전인대 상무위원회 위원장 차오스, 베이징대학교 우쑤칭吳樹靑 총장 등도 만났다.

특히 중국 국가주석 덩샤오핑의 장남인 덩푸팡과의 만남은 인상이 남달랐다. 그는 당시 중국장애인협회 주석으로 있었는데 서울장애인올림픽 문제를 논의하면서 친분을 맺었던 적이 있는데다, 내가 가장 존경하는 중국 지도자의 자제여서인지 특히 반가웠다. 덩푸팡은 서울에서 장애인올림픽을 잘 치러 주어서 정말 고마웠다고 거듭 인사했다.

문화대혁명 시기, 베이징대 건물에서 홍위병의 감시와 문초를 못 이겨 "나의 아버지는 죄인이 아니다"라고 소리 지르며 자결하려고 뛰어내렸다가 허리를 다쳐 불구가 된 그를 다년간 복지 사업을 해온 내가, 그것도 공산권 국가의 수도에서 다시 만났으니 누구보다 감회가 남다를 수밖에 없었다.

1990년 7월, 장바이파는 베이징아시안게임을 몇 달 앞두고 또다시 나를 중국으로 초청하였다. 그때는 아시안게임 준비가 막바지에 이른지라 중국 측에서 한국 측 도움이 절실히 필요한 때였다. 베이징 올림픽지원단 단장 신분으로 다시 베이징아시안게임 메인 스타디움을 찾았다. 중국 측 관계자들과 밤낮으로 대회 시스템 점검, 경기장 시설 점검, 경기장 밖의 분위기 파악에 이르기까지 디테일한 부분에 신경을 곤두세우는 성의를 보여 줬다.

그때 거의 매일 만난 이가 장바이파였다. 그는 왕성한 활동력과 결단력을 보였다. 올림픽 행사와 관련한 수많은 업무들이 달리는 차 안에서나 회의 도중, 어떤 때는 식사 중에 논의가 됐는데 장바이파는 즉석에서 결단을 하고 지시해 버리는 스타일이었다. 중국 지도자의 파워는 정말 대단했다.

'아, 이것이 중국 지도자의 집무 스타일이구나!'

그때 장바이파를 통해 중국 지도자의 파워를 보았고 일당체제의 중국 공산당체제에 대해 큰 호기심을 갖고 공부하기 시작했다.

매서움과 겸손, 추진력과 진지함을 두루 갖춘 외유내강의 주룽지

주룽지朱鎔基 총리와도 많은 인연을 쌓았다. 주룽지 총리도 한국에 오거나 한국인을 만나면 항상 나에 대해 얘기했다.

주룽지 총리는 눈빛에서 대국 지도자로서의 매서움과 도도함이 느껴지는 분이나 정작 마주하고 보면 아주 친절한 분이었다. 그는 매사에 진지함이 있었고 일을 추진함에 박력이 넘쳤다.

평생 일을 낙으로 살아온 입장에서 주룽지 총리에게 배울 것이 너무 많았다.

21세기한중교류협회도 주룽지 총리의 제안과 노력으로 이루어진 결과물이다. 협회 설립이 결정되자 주룽지 총리가 나를 한국 측 회장 후보로 천거했다고 한다. 어찌 보면 주룽지 총리께서 재직한 1998년부터 2003년까지의 두 나라 교류를 위해 미리부터 나를 염두에 두고 협회 설립을 추진했다고도 볼 수 있다.

주룽지 총리는 한중 교류에 커다란 관심을 가지고 여러 활동을 통해 양국 간 소통의 길을 연 장본인이기도 했다. 그는 덩샤오핑의 개혁개방 노선을 가장 박력 있게 추진한 총리로 평판이 나 있다.

내가 본 주룽지 총리는 박식하고 청렴하고 두뇌가 명석하며 일 처리에서 과단성이 있는 보기드믄 '경제통'이다. 덩샤오핑 사망 후 주식 시장, 공기업 구조 조정, 정부기구 개편 등 경제개혁을 추진해 온 살아있는 실세였다. 한때 인플레를 잡기 위해 인민은행 총재를 겸임하기도 했다. 지금도 중국 경제는 주룽지 사단에 의해 움직이고 있다고 할 정도다.

주룽지 총리가 1987년부터 1991년까지 상하이시上海市 시장으로 재임한 기간은 내가 한국의 국회의원으로서 부지런히 중국을 드나들며 민간 차원에서 물밑외교를 해 온 시기였다. 그 사이 중국 국무원과 정치국 및 전인대 산하의 여러 요인들과 잦은 접촉을 해 오면서 상하이의 눈부신 발전에 매료되었던 터라 주룽지 총리에 대한 이런 저런 일화들을 많이 들었다.

특히 상하이 푸동浦東 경제특구 개발에 결정적인 공헌을 한 그의 일화는 세계를 놀라게 하고 있었다. 그것이 밑거름이 되어 중국의 경제개혁을 진행해 나가는데 가장 중요한 인물로, 중국 경제개혁의 방향을 바꾼 선도자로 정평이 나 있다.

주룽지 총리는 때론 미국의 전 국무장관 헨리 키신저 박사를 능가한다는 평을 듣기도 한다. 그는 연설에도 능했다. 항상 이론과 현실 문제를 명확히 인식하고 해결책을 제시했다. 명쾌하고도 해학적인 어조로 연설하기 때문에 듣는 사람들은 늘 감명을 받았다. 중앙당교에서는 4시간을 계속 연설하여 거기에 매료된 청중들이 화장실을 다녀올 수 없을 정도였다고 한다. 주룽지 총리는 또 재기와 패기가 넘치는 사람이기도 하다.

주룽지가 총리에 취임한 직후 한 말은 유명하다.

"반부패는 먼저 호랑이를 잡고 다음에 늑대를 잡는다. 100개의 관을 준비하라. 나머지 하나는 나의 것이다. 함께 죽을 수도 있다. 내가 죽어 국가가 안정을 찾을 수 있다면 말이다."

고故 김정일 북한 국방위원장이 주룽지 총리와 나눈 이야기 중에 재미있는 일화가 있다. 당시 김대중 대통령과의 정상회담에서 나온 일화이다.

김정일 국방위원장이 주룽지 총리에게 신의주특구를 설명하고 중국의 지원을 요청했다. 성격이 솔직하고 빙빙 돌려 말할 줄 모르는 주룽지 총리는 북한은 중국에만 의존해선 안 된다고 강조했다. 북한의 살길은 한국을 상대하는 일이라고 했다. 그 말을 듣고 김정일이 아주 서운하게 생각했다고 한다.

주룽지 총리의 가장 큰 업적이 중국의 WTO 가입이라고 생각한다. 2000년 11월, 아시아-유럽정상회의ASEM 참석차 국빈으로 방한

한 주룽지 총리를 서울 신라호텔에서 만났다. 한중 양국 지도자 교류를 위한 방안을 협의하는 자리에서 주룽지 총리는 이듬해에 있을 중국의 WTO 가입을 화두로 꺼냈다. 그날 주룽지 총리와의 회담석상에 한국 측 인사로 강영훈 전 국무총리, 박세직 88올림픽 조직위원장, 신상우 전 국회 부의장, 공로명 전 외무부장관, 정근모 전 과학기술부 장관 등이 자리를 함께 했고 중국 측 인사로는 탕자쉬안 외교부장, 쩡페이옌曾培炎 국가발전계획위원회 주임 등이 동석했다.

2001년 중국의 WTO 가입은 미국과의 길고도 험난한 협상으로 이루어졌는데 주룽지 총리의 파워가 결정적인 역할을 한 것이다. 당시 그는 미국의 지지를 확보하기 위해 협상 과정에서 많은 부분을 미국에 양보했다는 비난을 받아 왔지만 결과적으로는 중국 경제가 세계에 더욱 개방되는 데 결정적인 계기를 마련한 것이다. WTO 가입으로 중국은 가장 중요한 외국인 직접 투자처가 되었고 효율적으로 운영되는 중국 기업들이 세계시장의 주도자로 등장하게 되었다. 이는 관세의 대폭적인 감소와 중국 내 외국 기업의 사업 기회 확대로 나타났다.

대국 지도자의 비범함이 묻어나는
한중 교류 막후지휘자 장쩌민

장쩌민江澤民 주석은 한국인들에게 아주 친숙하다. 한중 수교 원년의 국가주석이기도 하고, 한중 교류의 막후지휘자라고 해도 과언이 아니다. 나도 몇 번 만났다. 21세기한중교류협회도 주룽지 총리의 지시에 의해 출범하게 되었지만 그 배후에는 장쩌민 주석이 있었다고 해야 할 것이다.

21세기한중교류협회가 2000년에 발족되어 처음 개최한 지도자포럼이 장쩌민 주석의 고향 양저우에서 열린 것도 그런 맥락에서였다.

양저우 포럼을 앞두고 장쩌민 주석과의 세 번째 만남이 이루어졌다. 우리는 오랜 지기인 것처럼 화기애애하게 이야기를 나누었다. 북한 김정일 국방위원장이 사망하기 전 해에도 장쩌민 주석과 다시 만남을 가졌다.

장쩌민 주석과의 만남을 떠올릴 적마다 그의 뿔테안경 속의 너그러운 모습이 아련히 떠오른다. 해맑은 웃음 속으로 내비치는 대국 정치인의 소박함과 소탈함에는 알게 모르게 끌리는 진지함과 친절함이 반반으로 안겨 온다.

상하이 당서기였던 장쩌민이 베이징에 입성하게 된 일화가 생각난다.

'1989년 5월, 위기의 천안문사태가 계속되고 있을 때 한 사나이가 베이징의 난위안南元 군용비행장에 도착해 비행기 트랩에서 바삐 내리고 있었다. 그는 내리자마자 어디를 급히 가려는지 이미 대기한 폭스바겐 산타나에 몸을 실었다. 회색의 중산복 차림에 깔끔하게 머리를 빗어 넘기고 '부엉이 같은 얼굴'을 한 사람이었다. 그는 차에서 옷을 갈아입었다. 의사 복장으로 변장을 하고 천안문으로 향했다. 그는 격렬하게 진행되고 있는 시위 현장을 보았다. 그는 서둘러 주위를 둘러본 후 광장의 남쪽으로 홀연히 사라졌다. 그가 바로 장쩌민 상하이 당서기였다'.

장쩌민 당서기는 다음 날 베이징 교외의 한 관저에서 덩샤오핑으로부터 총서기 자리를 제안받았다. 장쩌민은 충격에 빠졌다. 그는 아무말도 못하고 서 있었다. 그러다가 "저는 아무 준비가 되어 있지 않습니다"라고 했다.

덩샤오핑은 자신의 논리로 선정 이유를 얘기하면서 가장 큰 시련이 될 파벌싸움에서 지켜주겠다고 했다.

당시 장쩌민은 어떤 파벌에도 속해 있지 않았다. 1980년 기계제작부를 떠난 후 어느 파벌에 끼일 틈이 없었다. 그것은 장쩌민의 약점이자 강점이기도 하였다. 강점은 파벌이 없기에 덩샤오핑의 선택을 받은 것이고 정적들의 강력한 반대에도 부딪히지 않을 수 있다는 점이다. 우려라면 자신에게 권력을 준 고령의 덩샤오핑당시 84세이 갑자기 돌아가시기라도 한다면 '낙동강 오리알'이 될 수도 있는 시점이라 고민이었다.

상하이로 돌아온 장쩌민은 가족과 동료들에게 조언을 구했다. 아내 왕예핑王治坪은 소식을 듣자 기뻐하기는커녕 앞날을 걱정하며 울음을 터뜨렸다. 그녀는 남편이 덩샤오핑의 제안을 거절하기 바랐다. "잘못하면 이 나라는 물론이고 당신도 위험에 처하게 돼요. 그리고 우리 가족도 곤경에 처할 수 있어요."

동료들도 우려했다. 장쩌민도 걱정은 마찬가지였다. 중국 최고의 경제도시인 상하이 당서기로 무난하게 가고 있는 상황이 아닌가. 그렇다고 덩샤오핑의 제안을 거절할 수도 없는 입장이었다.

덩샤오핑은 이미 중국의 차기 당 총서기로 장쩌민을 선택했다. 군부의 실력자 양샹쿤楊相昆 등 원로들의 내락까지 치밀하게 받아낸 상황이었다.

장쩌민은 1980년대 중반, 상하이에서 민중시위가 일어났을 때 차분히 처리하여 정치인으로서의 파워를 보인 적이 있다. 덩샤오핑은 지금 진행 중인 천안문사태를 보면서 장쩌민을 염두에 두었던 것이다.

천안문은 어느 순간 조용해졌다. 예상외로 진압이 빠른 속도로 진행된 것이다.

중화인민공화국이 공식 인정한 '中韓友好使者'

장쩌민의 최고 권력자로서의 등극은 세계 언론을 포함하여 중국 전문가들을 놀라게 했다. 당시 많은 사람들이 여전히 장쩌민을 덩샤오핑의 지지를 받고 있는 '일시적인 인물'로 보았다. 그러나 일부 지식인들은 장쩌민의 집권을 환영했다. 당시 워싱턴포스트지는 "장쩌민은 국제적이고 개방적이며 덩샤오핑의 무역 및 외교노선과 일치한다"고 평가했다.

덩샤오핑은 장쩌민에게 인민의 신뢰를 얻는 시간을 6개월밖에 주지 않았다. 모든 것이 잘되면 덩샤오핑은 영원히 뒤편으로 물러날 것을 약속했다. 가령 장쩌민이 합격되지 않으면 덩샤오핑은 또다시 후계자를 바꿔야 했다. 장쩌민은 그때를 "벼랑 끝에서 걷는 기분이었다"고 회고한 바 있다.

장쩌민은 카리스마가 넘치는 지도자는 아니었다. 하지만 그는 덩샤오핑의 개혁개방을 누구보다 적극 추진했고 그의 사후에는 경제 개혁이 지속되어야 함을 분명히 주장했다.

1993-1996년 장쩌민은 일련의 시도를 통해 드디어 최고 지도자 자리를 확고히 했다. 상하이의 몇몇 동료들이 중앙으로 진출했다.

1997년 덩샤오핑의 죽음은 장쩌민에게 절묘한 기회를 제공했다. 그는 덩샤오핑의 죽음으로 홍콩의 중국 반환과 15기 전국대표대회 개최, 미국 방문에 따른 정치적 소득을 올릴 수 있었다.

장쩌민은 그 후 탄탄대로를 걸으며 20세기에서 21세기로 넘어가는 중국을 이끌었다.

나는 장쩌민 주석이 2000년 초, 광둥성 시찰 당시에 내놓은 '3개 대표론'을 많이 공부했다. 3개 대표론은 △ 선진 생산력_{자본가} △ 선진 문화 발전_{지식인} △ 광대한 인민_{노동자·농민}의 근본 이익을 대표해야 한다는 이론이다. 이는 개혁개방에 따라 주요 사회세력으로 성장한 자본가와 지식인을 포용해야 한다는 필요성에서 나온 것으로, 당이 권력 기반을 자본가계급으로까지 넓힌다는 의미를 가지고 있다.

한반도의 남과 북을 함께 감싸 안은
'실익외교'의 후진타오

후진타오胡錦濤 주석과도 많은 교분을 쌓았다. 후진타오 주석이 집권한 시기에 가장 빈번하게 중국을 오가면서 누구보다 자주 만났다. 또 대국의 최고 권력자인 그를 공식석상에서 만나기에 앞서 그가 2인자일 때에도 여러 번 교류했다. 만날 때마다 끈끈한 정을 느끼곤 했다.

후진타오는 한국에서 정권이 바뀔 때마다 관심을 가져 주었고 양국 수교에 신경을 써 주었다. 이러한 후진타오 주석에 대해 깊이 고맙게 생각하면서 마음속으로 존경하였다. 그는 부드러우면서도 분규가 있으면 항상 신속한 대화와 협상을 통해 원만히 해결책을 찾는 존경이 가는 지도자였다. 그래서 한반도의 남과 북을 다 감싸 안으며 이른바 '실익외교'를 펴 왔다는 평을 받고 있다.

후진타오는 아직도 나이에 비해 많이 젊어 보인다. 그러니 처음 최고 지도자가 되었을 10년 전은 얼마나 젊어 보였을까. 40대에 정치국 상무위원이 됐고 50대에 13억 인구를 이끄는 최고 지도자가 된 것이다.

후진타오는 1990년도 말 티베트에서 당서기로 있을 때 심장병을 얻었다. 히말라야 고산지대에서 오래 일했기 때문이다. 덩샤오핑의 남순강화南巡講話에 이은 개혁개방의 나팔이 전국에 울려 퍼지던 해의 어느 날 인민대회당에 오랜만에 후진타오가 나타났다. 그와 때

를 같이하여 그의 영원한 멘토 쑹핑宋平이 후진타오를 제4세대 후계
자로 만드는 작업에 들어갔다. 만 50세가 안 된 후진타오야말로 '좀
더 젊은 동지를 지도자 반열에 세워야 한다'는 덩샤오핑의 의사와
부합되었다.

쑹핑은 당시 중앙정치국 상무위원회에서 당무를 책임지고 있었다.
결국 베이징에서 휴양 중인 후진타오를 중앙조직부로 출근하라고
명하였다. 그리고 당 14기 중앙정치국 상무위원으로 추대했다. 차오
스, 보이보博一波, 등 당 원로들은 후진타오에게 큰 점수를 주었고 제
4세대 지도자 후진타오의 중앙상임위원회 진출을 확정시켰다.

후진타오에게는 뜻밖의 귀인이 나타났다. 바로 덩샤오핑의 딸 덩
난邓楠의 남편 장싱張興이었다. 그는 태주고등학교 시절 후진타오의
교우였다. 장싱은 14기 당대회 전에 덩샤오핑과 인사 문제를 이야기
하다가 후진타오를 거론했다.

그때 장싱은 덩샤오핑에게 후진타오에 대해 좋은 이야기를 많이
하면서 확고한 이미지를 심어 주었다. 덩샤오핑도 후진타오가 싫지
않았다. 당시 장쩌민, 차오스, 쑹핑 등은 덩샤오핑에게 인재 양성 보
고를 했다.

덩샤오핑은 여러 이름을 듣고 무의식적으로 "내가 보기에도 후진
타오, 이 사람 괜찮은 거 같군" 하면서 후진타오를 옹호했다. 그 말
한마디로 후진타오는 정치 권력의 핵심으로 등극하게 되었다.

후진타오는 병 때문에 베이징에 휴식하러 왔다가 인생 전환기를
맞은 셈이다. 후진타오는 일약 중앙정치국 상무위원으로 3단계나 뛰
어 오르면서 제4세대 후계자의 길을 걷기 시작했다. 1993년 후진타
오는 차오스가 맡았던 중앙당교 교장에 오른다. 그는 그곳에서 덩샤
오핑 이론의 깃발을 높이 추켜들었다.

그는 사람들에게 덩샤오핑의 글을 읽게 했고 그 이론 학습의 필요성을 설파했다.

"당 기본노선에 어떠한 동요가 발생해서는 안 된다. 사회주의의 개혁개방과 현대화 건설을 빠르고 제대로 실행해야 한다. 국가가 장기적으로 평안하고 부강해지도록 힘써야 한다. 관건은 모두 당에 있다. 당원은 반드시 덩샤오핑이 제기한 중국 특색의 사회주의 이론으로 무장하고 이를 실천해야 한다."

후진타오는 장쩌민의 마음에 쏙 드는 한 사건을 깔끔하게 처리했다. 천시퉁陳希同 베이징 시장을 잡아들인 일이다. 후진타오는 평소에 온건하고 신중하다는 평을 들어왔다. 그러나 천안문사태를 강경 진압한 천시퉁 사건을 처리하면서 자신에게도 과감하고도 명쾌한 결단력이 있음을 보여 주었다.

후진타오는 1942년 12월 21일 장쑤성江蘇省의 평민 가정에서 태어났다. 평범하게 중고등학교를 다니다 칭화淸華대학교에서 기계공학을 전공했다. 문화대혁명 기간에는 수력발전소에서 일했다. 중국 공산당 청년조직을 잘 활용하여 공청단의 거두로 등장했다.

2002년 11월 15일 전임 장쩌민 주석으로부터 권력을 승계받아 중국의 주석이 되었다. 장쩌민의 권력 승계로 피 흘림이 없이 권력을 이양받은 두 번째 최고 권력자가 된 것이다.

2007년 유연한 외교와 덩샤오핑의 개혁개방을 강력하게 추진하면서 5년 임기를 무난히 넘겨 다시 연임하면서 2008년 베이징올림픽을 성공적으로 치러냈다. 그리고 중국을 미국과 겨루는 G2 국가로 성장시켰다.

특히 그가 내놓은 '조화로운 사회발전'과 '과학발전관' 이론을 높이 평가하고 싶다. 이 이론은 중국 고대 성현들의 철학 사상의 정화

중화인민공화국이 공식 인정한 '中韓友好使者'

를 뽑아서 중국의 개혁개방 현실에 접목시켜 대국의 개혁개방을 한 차원 끌어올린 견인차 역할을 했다고 전 국민이 평가하고 있다.

후진타오의 '조화로운 사회발전'과 '과학발전관' 이론은 덩샤오핑의 중국 특색의 사회주의 이론과 장쩌민의 '3가지 대표 이론'의 핵심을 받아들여 보다 과학적으로 업그레이드 시킨 산물이다.

내가 가장 일찍, 가장 자주 만난
친한파 중의 친한파 주량

25년간 중국 나들이를 하면서 가장 일찍 만났고, 또 가장 많이 접촉을 해 온 사람이 중국 공산당 대외연락부 부장을 지낸 주량朱良이다. 그는 전인대 외사위원회 주임, 중국인민외교학회 고문 등 요직을 두루 거쳤다. 지금도 노익장을 과시하며 양국 국익을 위해 공헌하고 있는 친한파 중의 친한파다.

양국 수교 후 중국 최고위층으로서는 처음으로 1993년 6월 텐지원 전인대 제1부위원장 일행이 황낙주 국회부의장 초청으로 한국을 방문했고, 이를 계기로 한국의 국회와 중국의 전인대 사이에 의회교류가 시작된다. 이후 전인대 외사위원회 주임이었던 주량의 노력으로 1996년까지 한국의 여야 국회의원 가운데 절반 가량이 중국을 방문했다. 양국 의회 교류가 가장 활발했던 시기였다. 주량은 1993년 9월부터 시작된 중국 공산당과 한국 민주자유당 간 정당 교류의 가교 역할도 했다.

중국을 방문할 때마다 가능한 시간을 쪼개 존경하는 주량을 만나서 대화를 나누는 일은 나에게 큰 즐거움이다.

제 7 장

일원화와 다양성이 어우러진
포용과 화해의 중국 정치

중국 특색의 사회주의 길을 닦은 덩샤오핑
중국은 공산당 독재체제인가
예측 가능한 중국 정치, 예측 불허의 한국 정치

수백 차례 대륙을 드나들면서 수많은 중국 정치인들을 만났다. 그들과 흉금을 터놓고 대화를 하면서 중국의 정치문화에 깊은 관심을 갖게 됐다. 공산당 일당체제(독재가 아님)의 중국 정치는 배울 것이 너무 많았다. 중국의 정치와 한국의 정치는 너무나도 차이가 컸다.

전직 대통령을 유배시키고, 구속시키는 등 예측을 할 수 없는 한국의 정치 현실과 일사불란하게 움직이며 다음 집권 구도를 준비해 가는 중국의 정치는 달랐다. 대표적으로 내가 존경하는 덩샤오핑은 최고 실권자가 되었어도 자신에게 갖은 고통을 주었던 공산당 초대 주석 마오쩌둥에게 경의를 표하고 존중했다. 천안문에 대형 초상화를 그대로 걸게 하고 기념관을 만들어 숭배하게 하는 중국 지도자의 포용력을 한국은 배워야 한다. 과연 화해와 용서는 중국에만 있는 것인가.

중국은 지도자가 바뀌어도 크게 변하는 것이 없다. 누가 전면에 나서도 '고양이의 색깔이 검든 희든 상관이 없다. 고양이는 쥐만 잡으면 된다'는 덩샤오핑의 흑묘백묘(黑猫白猫) 이론을 따르면 되는 것이다.

지금까지 30여 년을 그래왔듯이 중국의 개혁개방은 앞으로도 기본 노선과 방침에는 변화가 없을 것이다. 대통령이 바뀌면 정치 판도가 뒤집히는 한국의 정치와 일선에서 물러나도 끝까지 원로(元老)로 대접받는 대국의 느긋한 정치는 그야말로 천양지차다.

중국 특색의 사회주의 길을 닦은 덩샤오핑

나는 덩샤오핑 주석과 직접 만나 대화를 나눠 본 적은 없으나 그를 각별히 존경한다. 세 번 넘어졌다가 세 번 일어선 '삼불도三不倒'의 강한 사나이 덩샤오핑 주석은 중국 특색의 사회주의 이론을 정립한, 세상이 인정하는 이론가이다. 또 넓은 도량과 강한 리더십을 갖고 있는 불세출의 정치가이다.

나는 중국의 지도자들을 만나면 일부러 덩샤오핑에 대한 화제를 꺼내곤 하였다. 어느 날도 덩샤오핑에 대한 화제가 나오자 바로 며칠 전 덩샤오핑 가족의 베이징시 드라이브를 안내했던 장바이파가 흥분된 어조로 그날의 정경을 얘기한다. 덩샤오핑도 베이징시 건설에 한몫을 한 '노동모범' 장바이파를 많이 아꼈던 것 같다.

그날 덩샤오핑을 태운 승용차가 베이징 공항고속도로를 질주하는데 차창 밖을 응시하던 덩샤오핑이 장바이파에게 넌지시 한마디 물었다고 한다.

> "자네 보기에 이 정도 고속도로면 초요사회샤오캉·小康 * 수준에 이르렀다고 보나?"
> "그럼요, 이정도면 초요를 훨씬 넘긴 거지요."
> * 샤오캉 사회라고도 불리는 초요사회는 전 국민이 중산층 수준을 유지하는 사회로 완전한 공산주의로 가는 중간 단계라는 뜻이 내포돼 있다.

장바이파가 다소 흥분된 어조로 대답했다.
그러자 덩샤오핑은 아주 흡족한 미소를 지었다고 한다.
장바이파는 그날도 덩샤오핑에 대한 감동스토리를 꽤나 많이 들려주었다.

중화인민공화국이 공식 인정한 '中韓友好使者'

대륙을 호령하면서 오늘의 중국이 미국과 견줄 만한 초강대국으로 자리잡는 데 초석을 닦은 최고 지도자 덩샤오핑, 그는 어떤 인물인가.

중국 특색의 사회주의라는 길을 만든 인물

마오쩌둥은 덩샤오핑을 "부드러움 속에 강인함이 있고 솜 가운데 바늘이 감춰져 있다柔中寓剛 綿里藏針"고 평가했다.

체구가 우람한 마오쩌둥이 혁명지도자 가운데 가장 키가 작은 덩샤오핑을 자신의 후계자로 꼽기도 하고, 내쳤다가는 불러들이고, 또 미덥지 못하면 고생을 시켰다가 다시 중책을 주기도 한 것은 그의 능력과 성격에 대한 신뢰가 있었기 때문이다. 그러나 유감스럽게도 마오쩌둥은 정적들의 공격을 받는 덩샤오핑을 그대로 내버린 채 저세상으로 가버렸다.

중국 사람들은 "마오쩌둥이 산이라면 저우언라이는 물이고 덩샤오핑은 길이다"라고 한다. 그 말에 전적으로 공감한다.

산을 넘고 물을 건너, 길을 만든 것이 중국의 혁명이다. 그들은 각자 자신에게 주어진 소명에 충실했다. 물론 공도 있고 과도 있지만 오늘의 중국을 만든 주역들이었다. 출생지만 해도 마오쩌둥은 산이 많은 후난성湖南省 샤오산韶山 출신이고, 저우언라이는 물이 많은 장쑤성江苏省 화이안시淮安市가 고향이다. 덩샤오핑은 험한 오지인 쓰촨성四川省 광안시廣安市 출신이니 첩첩산중에서 막힌 길을 뚫어야 하는 운명을 타고 났다.

산은 남보다 우뚝 서기를 좋아하고 높은 데서 아래를 내려다본다. 산은 실체가 분명하고 항상 비바람과 맞선다.

물은 공명정대하고 공평무사하다. 산의 독점과 아집도 삼켜 버리고 자정과 순리, 인욕과 헌신으로 일관한다. 산이 우뚝 솟아 천하를 호령할 때 물은 그 산 그림자까지 안으며 산을 포옹한다.

산에서 바로 길이 나지 않고 물을 건너서 길이 생겨 난 것이 덩샤오핑이 뚫은 길의 장점이다. 덩샤오핑은 혁명의 이념을 원칙으로 하되 현대화와 세계화라는 여과 과정을 거쳐 '사회주의 시장경제'란 길을 닦은 사람이다.

사실 처음에 많은 사람들이 덩샤오핑이 말하는 중국 특색의 사회주의라는 말이 무엇인가를 알지 못했다. 나도 처음에는 이른바 '자본주의에 사회주의 모자를 씌운 것'이라고 인식했을 뿐이다. 그러다 중국의 고사를 읽다가 '특색'의 참뜻을 알게 되었다. 중국 특색이라는 말을 형상적으로 설명할 수 있는 중국의 고사가 하나 있다.

"하나의 광주리에 여러 가지를 넣어 포장한다"는 말인데 이것이 바로 중국 특색이다. 사회주의라는 틀 안에 여러 가지를 집어넣을 수 있다는 뜻이다. 그 여러 가지 속에 자본주의 시장경제도 망라된 것이다. '흑묘백묘 이론'의 핵심이 바로 여기에 있다.

덩샤오핑은 두 가지 뼈저린 경험과 교훈으로부터 중국 특색의 사회주의 이론을 만들어 냈다. 우선은 역설적이지만 마오쩌둥이 기적처럼 일궈낸 통일 독립과 그 이후 20여 년간의 비현실적인 실험의 실패가 중국 특색의 사회주의 이론을 정립하는 원동력이 되었다. 신新중국의 성립 이후 마오쩌둥은 미국과의 협력이 불가능해지고 구소련과의 협력 또한 어렵게 되자 중국 인민을 동원하여 이상적인 발전방식을 추구했다. 그러나 인민공사와 대약진운동, 문화대혁명 등 초유의 실험들은 처참한 실패로 막을 내리게 되었다.

덩샤오핑은 마오쩌둥의 비현실적이고 독보적인 실패를 발판으로 현실적이고 독창적인 '중국 특색의 사회주의 시장체제'를 채택해 성공적으로 추진시킴으로써 기적을 창조하고 세계를 놀라게 했다. 역설적이긴 하지만 마오쩌둥의 실패가 덩샤오핑의 개혁개방을 낳은 것이다.

다음으로 덩샤오핑은 소련을 비롯한 공산국가들의 해체를 보면서 중국은 그들과 다른 중국 특색의 사회주의 길을 걸어야 한다고 생각했다. 그의 위대함이 바로 여기에 있다. 한 나라의 운명을 바꾸어 놓은 위대한 정치가였다. 덩샤오핑은 중국에서는 사회주의를 하지만 그것은 반드시 중국 공산당의 지도하에, 또한 인민민주독재를 견지해야 하기에 중국 특색의 사회주의라는 말을 사용하였다. 그것은 18차 당대회에서 행한 후진타오 총서기의 보고에서 "중국 특색의 사회주의 길이란 중국 공산당의 지도하에 경제 건설을 중심으로, 4가지 기본원칙을 견지하고 개혁개방을 견지하는 것"이라고 명시한 데서도 알 수 있다.

1992년 개혁개방을 더욱 빠르게 추진하기 위해 덩샤오핑이 직접 나섰다. 그때 그의 나이 88세였지만 아랑곳하지 않고 개혁개방을 선두에서 지휘했다.

이 해는 한국과의 수교 원년이기도 하지만 그는 경제특구를 비롯하여 경제발전이 잘된 남방을 순례하기 시작했다. 그것이 유명한 '남순강화南巡講話'이다.

덩샤오핑은 1980년에 개혁개방의 첫 작품으로 홍콩에 인접한 광둥성과 푸젠성의 썬전, 주하이, 샤먼, 싼터우에 경제특구를 설치했다. 국제 무역을 확대하고 국외의 자금과 선진 기술 및 경영 전략을 적극 도입하고자 시도하였다.

덩샤오핑은 12년이 지난 후의 성과를 눈으로 직접 확인하고 싶었다. 덩샤오핑의 경제특구는 대성공이었다. 연 10% 이상 고속성장을 거듭하였으며, 전 세계 전자부품공장이 주강삼각주 경제특구로 몰려들었다. 매년 500억 달러 이상 투자가 이뤄지면서 도시는 현대화된 모습으로 변하고 있었다. 천지개벽이었다.

덩샤오핑은 순시길에 홍콩과 마주하고 있는 썬전深圳에 도착했다. 홍콩이 내려다보이는 높은 산에 올랐다. 그는 남쪽으로 홍콩을 내려다보았다. 아편전쟁으로 인해 100년 동안 빼앗기고 찾아오지 못한 국토였다. 그는 살아생전 홍콩에 가보는 것이 소원이라고 했고 중국을 홍콩처럼 부강한 나라로 만드는 것이 목표였다. 덩샤오핑은 남방순례를 마치고 돌아와 "앞으로 100년 이상을 견고하게 개혁개방정책을 유지하라"고 독려했다.

"20세기 말까지 경제를 4배 성장시키고, 21세기 중반까지 4배 증강시킨다. 이렇게 앞으로 70년을 큰 걸음으로 걷는다면 지금보다 16배의 성장이 가능할 것이다. 개혁개방정책이 이를 보증할 것이다. 그러나 만약 개혁개방을 하지 않는다면 이 원대한 구상도 헛된 빈말에 지나지 않을 것이다."

덩샤오핑이 개혁개방을 한 지 어언 30년이 넘었다. 그렇다면 그의 개혁개방정책이 성공하였는가. '진리는 실천을 통해 검증된다'는 말이 있다. 그의 실천은 성공한 것이다.

GDP가 15배 이상 늘었고 연평균 7% 이상의 경제 성장률을 기록하였으며 또한 1인당 GDP도 10배 이상 증가했다.

강한 리더십

덩샤오핑에 대해 탄복하는 또 하나의 이유는 그의 강한 리더십이다. 덩샤오핑은 한 번도 직책상의 최고 권력을 가진 적이 없다. 물론 자신이 원하면 언제든지 최고 권력을 가질 수 있는 기회가 많았지만 그는 그렇게 하지 않았다. 1977년에 복권된 다음 1981년 11기 6중 전회에서 후야오방이 당중앙위원회 주석이 되었고 덩샤오핑은 중앙 군사위원회 주석 직을 맡았다. 그리고 1982년 12차 당대회에서도 다시 후야오방이 중앙위원회 총서기가 되었고 그는 계속하여 중앙 군사위원회 주석 직에 있었다. 이어 1987년에 개최된 13차 당대회 에서도 자오쯔양趙紫陽이 중앙위원회 총서기가 되었지만 그는 계속해 서 중앙군사위원회 주석 직에 머물러 있었다. 게다가 1992년 14차 당대회에서는 중앙군사위원회 주석 직마저 내어 놓고 공직에서 깨 끗이 물러났다.

그럼에도 불구하고 그는 사망 직전까지 중국 정치 무대에서 가장 막강한 영향력을 행사했다. 사람들은 덩샤오핑이 중국 정치에서 가 장 중요한 군을 장악하고 있었기 때문에 그것이 가능했다고 분석하 지만 사실 덩샤오핑은 그렇게 설명하는 것만으로는 이해하기 어려 운 강한 리더십을 갖고 있었다.

중국이 개혁개방을 통하여 눈부신 발전을 할 수 있었던 가장 중요 한 요인이 바로 그의 리더십으로 인한 안정이었다. 물론 덩샤오핑이 선정한 후야오방과 자오쯔양이 중간에 실각했지만 그 후 장쩌민을 중 심으로 하는 제3세대 집단지도체제가 자신들의 역할을 수행한 다음 덩샤오핑의 유지에 따라 제4세대 집단지도체제에 권력을 이양함으로 써 안정된 정치 환경에서 경제발전을 추진할 수 있었다는 것이다.

이 모든 배후에는 세 번의 숙청과 특히 문화대혁명을 통하여 권력 이 어느 한 개인에게 집중될 경우 발생할 수 있는 해악害惡을 절실하 게 인식한 덩샤오핑이 권력을 철저하게 분산하는 집단지도체제로 만들어 놓은 공로가 매우 크다.

용서와 화해: 넓은 흉금

덩샤오핑을 존경하는 또 다른 이유는 그의 넓은 도량 때문이다. 마오쩌둥은 생전에 덩샤오핑을 두 번이나 크게 고생시켰다. 가장 험난했던 때가 문화대혁명시기였다. 그때 덩샤오핑은 '자본주의 길로 나아가는 집권파'로 몰려 농촌에 내려가 죽을 고생을 했고 아들 덩푸팡은 아버지의 결백을 외치며 이층집에서 뛰어내려 불구가 되기도 했다. 실로 문화혁명이야말로 덩샤오핑을 비롯해 억울하게 해를 입은 수많은 사람들에게 있어서 악몽 같은 재난이었다. 거기다 마오쩌둥은 1976년에 덩샤오핑이 사면초가의 위기에 직면했을 때 구원의 손길을 뻗치지 않은 채 세상을 떠났다. 덩샤오핑으로서는 너무나 억울하고 한에 맺힌 일이었을 것이다.

하지만 덩샤오핑은 키는 작아도 태산 같은 흉금을 지닌 사나이였다.

마오쩌둥의 사망 후, 덩샤오핑은 '공칠과삼功七過三: 공적이 7, 과오가 3'을 언급하며 마오쩌둥 격하운동을 벌이지 않도록 했다. 그는 천안문에 걸려 있는 마오쩌둥의 초상화를 철거하지 않았다. 소련과 비하면 선명한 대조를 이룬다. 1955년 스탈린의 사후에 소련은 스탈린을 격하하고 공격하고 동상을 헐어버리고 유체를 태워 버리는 일을 했으나 중국은 그러지 않았다.

덩샤오핑은 "마오쩌둥이 중국 인민을 이끌면서 문화대혁명 등 과오를 많이 범했지만 전 생애를 통해 볼 때 중국 공산당 혁명의 아버지로, 그 공로가 과오보다 훨씬 많으므로 공적이 먼저고 과오는 그 다음이다"라고 평가했다. 마오쩌둥을 끌어내리기보다 공적을 치하하는 것으로 과거의 역사를 매듭짓기로 한 것이다.

한국처럼 죄를 지으면 절로 보내거나 감옥에 보내는 걸로 귀결하

중화인민공화국이 공식 인정한 '中韓友好使者'

지 않고 이념보다 화해의 손길을 보인 행동에서 덩샤오핑을 내심으로 우러르게 되었다. 덩샤오핑은 마오쩌둥과의 논쟁에서도 늘 지혜롭게 대처했다. 그는 늘 가슴에 사회주의를 하면서 인민을 헐벗게 한 것을 죄처럼 생각해 왔다. 마오쩌둥이 사망하자 곧바로 '빈곤은 사회주의가 아니며 생산력 발전은 사회주의의 최우선 과제'라고 하면서 민생 문제 해결에 총력을 기울였다. 그러면서도 마오쩌둥의 생전 주장을 인민에게 각인시켰다. 인민 생계와 연관된 정책을 선언할 때 마오쩌둥의 실사구시实事求是 이념을 강조했다. 인민들의 가슴에 깊숙이 자리잡고 있는 마오쩌둥의 권위를 십분 활용했다. 한편으로 지난날의 모든 아픔을 해소하고 존경의 마음으로 화해와 용서를 실천했다.

마오쩌둥의 공산주의 정신과 이론을 이어 받으면서도 한편으로 지혜롭게 '중국 특색의 사회주의 시장경제'를 이끌어 낸 것이다. 즉 정치적으로는 마오쩌둥의 사회주의를 계승하면서 경제적으로는 시장경제를 받아들여 두 체제 간의 아름다운 조화를 이뤄낸 셈이다.

덩샤오핑은 두 번째로 복권되었을 당시 부총리 겸 부주석이었고 군 실권도 장악하고 있었다. 마오쩌둥과 저우언라이는 살아있었지만 늙고 힘이 없었다. 모든 결정권이 덩샤오핑에게 위임된 상태였으며 마음만 먹으면 누구든 사지로 몰아넣을 정치적 힘이 있었다. 그러나 덩샤오핑은 먼저 용서하고 억울한 사람을 구하고 인재 양성에 힘썼다. 저우언라이 총리와 함께 복직과 복권 작업을 서둘렀다. 먼저 당·정·군 요직에 수백 명의 고위인사들을 복권시킨 후 점차 성과 시·현까지 확대했다. 덩샤오핑은 억울한 사람을 석방시켰고, 강제 퇴직자에게 연금을 주었고, 아픈 사람을 입원시켰고, 일자리를 창출해냈다. 물론 문화혁명세력들의 반대 속에 진행되었다. 그들은 호시탐탐 중상모략을 일삼으며 집요한 공격을 해 왔다. 그러나 맞서지 않고 오히려 용서하고 화해하는 쪽을 택했다.

4인방에 의해 세 번째로 실각당한 후, 또다시 재기한 것은 이같이 모든 사람에게 관용을 베풀고 사랑으로 다가갔기 때문이다.

창조적 파괴: 대파대립

마오쩌둥이 즐겨 쓰던 말 중에 '불파불립, 대파대립不破不立, 大破大立'이란 것이 있다. 부수지 않으면 세움이 없고 크게 부셔야 크게 세울 수 있다는 뜻이다.

마오쩌둥은 실로 대파의 명수였다. 그의 대파적인 행동은 중국 땅을 요동치게 했다. 마오쩌둥의 대파의 핵심은 계급투쟁이었다. 왕조 시대의 봉건주의를 대파하였고, 국민당을 대파하여 신중국을 건설하였다. 나는 여기서 깊은 감명을 받았다.

하지만 마오쩌둥은 대약진, 인민공사, 문화대혁명을 일으켜 중국을 재앙으로 몰아넣은 전대미문의 대파를 감행했다. 이런 대파는 군주독재자의 다른 모습이라고 생각한다.

덩샤오핑은 마오쩌둥의 대파를 수습하면서 새로운 대파를 했다. 1978년 덩샤오핑이 집권할 당시 중국은 마오쩌둥의 잘못된 대파로 인해 처참했다. 덩샤오핑은 엉망진창이 된 나라를 바로잡기 위해선 새로운 대파 없이는 불가능하다고 생각했다. 따라서 그는 창조적 파괴를 도모했다. 인적쇄신의 창조적 파괴를 시도한 것이다. 그는 우선 문화대혁명으로 억울한 누명을 쓴 사람들을 되살려냈다. '역사 바로 세우기'도 대파 차원에서 했다.

"명예를 회복시켜 주자. 반드시 명예를 회복시켜 주자. 만약 명예

를 회복시켜 주지 못한다면 구천의 영령들이 어찌 편안하겠는가! 중
국의 인민들이 어찌 그 회한을 풀 수 있겠는가!"

1980년 2월 명예회복 선봉에 선 덩샤오핑은 문화혁명시기 실각된
류샤오치劉少奇 주석의 명예를 회복시켜 주어 구천에서 안심하고 눈
을 감게 해 주었다.

덩샤오핑은 경제적 대파도 시도했다. 1975년에 덩샤오핑은 두 번
째로 복권했지만 중국의 경제는 최악이었다. 소련식 중공업 정책이
나 농업 생산력을 높이기 위한 대약진운동, 인민공사 등이 모두 실
패했기 때문이다. 덩샤오핑은 이에 국가와 국민경제를 회복시키기
위한 창조적 파괴를 단행했다. 첫 번째가 철도 개혁이었고, 두 번째
가 철강 산업 개혁이었고, 세 번째가 공기업 개혁이었다. 덩샤오핑
은 '공업 20조'라는 국영 기업과 산업 전반에 관한 쇄신 방안을 발표
했다. 이는 수정주의로 비난받았으나 대파 차원에서 과감하게 밀고
나갔다.

교육 및 문화도 대파했다. 일종의 역 문화대혁명이었다. 대학입시
제도를 부활시켰고 대학생들이 다시 학교로 돌아와 교육을 받게 했
다. 문화의 경직성도 풀어 다양하게 창작 활동을 독려했다.

덩샤오핑의 창조적 대파 작업이 일사분란하게 이루어졌고 그 결
과 개혁을 추진한 지 6개월 만에 성공의 양상이 나타났다.

덩샤오핑은 이처럼 망가진 중국을 다시 창조적 대파로 새롭게 재
건하면서 오늘날 중국이 경제대국으로 거듭나는 데 핵심적인 역할
을 했다.

특히 그가 내놓은 사회주의 초급단계의 기본노선인 '4가지 기본원
칙'은 중국이 단시일 내에 안정된 사회 환경 속에서 눈부신 발전을
도모할 수 있었던 명 처방이었다. '4가지 기본원칙'이란 △ 중국 공산

당의 영도 △ 마르크스·레닌주의, 마오쩌둥 사상, 덩샤오핑 이론의 지도 △ 인민 민주 전정전제정치 견지 △ 사회주의 노선 견지 등을 말한다.

미래지도자를 키웠다

덩샤오핑은 인재를 발굴하고 키우는 데 탁월한 능력을 가졌다. 그가 훌륭한 리더로 불리는 이유는 자기 손아래에 뛰어난 인재들을 다수 거느리고 적재적소에서 일하게 했기 때문이다.

덩샤오핑은 유능한 인재를 발굴하고 개혁개방의 전도사들을 많이 키워 나갔다. 그는 늘 2인자 자리에서 최고 권력을 행사했다. 덩샤오핑은 한 번도 당 총서기나 총리를 해 본 적이 없다. 덩샤오핑은 자오쯔양을 발굴하여 개혁개방의 전도사로 활용했고 국무총리로 성장시켰다. 후야오방을 복직시켜 당 총서기로 임명하기도 했는데 그들은 덩샤오핑의 개혁개방을 누구보다 강력하게 추진했다. 덩샤오핑은 그러나 아니라고 생각하면 가차 없이 내쳤다. 자오쯔양, 후야오방이 좋은 예이다.

후야오방의 추도식은 시민과 학생들의 시위로 이어져 천안문사태를 야기시켰다. 덩샤오핑은 바로 이 찰나에 무명의 장쩌민을 선택했다. 아주 무난한 인물을 발탁해 개혁개방을 강력히 추진했고 급기야 후계자로 키워 냈다.

또한 티베트지구 당서기로 일했던 후진타오를 일찍이 눈여겨보고 국가 부주석으로 전격 발탁시켜 제4세대 미래지도자로 키워 낸 것이다. 덩샤오핑은 문화대혁명으로 억울한 누명을 쓴 인재들을 발굴하여 중용했다. 결국 이들은 덩샤오핑을 도와 개혁개방을 추진시켰으며 중국을 이끌어 가는 핵심 인물이 되었다.

덩샤오핑은 1997년 2월 19일, 늦겨울 아침 93세를 일기로 세상을 떠났다. 생전에 그렇게 염원했던 홍콩 반환을 눈앞에 둔 채 안타깝게 생을 마감했다. 그가 서거하였을 때 중국민들은 슬프게 울었다. 수많은 사람들이 '덩샤오핑은 영원히 나의 가슴에'라고 쓴 글귀를 들고 덩샤오핑을 추모했다.

며칠 후, 덩샤오핑은 홍콩이 보이는 바닷가에 한 줌의 재로 뿌려졌다. 덩샤오핑의 사후 몇 개월이 지난 1997년 7월 1일 홍콩은 중국의 품으로 돌아왔다.

나는 덩샤오핑이 사망했다는 소식을 듣고 몹시 슬퍼했다. 중국을 자주 드나들면서 한중 수교의 막후 지휘자였던 덩샤오핑의 인격에 대해 누구보다 흠모해 왔던 나였다.

중국은 공산당 독재체제인가

한국인들은 간혹 중국을 '공산당 일당독재의 나라'라고 비판하는 어조로 말한다. 이는 중국의 공산당 집정체제의 단면만 보고 섣불리 내린 평가다. 또 이는 한마디로 중국의 정당 조직과 사회단체 구성에 대해 모르고 하는 소리다.

중국 정당제도의 특징은 공산당이 집권당으로 절대지존의 정권을 행사하지만 기타 당파들도 참정參政에 임할 권한을 행사한다. 각 민주 당파는 반대당이나 야당이 아닌 중국 공산당과 단결, 협력하는 친밀한 우당友黨임과 동시에 참정당參政黨인 것이다. 각 민주 당파는 국가 정권에 참여하며 국가의 국정 방침과 국가 지도자 인선, 국가 사무관리, 국가 방침·정책·법률·법규 등의 제정과 실시에 직접 참여한다.

중국 공산당과 각 민주 당파는 평등한 지위하에 공통된 목표를 갖게 돼 있다. 중국 공산당은 중국 정치를 지배하는 통일체적인 집정 정당이다. 중국 공산당과 각 민주 당파는 모든 헌법에 입각하여 준칙으로 삼고 헌법의 존엄을 수호하며 헌법의 실시를 다할 임무를 지니고 있다.

1921년 7월 1일에 창립된 중국 공산당은 중국의 집권 정당이며 중국 여러 민족 인민의 이익을 대변하며 사회주의 중국에서 권력의 핵심으로 통한다.

중국 공산당의 지도는 주로 사상·정치적 지도이다. 당은 인민의 의지를 모아 자체의 주장과 정책을 형성하며 국가의 법정 절차를 밟고 전국 인민대표 대회의 결정을 거쳐 최종적으로 국가의 법률을 제정한다. 국가 지도체제 중에서 당은 정부의 권력을 대체하지 않는다. 당은 헌법과 법률의 범위 내에서만 활동하며 헌법과 법률을 초월한 어떠한 권리도 없다. 당원과 모든 공민은 하나이며 법률 앞에서 누구나 평등하다는 것이 중국 공산당이 시종 일관하게 견지해 온 지론이다.

민주 당파는 중국 대륙에서 중국 공산당을 제외한 8개 참정당參政黨을 가리키는 통칭이다. 중국국민당혁명위원회·중국민주동맹·중국민주건국회·중국민주촉진회·중국농공민주당·중국치공당中國致公黨·93학사九三學社·대만민주자치동맹 등으로 구성되어 있다.

중화인민공화국 건립 후 각 민주 당파는 모두 공동 강령과 헌법, 중국인민정치협상회의 규약의 총칙을 자체의 정치 강령으로 확정하고 인민 정권과 중국인민정치협상회의의 활동에 적극적으로 참가하여 인민 민주 독재의 공고화와 사회주의 개조의 순조로운 실현 및 사회주의 건설 사업의 신속한 발전을 위해 중요한 역할을 해 왔다.

국가가 사회주의 현대화 건설의 새로운 시기에 들어선 이후 여러 민주 당파의 성격도 이에 따라 근본적 변화를 일으켜 각자가 연계를 갖고 있는 일부 사회주의 근로자와 사회주의를 옹호하는 애국자의 정치동맹으로, 중국 공산당의 지도를 수렴하고 힘을 합치며 사회주의 사업에 함께 나아가는 친밀한 우당友黨으로 되었다. 각 민주 당파는 모두 국가의 정치 활동에 적극적으로 참여하여 개혁개방과 사회주의 현대화 건설 사업을 위해 중요한 공헌을 했다. 이들은 중국의 애국통일전선의 빼놓을 수 없는 역량일 뿐만 아니라 또한 국가의 안정·단결을 수호하며 사회주의 현대화 건설과 조국 통일을 촉진하는 중요한 역량이다.

그 외 사회단체의 역할도 중국 공산당의 일원화를 이끄는 데 무시할 수 없는 혈액이다. 사회단체는 당대 중국 정치 생활의 중요한 부분이다. 현재 중국에는 전국적 규모의 사회단체만 2천여 개가 있다. 그중 행정 편제 또는 사업 편제를 사용하면서 국가 재정의 지원을 받는 사회단체가 약 200여 개에 달한다. 이들 200여 개의 단체 중 중화전국총공회·중국공산주의청년단·중화전국부녀연합회는 정치적 지위가 특수하며 사회에 미치는 영향 역시 광범하다. 이 밖에 중화전국공상연합회·중국문학예술계연합회·중국과학기술협회·중화전국귀국화교연합회·중국인민대외우호협회·중국국제무역촉진위원회·중국장애자연합회·중화전국저널리스트협회·중국적십자총회·전국타이완臺灣동포연의회친목회·쑹칭링宋慶齡기금회·외교학회·황푸黃埔군관학교동창회·구미동창회·중국작가협회·중국법학회·중국직공사상정치공작연구회는 정치적 지위가 위 3개 사회단체에는 못 미치지만 비교적 특수한 조직이다. 이상의 사회단체는 비록 비정부 조직이지만 상당한 정도로 정부에 영향력을 행사하고 있다.

따라서 중국의 공산당 집권체제를 보면 좌우상하가 분명하며 흐르는 강으로 말하면 주류와 지류가 분명한 것이다. 바로 이러하기 때문에 그 덩치 큰 나라가 일사분란하게 움직이는 게 아닌가 싶다. 중국 공산당은 '황화대합창'을 잘 하는 질서 정연한 정당임에 틀림이 없다. 그것이 어찌 보면 중국이 가지고 있는 거대한 힘의 원천이고 이 세상 어떤 나라, 어떠한 정당이 대체할 수도, 모방할 수도 없는 중국만의 막강한 괴력의 밑바탕이다.

예측 가능한 중국 정치, 예측 불허의 한국 정치

현재 중국의 최고 권력은 중국 공산당 중앙정치국 상임위원회에 있다. 중국을 선거가 없는 나라라고 하지만 그것 또한 잘못된 생각이다. 국민들이 직접 선거에 임하는 것이 아닐 뿐 국민에 의해 선출된 인민 대표를 통해 선거가 이루어지는 것이다. 인민이 주인이고 인민이 권력이다. 중국 공산당은 사실 무소불위다. 조직이 잘 짜인 공산당 조직체계는 하부조직까지 깊게 뿌리 내려 있다. 각 성이나 시에 성장이나 시장이 있지만 권력의 서열상 당에서 임명한 '서기' 중심으로 돌아간다. 한국에는 시장이나 도지사 위에 당에서 나온 서기가 없다. 중국은 공산당의 일원화 지도를 받는 나라다.

중국은 국가주석이 최고의 권력을 갖지 못한다. 한국은 대통령에게 권력이 집중돼 있지만 중국은 국가주석 1인이 권력을 독립적으로 행사 할 수 없다. 중국은 국가주석이 국가를 대표하고 당 총서기가 공산당을 대표하고 중앙군사위원회 주석이 군을 통솔한다. 한국 대통령은 이를 모두 가질 수 있지만 중국은 다 겸하지 않을 수도 있다.

중화인민공화국이 공식 인정한 '中韓友好使者'

지금은 한국도 대통령이 반드시 집권당 대표가 되는 것은 아니지만 대통령의 권력은 중국과 비교할 수가 없다. 한국 대통령은 중국 국가주석에 비해 그만큼 권력이 막강하다. 하지만 중국의 총리는 한국의 총리보다는 실세다. 중국에서는 총리를 국가주석이 지명해 전국인민대표대회에서 통과시킨다. 총리는 국무원 소속으로 최고 행정 권한을 갖고 이를 집행하는 국가행정기관, 말하자면 국무원의 대표다. 국무원은 총리 밑에 부총리가 4명 있고, 국무위원 8명에 한국의 장관급인 각 부 부장 30명과 당에서 나온 각 위원 주임 8명, 한국의 감사원장에 해당하는 심계장 1명, 비서장 1명으로 구성된다.

　바로 이렇게 조직된 국무원이 13억 5천만 인구의 중국을 다스린다. 그중 총리, 부총리, 국무위원은 1회에 연임이 가능하다. 그러니까 총리 등은 10년간 안정되게 정부를 이끌 수 있다는 얘기다.

　그러나 중국의 국가 주요 결정은 국가주석과 총리가 포함된 중국 공산당 중앙정치국 상무위원회에서 한다. 엄격히 짜인 집단지도체제인 것이다. 그들은 국가의 주요한 일을 토의하고 일사분란하게 수행해 나간다.

　중국의 정치 리더십은 개혁개방 이후 장쩌민 시대부터 집단지도체제를 이루고 있다. 그래서 후진타오도 동급자 중 첫 번째일 뿐 모든 결정은 9명의 중앙정치국 상무위원회의 토론과 협상을 통해 이루어진다. 파벌 간 투쟁과 갈등으로 이루어진 한국과는 대조적이다.

　실사구시实事求是는 지도자들이 추구하는 덕목이다. 실사구시는 서로 다투는 것보다 협력하는 것이 실용적이며 이익이라는 정신이다. 이를 주창한 마오쩌둥의 피가 흐르고 있는 것이다.

　중국 역사상 여성이 상무위원에 선출된 적은 없다. 마오쩌둥의 네 번째 부인으로 문화대혁명의 주역인 장칭江青도 마지막 직함은 정치국위원에 그쳤다. '철의 낭자'로 인민들의 사랑과 존경을 한 몸에 받았던 우이吳儀 전 부총리도 2007년 정치국위원으로 공직을 마감했다. 또 초창기 장칭을 비롯 린뱌오林彪의 아내 예췬葉群, 저우언라이의 아내 덩잉차오鄧穎超가 중앙정치국에 오른 적이 있다.

중국은 참으로 묘한 나라다. 정치에 관한 한 더욱 그렇다. 일당체제, 집단지도체제이면서 일사분란하고 고스란히 권력이 이양되고 굳건히 체제가 유지되니 말이다. 정책이 결정되는 것을 보면 외견상 독재라지만 한국보다 더 민주적이고 부드럽다. 투쟁과 갈등을 버리고 협력과 공존하는 것이 일당체제인 중국이 잘 굴러가는 이유다. 권력이양을 보더라도 예고해 놓고 그대로 진행된다. 신기하게 느껴질 정도다.

중국은 한 번 관리면 영원히 관리다. 선배에게 일을 배우고 고견을 듣는다. 그리고 간부교육현장에서 그렇게 교육을 받는다. 전·현직의 구분만 있을 뿐 정부는 공직에서 퇴직해도 전문가로 대우한다.

중화인민공화국이 공식 인정한 '中韓友好使者'

'잠자던 사자'
중국이 깨어났다

최근 미국 경제가 내리막길을 걷고 있는 와중에 중국의 급부상이 전 지구촌의 핵심 화두로 떠오르고 있다. 미국과 나란히 G2의 반열에 오른 중국이 이제 미국을 제치고 G1이 되느냐는 이미 정해진 시나리오이다. 중국은 비록 뒤늦게 출범했지만 지난 30여 년간 변함없는 개혁개방과 '중국 특색의 사회주의 시장경제' 체제를 도입해 초고속 성장을 이어 오고 있다. 중국이 이룩한 놀라운 성과는 "잠자는 사자(중국)를 깨우지 말라. 세계가 흔들리게 될 것이다"라고 한 나폴레옹의 예언과 맞아 떨어져 국제 질서에 강진을 예고하면서 지구촌 전반에 큰 영향을 미치고 있다.

이제 세상은 중국 중심으로, 인민폐가 달러를 대체하는 시대에 돌입하게 될 것이다.

중국의 부상, 놀랄 일이 아니다

중국의 부상은 특히 경제면에서 눈부시다. 30여 년 전, 덩샤오핑이 설계한 '중국 특색의 사회주의 시장경제'체제는 연평균 10퍼센트 이상의 고속성장을 지속하면서 2010년에 일본을 제치고 미국과 어깨를 나란히 하는 경제대국으로 부상했다. 특히 미국에서 시작된 글로벌 금융위기 이후 기존 선진국 경제가 모두 심각한 침체기에 들어간 상황에서도 중국만은 독보적인 성장을 거듭하고 있다. 반면에 미국의 경제는 이미 병색이 짙어져 '미국 위기론'이 만연되고 있다.

'자본주의가 벼랑 끝에 섰다'는 얘기는 오늘날 미국의 쇠락을 두고 하는 말이기도 하다.

반면에 느릿느릿한 행보를 보이는 척 하던 '만만디慢慢地 중국'이 잠에서 완전히 깨어나 파죽지세로 내달리고 있다. 세계의 경제적 부와 권력이 미국과 서유럽에서 서서히 동아시아로 이동하고 있는 가운데 그 판도의 중심에 중국이 서 있다. 중국은 세계의 공장에서 세계의 시장, 투자자, 법규 제정자로, 덩치에 걸맞는 글로벌 리더십을 과시하고 있다.

경제발전은 곧 군사력의 발전을 의미한다. 중국은 연 15% 이상의 군비 증가를 통해 핵무기는 물론 스텔스기와 항공모함, 로켓 발사 등 고도의 과학기술력까지 겸비해 이제 동아시아 지역에서 미국과 대적이 될 만한 반열에 올랐다.

중국의 부상과 함께 전 세계에 '중국 붐'이 일기 시작했다. 현재 지구촌 105개 나라에 300여 개에 달하는 '공자학원'이 생겨나 중국 문화 붐이 일고 있다. 중국어는 이미 영어에 이어 전 세계인들이 기본적으로 익혀 두어야 할 언어로 자리매김하고 있다.

중국의 부상은 중국이 개발도상국이자 비非서방국가이고, 또한 공산주의 실현을 최종 목표로 내건 사회주의 국가라는 점에서 근대 역사상 유례없는 일이라 세인들은 크게 놀라고 있다.

하지만 중국의 부상, 그것은 반세기 이전에 나폴레옹이 예언했듯이 드디어 올 것이 온 것이다. 다들 놀라지만 말고 자연스럽게 받아들여야 한다. 주변 국가들부터 가까이 다가가서 중국과 동반자관계가 되어 다함께 새로운 동아시아시대를 열어갈 때가 온 것이다.

G2 경제대국으로 우뚝 서다

최근 중국의 한 신문이 2011년 중국의 1인당 국민소득이 5천 달러를 넘어섰다고 보도했다. 중국 정부의 공식적인 발표는 아니지만 대부분 학자들은 믿을 수 있는 지표로 받아들이고 있다. 1인당 GDP가 가장 높은 지역이 텐진天津으로 1만 3천392달러였다. 이어 상하이가 1만 2천784달러, 베이징이 1만 2천447달러 순이었다. 그러나 평균은 5천 달러이니 아직 빈부의 격차가 큼을 알 수 있다.

중국의 1인당 GDP는 개혁개방이 시작된 1978년에는 불과 100달러에 그쳤다. 그 후 눈부신 발전을 거듭해 2003년에 1천 달러, 2006년에 2천 달러, 2010년에 4천 달러, 2011년에 5천449달러, 2012년에 6천100달러, 그리고 2013년에는 7천 달러를 넘어설 것으로 보고 있다.

지난 30여 년간 연평균 12.9%씩 두 자리 성장을 한 셈이다. 한국과 수교한 1992년 후로 보다 많은 성장을 했다. 한국은 1989년에 5천400달러로 이미 5천 달러 선을 넘어섰고 이어 2007년에는 그 4배인 2만 달러 선을 넘어섰다. 경제 교류를 보아도 2010년 말 교역액은 1천884억 달러로 1992년 64억 달러보다 29배 증가했다. 양국 간 인적 교류도 활발하여 2010년 모두 596만 명이 양국을 방문하여 1992년의 13만 명보다 46배나 증가했다. 유학생 교류도 활발하다. 중국에 있는 한국 유학생은 6만 7천 명으로 해외 유학생 가운데 가장 많다. 마찬가지로 한국의 중국 유학생도 6만 3천 명으로 한국에 체류하는 유학생의 70%다. 한중관계 증진은 중국이 G2로 성장하는 데 절대적인 동반자로 밑거름이 되었다 해도 과언이 아니다.

하지만 GDP 수치 같은 단순한 경제지표만으로는 경제대국 여부를 말할 수 없다. 소득만 보면 한국이 중국에 비해 월등하지만 실생활에 들어가서는 확연히 다른 이면의 세계가 펼쳐지고 있는 것이 오늘날 중국이다. 같은 달러라 해도 중국에서 활용할 경우 그 값어치가 다르다. 한국의 5천 달러와 중국의 5천 달러는 화폐 가치에서 엄청난 차이가 있다. 똑같은 5천 달러라도 중국에서의 5천 달러는 최하층 노동자의 1년 연봉 수준으로 가족이 아껴 쓰는 1년 소비에 맞먹는다. 구매력 지수를 무시한 단순 비교는 위험한 통계일 뿐이다.

2010년 중국 GDP 총액은 5조 8천786억 달러로 일본5조 4천742억 달러을 제치고 세계 2위에 올라섰다. 중국은 개혁개방 30년 동안 엄청난 경제성장을 이룩했다.

하지만 중국은 어느 순간부터 차분해졌다. 오히려 해외 언론들이 흥분하고 있는 것이다. 대다수 중국인들은 사실 그런 수치에는 별 관심이 없다. GDP 순위에서 2위가 되었다고 해서 실제 삶이 더 좋아진 것은 아니기 때문이다. 오히려 급속한 양극화, 환경오염, 도시와 농촌 간의 빈부 격차 등 문제만 야기시킨다는 비판의 목소리가 나오고 있다.

중화인민공화국이 공식 인정한 '中韓友好使者'

일본도 2위에서 3위로 하락했다고 실망하는 눈치는 아니다. 당시 일본 재무상의 발언을 들어보면 그 이유가 엿보인다. "우리가 경제를 하는 이유는 일본 국민이 행복한 삶을 누리게 하기 위해서이지 순위 경쟁을 하기 위해서는 아니다. 일본은 앞으로 중국과 GDP 경쟁을 하지 않을 것이다." 여러 의미가 함축된 말이다. 그러나 '과연 중국은 G2일까'에 대한 대답은 부정적이다. 중국 자신이 노력해 오른 고지가 아니고 미국에 떠밀려 오른 듯한 느낌도 있다. 중국에 G2란 올가미를 씌워 놓고 그에 걸맞는 행동을 요구하고 있다는 것이다.

일본은 G2를 경험해 본 자기들과 중국은 다를 것이라는 의견이 지배적이다. 2조 2천억 달러 외환보유고와 3조 5천억 달러의 무역 규모로 '메인드 인 차이나'의 힘이 크고 미국과의 마찰도 일본보다는 적기 때문이다. 같은 2위라도 차이가 있다.

아직 중국은 미국보다 규모면에서 3배나 작고 외교, 군사력에서도 뒤진다. 그러나 얼마 전 한국에서 열린 G20 정상회담에 세인의 이목이 미국의 오바마와 중국의 후진타오에게 집중되었듯이 세계는 이미 미국과 중국의 신경전을 지켜보게 돼 있음을 보여 주고 있다. 그것이 오늘날 중국의 위력이고 또한 엄연한 현실인 것이다. 한국도 이제 중국을 떠나선 먹고살기 힘들게 되었다. 역사가 반전에 돌입한 것이다. 중국은 힘이 세졌다. 세계를 움직이던 G7, 프랑스와 영국을 따돌리고 독일마저 제쳤으니 이젠 공공연히 세계적으로 가장 힘 있는 나라가 된 것이다.

세계 각국의 정상들이 중국 지도자에게 도움을 요청하고 있다. 중국권, 동아시아권, 나아가서는 중국을 축으로 하는 글로벌 국제권에 자신들을 끼어 달라고 줄서기를 하고 있다.

최근 발표한 개발도상국에 대한 중국의 원조 현황을 보아도 중국에 밉보이면 안 된다는 실례가 나타나 있다. 이미 세계경제의 축은 대서양에서 태평양으로 바뀌고 있고 그 중심축에 중국이라는 '책임 대국'이 떡 버티고 서 있는 것이다.

중국판 '골드러시'에 세계 금융계가 긴장

중국 사람들은 황금을 좋아한다. 금을 싫어할 사람이 있겠냐마는 중국 사람들은 최근 금 모으기에 열을 올리고 있다. 결국 세계의 금값은 천정부지로 뛰었고 지금도 얼마나 오를지 예측하기 어렵다. 지금 중국에는 '총에서 정권이 나온다'는 말이 통하지 않고 '황금에서 정권이 나온다'고들 한다.

사실 금은 미국이 세계에서 제일 많이 보유하고 있다. 세계금위원회WGC의 통계에 따르면 2009년 말 현재 화폐를 발행할 때 바탕이 되는 순도 99.5% 이상의 금궤, 즉 골드바는 미국 중앙은행이 무려 9천 톤이나 보유하고 있다. 국제통화기금IMF이 3천200톤, 일본이 765톤을 보유하고 있다. 독일을 비롯한 프랑스, 이탈리아 등 G8에 속하는 나라들도 2천-3천 톤에 불과하다.

금을 많이 가진 나라의 화폐가 세계적으로 통용되는 것은 예나 지금이나 같다. 말하자면 금을 많이 보유한 나라의 돈이 힘이 있기 마련이라는 얘기다. 그래서 미국의 달러가 세계의 중심통화, 다시 말하면 기축통화가 된 것이다.

세계는 미국이 금융위기를 겪으면서 금값이 폭등했다. 달러화 가치의 하락에 따라 미국 화폐인 달러가 맥을 못 추기 때문이다. 한국도 1997년 외환위기 당시 금 모으기 운동으로 위기를 극복한 적이 있다. 각국은 금값이 오르면서 골드바의 비축을 늘렸다. 그 대표적인 나라가 중국이다.

중국은 그동안 먹고살기 바빠 금을 모으기가 힘들었다. 다시 말해 '달러화 시대가 가고 있다' 해도 중국 위안화가 기축통화가 될 수 없었다. 일본 엔화도 금이 적어 시도에 그쳤다.

중국의 금 보유량은 2008년까지만 해도 1천 톤을 넘지 못했다. 이 정도 금을 보유하고 위안화를 국제화한다는 것은 말도 안 되는 일이다.

중국은 남모르게 열심히 금을 모았다. 세계 금값이 폭등한 것은 중국의 금 모으기와 무관하지 않다. 수요가 있으면 공급이 딸리고 가격이 오르는 것은 시장원리다.

중국의 한 관리는 '황금전쟁'을 선포했다. "인민은행이 보유한 금은 2009년 3월 말 현재 1천54톤에 지나지 않습니다. 그러나 금 보유량을 계속 늘려나갈 겁니다."

또 금값은 치솟았다. 그리고 중국은 아시아 최대 금 보유국이 되었다. 드디어 2008년 말 1천100톤을 넘어섰다. 2008년 9월까지 765톤을 보유했던 일본이 아무리 많이 모았다 하더라도 900톤을 넘지 못할 것이라는 가정에서다. 엔화를 아시아 기축통화로 만들 야심을 가져온 일본에게는 충격이었을 것이다. 일본도 재정 적자에 시달려 금을 사 모을 여유가 없었다.

중국과 일본은 2000년대 들어 자국통화를 아시아 기축통화로 만들기 위해 노력했다. 그러나 일본은 중국에 완패했다. 일본은 그 꿈을 포기해야 했다. 금 모으기 경쟁에 뛰어들 수 있는 여력이 없다. 그러나 중국은 외환보유고가 3조 달러에 이르러 이를 바탕으로 위안화의 힘을 키울 수 있게 된 것이다. 중국이 끊임없이 금을 사들이고 곧 5천 톤에 이르게 하겠다는 것은 허풍이 아니다. 금 모으기는 궁극적으로는 위안화의 힘을 기르기 위함이다. 그 힘으로 위안화를 세계 기축통화로 만들겠다는 것이 중국의 야심이다. 아직 위안화는 달러나 유로화보다는 약하다. 그러나 곧 위안화를 기축통화로 만들겠다는 꿈의 실현은 멀지 않았다.

중국은 금 모으기와 더불어 자국 내 광산 개발에도 신경을 쓰고 있다. 중국에는 노다지 열풍이 불고 있고, 이는 당연히 정부가 주도하고 있다. 왜냐하면 금 개발은 국영 기업만 할 수 있는 권한이기 때문이다.

골드러시, 미국 서부 개척사의 일부를 보는 듯하다. 금이란 참 묘하다. 땅속에 묻혀 있는 것인데 여러 광물 중 이렇게 대접을 받는 이유를 모르겠다. 인간의 욕망 때문일까?

지난 2006년까지만 해도 세계 최대 금 생산국은 남아프리카공화국이었다. 그러나 이제 중국에 밀렸다. 중국은 2009년에 315톤의 금을 캐냈다. 중국은 이 금을 차곡차곡 모아 골드바로 만들어 보유해 가고 있다. 중국의 한 광산 전문가는 중국에는 현재 1만 톤이 넘는 금이 매장되어 있는 것으로 추정하고 있다. 그중 5분의 1 정도가 산둥성山東省에서 생산된다. 대형 금광 21개를 포함해 총 287개 금광이 산둥성에 산재해 있다. 허난성河南省과 푸젠성福建省이 뒤를 이어 각각 11%, 8%를 생산하고 있다. 이 밖에 후난성湖南省, 깐쑤성甘肅省, 싼시성山西省, 랴오닝성遼寧省에서도 3-4%의 금을 생산하기도 한다.

최근에는 깐쑤성에서 308톤 매장량을 가진 금광이 발견되어 중국인의 가슴을 부풀게 했다.

중국의 인민은행은 다른 나라와 마찬가지로 금을 대량 보관하고 있다. 중국은 머지않아 국고에 금을 가득 채운 뒤 세계를 향해 "중국의 위안화시대가 열렸다"고 외칠 것이다.

중국의 위안화의 기축통화 전략은 집요하다. 2009년 3월 당시 인민은행장은 "달러를 대체할 수 있는 기축통화를 만들자"는 발언을 해 미국을 놀라게 했다. 중국은 벌써 한국을 비롯해 아시아 8개 나라와 '통화스와프 협정'을 체결해 위안화 세력권을 넓히고 있다.

2011년에 리커창 부주석이 한국에 와 외환위기 발생 시 지금보다 더 돕겠다는 선물을 주고 간 것도 같은 맥락이다. 미국은 천문학적인 재정 적자와 무역 적자에도 불구하고 달러를 찍어 내기만 했었는데 중국이 자존심을 상하게 한 것이다. 중국은 이렇게 도처에서 미국을 위협하고 있다. 이것이 중국의 오늘이다.

중국은 이미 3조 2천억 달러의 외환보유고를 가졌고 2010년 5월 현재 9천억 달러의 미국 채권, 6천억 유로의 채권을 보유하고 있다. 이는 위안화가 '달러패권'을 흔들고 기축통화로 부상할 날이 머지않았다는 얘기다. 그러나 위안화가 기축통화가 된다는 것이 그리 쉬운 일만은 아니다.

중국은 현재 홍콩을 위안화 국제화를 위한 전초기지로 구축해 가고 있다. 그러나 2012년 9월부터 위안화 예금이 줄고 있다. 지난 4년여 동안 절상돼 온 위안화 가치가 떨어지기 시작한 것이다.

중국은 바짝 긴장하고 있다. 외화 유출과 그에 따른 환율 급변은 1998년 외환위기 당시 한국, 태국 등이 겪었던 바로 그 현상이다. 위안화 국제화에 적신호일 수도 있다. 중국은 2009년 7월 상하이, 썬전, 광저우廣州 등 5개 도시를 위안화 무역시범지역으로 지정했다. 먼저 국제 무역 결제통화로 위안화를 등장시키고 이어 투자통화로 범위를 확대한 뒤, 궁극적으로 미국통화에 버금가는 국제통화로 발전시킨다는 3단계 전략에 따른 것이다. 위안화가 국제결제화폐로 자리 잡으면 중국 기업은 따로 환전할 필요가 없어 무역 거래 시 환율 변동에 따른 위험을 줄일 수 있다. 또 정부는 달러를 외환보유고로 쌓아 둘 부담이 줄어든다.

위안화가 기축통화로 가는 데 가장 큰 장애물은 중국 자본시장이 개방되어 있지 않다는 점이다. 그래서 아직은 많은 우려를 하고 있다.

중국, 미국을 뛰어넘나

세계의 연구기관들은 중국의 미래에 대해 다양한 예측들을 내놓고 있다. 예측은 두 갈래다. 중국의 발전이 지속될 거라는 주장과 결국 중국도 주저앉게 될 거라는 주장이다.

하지만 당분간 중국의 발전은 계속될 거라고 확신하고 있다. 왜냐하면 중국에는 이미 오랜 검증을 거친 공산당 중심의 강력한 집단지도체제와 엘리트민주주의가 병존하기 때문이다. 중국은 다양한 세력과의 경쟁 속에서 부단히 자기비판을 하면서 정책을 새롭게 업그레이드하고 있고, 현존하는 제반 난제들을 풀어 갈 수 있는 시스템과 주도권을 유일 집권당인 공산당이 쥐고 있기에 발전은 불가피한 것이라고 확신하고 있다.

중국 사람을 상대로 설문조사를 해 보면 거의 모두가 공산당을 절대적으로 옹호하고 중국 특색의 사회주의가 바른 길이라고 낙관하고 있다. 무엇보다도 자국의 미래에 대한 민중들의 신뢰와 자국의 지도체제에 대한 확신이 있기에 중국은 지금보다 더 월등한 내일을 기대할 수 있다.

골드만삭스는 2003년에 중국의 경제 규모가 2041년에 미국을 추월할 것으로 예측했으나 2009년에는 2027년에 추월할 것이라고 기

중화인민공화국이 공식 인정한 '中韓友好使者'

존 연구 결과를 수정했다. 중국의 부상이 예상보다 훨씬 빠르고 순조롭게 진행되고 있는 반면에 미국의 쇠락이 급속히 진행되고 있다는 것이다. 미국은 2008년 금융위기 이후 3년 동안에 지난 30년 동안 축적한 부를 축냄으로써 중산층이 급속히 붕괴되고 있다. 유럽 국가들의 경우는 더욱 심각한 실정이다. 이를 감안해 '자본주의가 벼랑 끝에 섰다'고들 말하고 있다.

그렇다면 과연 중국이 미국을 추월하고 세계 패권을 차지할 것인가. 물론 향후 미국과 중국관계에서 가장 중요한 변수는 국력이다. 미국이 현재의 위기를 어떻게 넘기느냐, 또 중국의 고속성장이 어떤 양상으로 계속될 것인가의 여부에 따라 미국과 중국관계의 향방이 결정될 것이다.

중국은 참 묘한 나라다. 강하면서도 약한 척하는 나라, 대국이면서 소국인 척하는 나라가 중국이다. 하지만 콧대를 높여야 할 자리에서는 상당히 도도하고 당당하며 때로는 건방지게 느껴질 때가 있다.

최근 들어 중국은 미국을 '관리'하면서 매우 신중하게 실력을 키워 가고 있으며, 아주 교묘하게 적군을 우군으로 만들어 나가는 유연성 전략을 보이고 있다.

중국은 자국의 부상이 미국과의 대립과 충돌을 야기하는 상황을 피하기 위해 '새로운 대국관계'라는 개념을 정립하고, 이를 대미 전략의 핵심 포인트로 실행해 나가고 있다.

이와 같이 교묘한 중국이 동아시아 새로운 질서의 중심에 우뚝 서서 미국을 바싹 추격하고 있으니 세계의 패권을 쥐는 건 시간 문제라고 봐야 한다.

동북아시아 질서 변화와 한반도 평화 발전 과제

중국의 부상은 21세기 국제 정치 경제 질서에 큰 영향을 미치면서 동북아시아에 위기와 기회를 동반하고 있다. 동북아시아가 세계의 중심이 되고 있는 상황에서 주변 국가들은 위기를 해소해 평화와 발전을 위한 기회로 만들어 나가야 한다. 이제 동북아시아의 평화 발전은 곧 세계의 번영과 발전을 의미한다고 감히 말할 수 있다.

동북아시아가 세계적인 평화 발전의 시대를 열어 가기 위해서는 반드시 지역협력연맹을 조기에 구축해야 한다. 지금의 세계적인 재정, 금융위기와 미국과 중국 간의 세력전 가능성은 주변 국가 간의 협력을 요구하고 있다.

그러나 동북아시아의 복잡한 역학구도로 볼 때 당장 주변 모든 국가가 참여하는 다자 간의 경제협력 또는 안보협력구도는 어려운 것이다. 그렇다고 마냥 여건이 성숙되기를 기다릴 수도 없다는 것 또한 엄연한 현실이다.

이러한 상황에서는 '동북아시아 평화 발전을 위한 다국 협력 방안'이 필요하다. 중국, 한국, 일본 등 주변국들이 지역협력을 선도해 아시아·태평양 지역에서 평화와 협력의 주축을 이루어 나가야 한다. 한·중·일은 서로 인접해 있고 아시아 경제의 70퍼센트를 좌우하고 있다. 한·중·일을 축으로 한 다국연맹이 이루어진다면 동아시아 협력체제는 저절로 이루어질 수밖에 없게 될 것이다. 일전에 한·중·일을 주축으로 한 '정상회의 사무국'이 신설되면서 3자 간 자유무역을 위한 협상이 논의되고 있는 상황이다. 3국 정상은 이미 최초의 경제 분야 협정인 '투자보장협정'에도 서명했다. 이로써 3국의 협력은 정상 궤도에 진입하게 되었다. 다양한 분야에서의 3국 간 협력을 통한 관계의 강화는 3국 정상회담이 동북아시아의 협력과 통합의 기제로 작동할 수 있음을 보여 주고 있다.

북핵 문제를 포함한 북한 문제는 지역 안보의 핵심 현안으로, 이는 한반도 평화는 물론 동북아시아 안보에 걸림돌이 되고 있다. 이런 상황에서 북한의 변화와 한반도의 평화 안정, 나아가 동북아시아 지역 안보협력이 경제협력과 평화의 필수조건이다.

한반도는 주변국의 이익과 갈등, 그리고 협력관계가 굴절된 동북아시아 국제 정치의 핵심 위치에 놓여 있다고 할 수 있다. 따라서 동북아시아에서 경제협력과 평화는 한반도 위기를 어떻게 풀어 나가느냐에 달려 있다. 이는 또 어떻게 하루속히 북한의 변화를 유도해 내느냐에 달린 문제이기도 하다. 우리는 하루속히 동북아시아 평화협력연맹에 북한을 끌어들여 다함께 발전하는 동북아시아를 구축하는 길을 모색해야 한다.

또 북한의 개방, 남북관계의 정상화와 통일이 없이 동북아시아의 진정한 평화, 발전, 통합은 불가능하다.

북한이 핵을 포기하고 동북아시아 경제협력에 합류하여 국제사회의 일원이 된다면 그 자체가 동북아시아 평화협력의 활력소가 될 것이다. 그렇게 되면 동북아시아는 4마리의 용이 일심동체가 되어 안정적으로 동아시아 지역의 경제발전과 평화 구축을 주도해 나가는 새로운 국제질서의 장이 될 것이다.

만약에 한반도가 통일되면 한민족은 물론 특히 가장 큰 혜택을 입게 되는 나라가 중국이라고 얘기할 수 있다. 왜냐하면 통일된 한반도는 중국에게 안정적이고 평화로운 발전 환경을 마련해 주는 것은 물론, 역내에서 미국과 중국 간의 협력이 보다 용이해질 것이며 경제시장의 확대와 안보 위협의 제거라는 큰 이익을 제공하게 될 것이다. 무엇보다도 한반도 통일은 중국인들의 숙원인 양안의 통일을 촉진하게 된다.

아울러 한반도가 통일을 이루는 과정에서 중국의 역할은 매우 중요하다. 따라서 중국은 명실공히 동북아시아 질서의 변화와 협력을 통해 '평화롭고 균형 잡힌 발전'을 이룰 수 있도록 '책임대국'으로서 그 역할을 다해야 할 것이다.

중화인민공화국이 공식 인정한 '中韓友好使者'

중국의 도약은
현재진행형, 미래형이다

중국은 지난 20년 동안 정치, 경제, 과학, 사회, 문화 등 모든 분야에서 눈부시게 발전했다. 더욱 무서운 것은 중국의 비약적인 발전이 여전히 현재진행형이고, 미래형이란 사실이다. 앞으로 13억 5천만 인구와 전 세계에 퍼져 있는 6천만 화교 세력이 뿜어 낼 폭발력, 엄청난 구매력, 세계 과학계를 경악시킨 우주 기술 발전…. 모든 면에서 중국은 앞으로도 지구촌을 놀라게 할 일들을 계속 만들어 낼 것이다.

우주에서 100미터 밖 바늘에 실 꿰는 기술

중국의 과학 발전은 실로 눈부시다. 어떻게 '만만디 중국'이 과학을 발전시키고 세계의 과학 발전 대국과 어깨를 나란히 했는지 의문이 갈 정도다.

2012년 가을, 중국이 자체 개발한 실험용 우주정거장이 우주 공간에서 무인우주선과 도킹에 성공했다. 소련과 미국에 이어 세 번째로 신흥 우주강국으로 우뚝 솟은 것이다. 미국은 긴장했다. 잠깐 한눈 파는 사이 중국이 따라온 것이다.

신화통신은 이날 무인우주선 선저우神舟 8호와 소형우주정거장 텐궁天宫 1호가 도킹에 성공했다고 보도했다. 국영 중국 중앙방송이 생중계했다. 역사적인 순간이다. 인민들은 환호했다. 후진타오 국가주석과 우방귀 전인대 상무위원장, 시진핑 부주석 등 상무위원들도 기뻐했다. 후진타오 주석은 그때 "우주선 도킹 기술을 장악함에 따라 유인우주정거장 건설로 가는 걸음 걷기싼부조아오 전략이 결정적 국면을 맞았다"며 "아주 기쁘다"고 말했다. 중국 언론과 네티즌들은 "우주 공간에서 포옹과 키스가 이뤄졌다"고 전했다.

이날 도킹은 깐쑤성과 산시성陝西省의 343km 상공에서 이루어졌다. "우주 공간에서 기다리고 있던 텐궁 1호에 선저우 8호가 접근해 한 몸처럼 결합했다. 도킹의 허용 오차는 한 뼘 거리인 18cm였다. 한 항공우주전문가는 "100m 밖에서 바늘에 실을 꿰는 정교한 수준의 기술"이라고 평가했다.

인공위성을 쏘아 올리는 데 두 번이나 실패한 한국과 비교할 때 대단한 일이다.

중국의 과학 발전은 오랜 뿌리를 갖고 있다. 우연이 아니다. 이미 1986년 3월 덩샤오핑은 과학자들의 건의를 받아들여 '863계획'을 승인했다. 이때 항공우주 분야에서 유인우주정거장 건설을 목표로 했다. 장쩌민 주석은 이를 구체화한 것이다. 그는 1992년 9월 21일 독자 우주 전략인 '921공정'을 마련한다. '새 걸음 걷기 전략'이다. 유인우주선을 발사하고 우주 도킹 실험을 하며 우주정거장을 건설하는 3단계 전략이다. 이번에 우주 도킹에 성공함으로써 중국은 두 번째 걸음까지 내디뎠다. 사실 이런 계획이 수립된 것은 1956년이니 중국의 과학기술 발전의 역사는 오래되었다.

마오쩌둥 시절인 1956년에 항공공업위원회가 설립되고, 미국에서 자진 귀국한 물리학자 첸쉐썬錢學森을 로켓과 미사일 연구 전담조직인 국방부 산하의 제5연구원 원장에 임명하면서 우주 개발에 시동이 걸렸다. 첸쉐썬이 개발한 장정 1호 로켓 덕분에 1970년 4월 중국은 자체 위성인 동방홍 1호를 발사할 수 있었다. 중국은 이제 달 표면 착륙을 겨냥한 달 탐사 프로젝트를 추진하고 있으며 화성 탐사를 본격적으로 시작하고 있다. 중국은 더 이상 짝퉁의 나라가 아니고 더 이상 싼 제품만 마구 양산하는 나라가 아니다. 중국의 과학기술은 항공우주뿐 아니라 정보통신, 생명공학을 포함한 과학 전반에 걸쳐 거침없이 발전하고 있다. 특히 무기를 전제로 한 항공모함 등 군사기술은 눈부시게 발전했다.

삼성경제연구소의 한 보고서에 따르면 한국의 과학기술 분야는 양적·질적인 면에서 중국보다 크게 뒤져 있다. 중국은 또 세계 유명 학술지에 실린 과학기술 논문 수에서도 정보통신 2위, 소프트웨어 4위, 환경·에너지 분야 3위를 기록했다. 중국이 이제 곧 미국과 일본을 제치고 세계 최다 특허 출원 국가가 될 것으로 전망하고 있다.

중국은 2012년에 과학기술 발전 제12차 5개년 계획을 발표했다. 1953년 제1차 계획을 수립한 이래 현재까지 12차에 이른 중국의 과학기술정책은 중국을 경제대국으로 견인했다.

정권이 바뀔 때마다 과학기술정책이 변하는 한국을 볼 때 가슴이 아프다.

중국과의 과학기술협력은 불가피해졌다. 중국의 과학기술 발전은 국방에서 시작한다. 인공위성도 그렇고 항공모함도 세상을 놀라게 했다. 중국은 2012년 8월 항공모함을 일반에 공개했다. '바랴크함'으로 명명된 이 항공모함은 랴오닝성 다롄조선소에서 처음으로 바다에 떠올렸다. 증기터빈엔진으로 가동되는 6만 5천 톤급 항공모함으로 1천960명의 승무원과 항공기 52대를 실을 수 있다. 갑판 길이도 302m에 이른다. 항공모함은 첨단기술로 만들어진 각종 기기를 탑재하고 바다를 누빌 것이다.

세계는 인공위성에 이어 또 한 번 크게 놀랐다. 스텔스 전투기 또한 어느 나라에서 만든 것보다 성능이 우수하다. 과학기술 자체를 실었다 해도 과언이 아니다. 길이 20.35m에 작전거리 1,300km로 한국을 포함한 주변국에 위험을 줄 수 있는 무서운 성능이다. 이것 또한 최첨단기술 그 자체이다.

중국의 과학기술 발전은 경제력 발전과 함께 멈추지 않고 세계 최강국으로 치닫고 있다.

중국에 부는 한류 열풍

2010년 5월 상하이 엑스포의 열기가 뜨거웠다. 한국뿐 아니라 전 세계가 중국으로 몰려들어 자국 이미지 홍보에 여념이 없었다.

5월의 마지막 날 '한국주간 특별공연'이 있었다. 이날 행사에는 슈퍼주니어, 보아, 강타 등 한국의 스타들이 출연하기로 돼 있었다. 이날은 다른 나라에서도 행사가 많아 그리 관심을 끌지 못할 거라고 생각했다. 그러나 예상은 빗나갔다. 대륙 전역에서 달려온 한류 팬 1만여 명이 공연장 근처에서 밤을 새우며 표를 얻으려고 아우성쳤다. 중국 당국은 뜻밖의 사건에 비상이 걸렸다. 급기야 공연은 1시간 늦게 경찰의 삼엄한 경비 속에서 치러졌다.

중국 팬들은 환호했다. 그리고 중국 전역에 생중계됐다. 그러나 주최 측은 애써 이 열기를 모른척했다.

중국에 갈 때 베이징 공항에 평소보다 많은 젊은이들이 모여 열광하는 모습을 가끔씩 본다. 영락없이 한국의 유명 아이돌그룹이나 가수가 입국한다고 팬들이 몰린 것이다. 2012년 6월에도 한국의 K-POP 팬들이 중국, 영국, 미국 등 전 세계에서 열광했다.

그들은 동방신기, 소녀시대, 슈퍼주니어 등 한류스타를 보기 위해 공항이나 공연장을 메웠다. 중국의 유명 호텔 앞에는 한류스타를 보기 위해 팬들이 모인다.

중국의 한류 뿌리는 깊다. 1997년 안재욱 주연의 「별은 내 가슴에」 드라마로 시작된 한류는 2000년 H.O.T. 공연과 「엽기적인 그녀」의 상영, 2006년 「대장금」 방영으로 굳건히 자리매김했다. 지금도 인터넷에서는 한국에서 방영되는 드라마들이 실시간으로 검색된다.

그러나 어떤 사람들은 이제 중국에서 한류는 끝났다고 선언한다. 한 중국인 한국어 강사는 "10년 전의 한류 열기는 더 이상 없다. 중국에서 상영되는 여러 나라 드라마 중 일부가 되어 버렸다"고 말한다.

한류의 범주로 인기 드라마를 수입해 틀어 주고 한국 아이돌 음반을 들려주는 소비형 한류는 끝났다는 의미다. 요즘엔 생산형 한류가 자리잡기 시작했다. 한류의 희소성을 느끼지 못하고 있다는 것이다. 중국은 한국의 유명 배우를 캐스팅해 드라마를 만들고 음반을 내고 있다.

결국 한류라는 간판을 내걸기만 해도 물건이 팔리고 한류스타만 앞세우면 되던 시대는 끝났다는 얘기다. 그러나 한류도 업그레이드되어 다시 중국으로 다가간다면 더 중국에 친숙해질 수 있을 것이다.

한류는 어디까지 확대될 수 있을까? 한류란 원래 한국의 드라마, 음악, 패션 등 대중문화와 이들의 중심에 선 연예인을 동경하고 배우려는 문화 현상을 말한다. 그런데 요즘은 음식, 게임, 한글, 태권도 등으로 영역이 확대되고 있다.

CJ가 베이징에서 운영하는 식당 '비비고'는 비빔밥과 불고기를 먹으러 오는 중국인들로 늘 초만원이다. 그들은 자연스럽게 한국 음식을 즐기며 한류를 만끽한다. 한국의 라면도 인기가 높다. 매운 신라면은 한류 열풍의 일환으로 불티나게 팔린다. 의류나 화장품도 예외는 아니다. 이마트, 롯데리아, 이랜드 등 쇼핑센터에서 한류는 현재진행형이다.

중국 거리를 질주하는 한국 자동차도 한류라면 한류다.

한국의 글로벌 기업들에서도 마케팅 수단으로 한류를 활용하고 있다.

태권도도 당연히 한류다. 베이징의 한 태권도장에는 오늘도 태극기와 오성홍기가 걸려 있는 가운데 하얀 도복의 아이들이 힘찬 구령을 외쳐댄다. 중국 태권도협회는 최근 중국의 태권도 수련생이 400만 명에 달한다고 발표했었다.

한국을 따라하고 한국을 배우는 마니아도 늘어나고 있다. 한 중국 여대생은 어느 날 우연히 한국 드라마를 보고 드라마에 나오는 한국적인 스타일을 따라 하겠다고 결심했다. 한국어를 배우고 머리 스타일을 바꾸고 옷도 한국에서 유행하는 최신식으로 갈아입었다. 컴퓨터 게임도 한국 게임만 한다. 그리고 젊은이들 사이엔 돈을 벌어 한국에 가는 것이 소원이라고 하는 이들도 있다.

한류는 곧 경제와 직결된다. 중국은 한국 최대 교역국이 되었고 현재 2만여 개의 기업이 중국에 진출해 있다. 여행객 수도 연간 700만 명에 이른다. 한류는 양국의 경제 교류에 지대한 영향을 끼치고 있다.

2013년 2월 8일 21세기한중교류협회와 중국인민외교학회가 공동으로 주최한 한중 신년인사회에서 나는 "중국의 한류는 아직 끝나지 않았다. 현재진행형이다. 양국이 조금 더 노력하고 대중문화의 콘텐츠를 개발하고 폭을 넓혀 경제 한류로 연결해 부가가치를 창출해 나가야 할 때"라는 기조연설을 해서 주목을 받았다.

한류는 붉은악마 등 응원문화에서 깨끗한 화장실문화에로까지 확대해 나갈 수 있다.

얼마 전 우연히 텔레비전을 켜다가 깜짝 놀란 일이 있다. 중국에 가야만 가끔씩 볼 수 있었던 화면을 우리 집 안방에서 본 것이다. 바로 중국의 대하역사드라마「삼국지」였다. 목소리만 한국 성우로 더빙했을 뿐 중국의 유명 배우와 웅장한 세트를 그대로 볼 수 있어 참으로 놀랐다. 중국 안방에 한류 바람이 불었듯이 한국 안방에 '한풍漢風'이 거세게 몰아칠 조짐을 느꼈다. 앞으로 한풍의 세기는 지켜볼 일이다. 그날 조조가 동탁에게 쫓기며 사람을 죽이고, 여포가 종횡무진 말 타고 달리는 모습을 보면서 역시 중국은 드라마만 봐도 대국적인 분위기가 느껴지는 대단한 나라라고 다시 한 번 감탄했다.

제주도를 좋아하는 중국 관광객

2012년 가을, 한국 관광업계에 비상이 걸렸다. 제주도에는 숙박시설이 동이 나고 큰 식당이 없어 홍역을 치렀다. 중국 관광객이 제주도로 대거 몰려 온 것이다.

중국 유통업체 바이젠그룹의 임직원 1만 1천 명이 9월 대규모로 한국에 관광을 온 것이다. 큰 스포츠 행사나 대회가 아니고 이렇게 한꺼번에 한국에 온 것은 처음이었고 이렇게 많은 손님을 받은 것도 흔치 않은 일이었다.

당초 바이젠그룹은 1만 5천 명을 한국에 보낼 예정이었으나 객실이 없어 4천 명을 줄인 것이다. 이들이 머무는 동안 제주도 객실 점유율은 90%가 넘었다. 이들이 서울 롯데면세점에서 쓴 돈만도 하루 45억 원에 달했다. 개점 이래 최고란다. 바이젠그룹의 임직원들이 한국에서 쓴 돈만 400억 원으로 추산됐다.

중국의 관광객들은 이처럼 규모부터 달랐다. 대규모로 들어와서 돈도 많이 쓰고 간다. 중국인은 여행을 좋아한다. 2012년 해외로 나간 인원이 한국 인구보다 많은 6천700여만 명이다. 게다가 매년 500만 명씩 늘어나는 추세다. 중국은 머지않아 해외 여행객만 1억 명이 넘을 것으로 추산된다. 한국 관광객 수요도 늘고 있다. 2005년 71만 명에 불과했으나 2012년 187만 명, 2013년 220만 명으로 예상된다. 연 20%에 가까운 신장세다.

이번 춘절기간에도 중국 관광객 3만여 명이 다녀갔다. 특히 강원도와 경기도 일대는 겨울철에 중국 관광객 특수를 맞았다. 이미 중국 학생들의 수학여행 코스로 강원도가 유명해진데다가 순수 겨울을 즐기러 온 관광객들로 넘쳐났다. 올해도 겨울방학을 이용해 온 학생들만 3천500명이 넘었다. 관광객들은 한류 바람을 타고 유명해진 촬영지나 비무장지대 관광을 하며 즐겼다. 특히 강원도의 스키장을 방문, 스키와 스노보드를 탔고 바닷가를 오가며 먹거리로 여행을 만끽했다. 이들은 1-2일 머물며 2천 달러 이상씩을 쓰고 갔다.

이런 단체 여행뿐 아니라 3-4명 가족단위로 와 서울에서 명동거리를 돌며 쇼핑하고 성형외과를 찾고 마사지를 하며 여행하는 관광객들이 늘고 있다. 이들은 소득이 늘면서 돈 씀씀이도 거세졌다. 한국 관광에 쓰는 돈 액수가 상당하다. 2012년에 중국 최대 신용카드인 인롄銀聯카드 사용액만 1조 원을 넘어섰다. 여기에 비자, 마스터 등 다른 카드와 현금 등을 합치면 2조 5천억 원이 넘을 것으로 추산된다.

이제 한국은 중국 관광객들의 방문으로 성수기를 맞이하게 될 것이다.

중국은 2000년 이전에는 여행할 여유가 없었다. 한국과 중국만 비교해 보아도 1989년 여행자유화조치 이후 한국은 많은 사람이 중국여행을 떠났다. 시골에서 고추밭을 매던 할머니도 중국은 다녀왔다. 거기다가 기업인 방문까지 합치면 그야말로 중국 여행 붐이었다.

중국은 그렇게 많이 오지 않았다. 연변의 조선족 등이 한국으로 일하러 오는 방문이 많아졌다. 순수여행을 온 한족은 많지 않았다. 대신 대만 사람들과 홍콩 사람들은 관광을 다녔다. 그러나 2000년대 들어 갑자기 중국 사람들이 한국에 오기 시작했다. 경제발전으로 여유가 생긴데다가 한류 바람을 타고 한국을 새롭게 인식하기 시작한 것이다.

그러나 한국은 중국 관광객들의 만족도를 높여 주지 못하고 있다. 무엇보다 관광 인프라 구축이 시급한 과제다.

우선 숙박시설 부족이 심각하다. 서울의 2012년 말 기준 객실 수는 2만여 개로 적정 규모 4만 실에 크게 부족하다. 그래서 일부 관광객들은 러브호텔에서 자는 곤욕을 치르기도 했다. 그래서 한국에 가면 쇼핑은 서울에서, 잠은 경기도에서, 관광은 제주도에서 해야 한다는 우스개까지 나온다. 음식점도 문제다. 관광지에 대형식당이 없다. 중국이나 일본 등에 가보면 수백 명이 먹을 수 있는 식당이 많다. 위생적인 깨끗한 식당 확보가 급선무다.

기념품 매장이나 명동 쇼핑거리의 바가지 상혼도 관광객의 눈살을 찌푸리게 한다.

중국어 가이드 확보도 심각한 문제다. 현재 활동 중인 중국어 가이드 1천여 명 가운데 80%가 무자격자다. 자격증을 가지고 있어도 이를 활용치 못하는 것도 문제다.

별반 볼 것이 없는 것도 취약점이다. 태국처럼 보여 줄 것을 개발하여야 한다.

중국의 체통이 그러하듯이 중국의 관광객 또한 그 규모나 파급 면에서 파격적이다. 이것이 우리가 모르는 중국이다.

13억 5천만 인구에
자동차 1억 대 보유를 돌파한 나라

중국은 각 분야에 최고가 많다. 최고만 모은 책만도 수십 권 출간되어 있다. 그 기록이 자꾸 경신되고 있기 때문이다.

자동차를 예로 들면 감이 잡힐 것이다. 13억 5천만 인구를 가진 중국에 과연 자동차가 몇 대가 될지 궁금하다.

중국의 자동차 대수가 1억 대를 넘어섰다고 한다. 조사에 따르면

2011년 11월 기준 중국의 자동차 보유 대수가 1억 400만 대를 넘어 섰다. 2006년부터 2010년까지 5년 사이에만 5천만 대 늘어 자동차 대수는 급속도로 팽창하고 있다.

중국은 이제 세계 자동차 10억 대 중 10%를 차지하는 자동차 보유대국이 되었다. 미국은 2010년 기준 2억 4천만 대로 1위를 차지했고 중국이 2위로 올라선 것이다. 우마차가 주로 다니던 베이징 시내는 울긋불긋한 세계의 자동차들이 질주하고 있다.

내가 아는 중국의 한 부자는 벤츠 최고급만 5대를 보유하고 요일마다 바꿔 타고 다닌다. 또 아들, 딸은 폭스바겐, 패라리 등 고급차를 몰고 다닌다.

중국은 사회주의국가이면서 부자들이 많다. 중국 부자들은 호화저택에서 고급 자동차를 타며 사치와 향락에 젖어 살고 있다.

중국은 연간 신차 판매수로 세계 1위가 된 지 오래다. 세계의 각종 자동차회사들은 이 큰 시장에서 각축을 벌이고 있다. 하루 5만 대 꼴로 늘어나는 자동차 때문에 중국은 각종 골머리를 앓고 있다. 차량에서 내뿜는 이산화탄소 배출로 심각한 공해 현상을 보이고 있다.

늘어나는 자동차의 기름 탱크를 채우느라 전 세계 기름이 중국으로 모이고 있다. 2012년 기준 중국의 하루 석유소비량은 900만 배럴로 세계 전체 소비량의 10%를 차지했다. 세계에너지기구IEA는 2020년에 중국이 미국을 누르고 세계 최대 석유수입국이 될 것으로 내다봤다. 그만큼 기름을 제일 많이 쓰는 나라가 된다는 것이다. 한 보고서에 의하면 중국의 자동차 소비 추이가 에너지의 소비와 계속 비례하고 있다고 전망했다.

중국은 이 같은 세계의 우려를 감안해 최근 향후 10년간 전기차와 하이브리드 등 친환경자동차 개발 보급에 1천억 위안을 쏟아붓기로 했다. 2020년까지 전기차와 하이브리드 등 배터리 기반 자동차를 500만 대, 또 전기차가 상용화될 때까지 하이브리드차를 300만 대 보급한다는 계획을 세웠다. 가솔린차의 연비도 높이기로 했다. 그러나 잘 지켜지지 않고 있어 현재 목표치의 100분의 1 수준이다.

중국에서 인기 있는 차는 특수계층의 벤츠, 아우디, 폭스바겐, BMW 등이다. 부자들을 겨냥한 이들의 판촉전은 실로 놀랄 만하다. 일반 중산층에서 잘 팔리는 차는 소형차를 중심으로 토요타 자동차의 코로라를 벤치마킹한 토종기업 BYD의 F3와 제일기차의 샤리, GM상하이의 엑셀을 빼닮은 카이웨이 등이다. 한국차는 베이징의 현대 위에동이 인기가 높다.

중국의 자동차 산업은 더 발전할 가능성이 돋보이는 분야다. 세계의 자동차 회사가 눈독을 들이는 이유 중 하나다. 중국은 1980년대만 해도 자동차 산업은 불모지였다. 1990년 아시안게임을 치르기 위해 한국에 자동차 지원을 요청했었다. 그때 중국에 자동차를 무상지원하기 위해 뛰어다니던 기억이 새롭다.

중국은 인구가 많다 보니 무엇이든 규모가 크다. 자동차 시장만도 타이어 등 부품 산업은 자동적으로 발전하지 않을 수 없다.

자동차 하나로 광고, 모텔, 보험, 부품 산업, 액세서리 등 산업 전반을 부양한다. 예를 들어, 중국 13억 5천만 인구가 껌 한 통씩만 하루에 소비해도 13억 5천만 통이다. 스마트폰은 어떻고, 라면은 뭐라 설명하겠는가. 의식주 어느 하나 해당되지 않는 것이 없다. 단순논리겠지만 중국의 산업은 가능성이 무한하다. 그것이 오늘의 중국이다.

중화인민공화국이 공식 인정한 '中韓友好使者'

전 세계 6천만 화교 네트워크의 위력

중국의 화교는 중국 경제발전에 크게 기여했다. 화교가 없다면 오늘의 중국이 없었다. 화교는 생활력도 강하고 조국에 대한 충정심이 뛰어나다.

하지만 한국은 한때 화교를 멸시했었다. 한국에 화교가 처음 들어온 것이 청나라 때라고 한다. 항구인 인천에서 일하다가 눌러앉았는데 나중에는 천대를 받았다고 한다. 인천에는 아직도 자장면으로 배고픔을 달랬다는 중국인촌이 있다. 물론 서울에도 화교들이 많이 살고 있다.

그러나 1970년대 정부의 화교견제정책에 따라 화교들은 한국을 떠날 수밖에 없었다. 한국 정부는 화교들의 화합을 두려워했다. 그들의 힘이 무서워 세금을 과하게 부과하고 그들이 경영하는 술 공장들을 사실상 빼앗았다. 부평 등에 많이 있던 '빼갈' 공장은 지금은 거의 없다. 중국 사람들 일부만 한국에 남아 '중국집'을 하면서 살고 있다. 그들은 미국 샌프란시스코로 떠나 다시 자리를 잡았고 일부는 대만으로 가서 그 2세들이 관광 가이드나 마켓에서 일하며 살아가고 있다.

그 후 세월은 변했다. 화교들은 한국인들의 차별 속에서도 꿋꿋하게 살았다. 화교들은 2가지 언어를 완벽하게 구사했다. 다른 나라 사람들은 외국에서 오래 살면 모국어를 잊어버리지만 화교들은 어디에 가서 살아도 모국어를 잊지 않고, 그 나라 말도 유창하게 한다.

언젠가 중국 백화점에서 한국말을 잘하는 여종업원을 만났다. 어린 시절에 한국 대구에서 살았다고 했다. 아버지가 화교로 대구에서 중국집을 했던 것이다. 그리고 지금은 할아버지 고향으로 가서 살고 있다고 한다. 경상도 사투리를 써 가며 손님을 맞는 그녀를 한국 사람으로 보는 것은 당연했다.

화교들은 과거 한국 정부의 견제를 받아 한국에서는 힘을 못 쓰지만 다른 나라에서는 잘 살며 조국도 돕고 있다. 동남아시아, 미국, 유럽 등 세계에서 화교의 힘을 과시하며 잘 산다. 유대인보다 더 낫다고 할 정도다.

특히 동남아시아 국가에서는 화교가 경제의 중심에 서 있으며 화교 자본이 빠져나간다면 나라 자체가 위기에 빠질 정도다. 화교는 이런 능력으로 중국에 투자해 부익부 현상을 가속화하고 막강한 차이나 파워를 자랑하고 있는 것이다. 이는 매년 중국과 대만이 유치하는 외국인 직접 투자 중 각각 50%, 30%라는 통계자료에서도 확인할 수 있다.

중국의 경우 약 1천억 달러의 외국 투자 중 화교 자본이 절반 수준에 이르고 있다. 화교는 세계적으로 얼마나 될까? 정확한 숫자는 집계가 안 되지만 약 6천만 명에 이른다고 한다. 그중 3천만 명 정도가 동남아시아에 살고 있다. 이들은 인도네시아를 비롯해 태국, 말레이시아 등에 거주한다. 구체적으로 보면 인도네시아 650만 명, 태국 600만 명, 말레이시아 580만 명, 싱가포르 270만 명, 필리핀 250만 명, 베트남과 미얀마에 100만 명 정도 살고 있다.

싱가포르는 70%가 화교이고 말레이시아는 30%가 화교이니 중국인 빼고는 말이 안 된다. 싱가포르의 경우 국부로 여기는 리콴유李光耀 전 총리가 "중국을 사랑하며 중국의 지도자 시진핑을 존경한다"고 자주 말한다. 리콴유도 화교다.

화교의 존재가 경이로운 것은 분포 숫자보다 이들이 보유한 자본과 기술 등이 세계 우위에 있다는 것이다. 화교 자본은 5조 달러에 이른다. 중국이 한 해 벌어들이는 GDP와 맞먹는 수치다.

화교 네트워크는 세계에 거미줄처럼 퍼져 있다. 그리고 이들이 보유한 현금은 놀랍다. 1천억 달러는 하루 만에 구할 수 있다고 한다.

베이징에 본부를 두고 있는 세계화교연합회에 따르면 멤버들 중에 마땅한 투자처를 찾지 못해 쉬고 있는 자본이 많으며 투자처만 좋고 아이디어만 있으면 언제든지 투자하겠다고 대기하고 있다고 한다.

화교들은 중국의 외환보유고를 늘이는 데 큰 역할을 했다. 특히 동남아시아에서 많은 돈이 들어오며 액수는 2012년에만 400억 달러에 달한다고 한다. 동남아시아 화교 자본 중 대표적인 곳은 인도네시아다.

인도네시아 국가 부는 80%가 화교 자본으로 이루어졌다. 이 나라 최고 그룹인 살림그룹의 림쇼룡 회장을 비롯한 10여 명의 기업인들이 한 나라의 경제를 좌우하고 있다.

이 밖에도 태국 공주와 결혼한 태국의 굴지그룹인 화빈그룹의 옌빈 회장은 중국에 끊임없이 계속 투자하여 성공을 거두었다.

싱가포르 화교 컨소시엄도 성공 사례다. 서울시 절반에 가까운 장쑤성 쑤저우공업단지에 65%의 화교 자본이 투자되어 수출이 18년 만에 1천억 달러가 넘어섰다.

미국에서도 화교 투자는 늘고 있다. 미국은 400만 명의 화교가 있는 것으로 추산된다. 원래 미국의 화교들은 '쿨리'라는 이름으로 알려졌다. 19세기 후반 미국으로 흘러들어간 중국의 노동자들이 철도 건설 등에 종사하면서 이런 이름이 붙여졌다. 이들은 그 이름의 이미지를 벗고 100년을 거쳐 오면서 IT기업이나 금융업에 투자, 성공을 거두고 있다. 그래서 지금은 제2의 유대인으로 인식되고 있다.

이들은 주로 캘리포니아 실리콘밸리에 투자한다. 이곳에서 화교권 기업인들이 연 150억 달러의 매출을 올리고 있다. 야후의 창업자 제리 양楊致遠도 투자 성공을 거둔 재미화교다.

　　화교는 앞으로도 자기가 속해 있는 나라를 떠나 자신의 뿌리인 중국의 경제발전에 일익을 담당할 것이다. 이것이 우리가 모르는 거대 중국의 놀라운 현실이다.

　　　　　　　　　　중화인민공화국이 공식 인정한 '中韓友好使者'

제 10 장

대륙에서 몸으로 체험한
5천년 중화문명과 중화사상

나는 중국을 수백 차례나 드나들면서 중국인들과 깊은 우의를 맺어 왔을 뿐만 아니라 그 와중에 중국의 문화, 역사, 지리, 철학 등에 대해서도 열심히 공부했다.

중국인과 친해지려면 뭐니 뭐니 해도 중화문명이나 중화사상의 뿌리에 대해 잘 알아야 한다고 생각했다. 특히 중화문명이 한반도나 아시아권, 나아가서는 세계에 크게 영향을 주었으므로 그 고마움을 화두로 중국인과의 대화를 풀어 나가야 화기애애한 분위기에서의 교감이 이루어질 수 있다.

유교문화의 본산이 중국이라지만 그 영향을 중국보다 한국이 더 많이 받았다. 한국은 유구한 역사를 가진 중국이라는 문명고국과 이웃해 지내면서 오랜 세월에 거쳐 알게 모르게 대국권의 영향을 받아 왔다. 게다가 중화문명은 오랜 세월을 지속해 오면서 지금까지 한 번도 중단됨이 없이 이어져 왔기에 그 영향이 더 클 수밖에 없었다. 때문에 중국을 이해하고 중국에 다가가 중국인과 대화할 수 있으려면 중화문명에 대한 이해의 폭을 넓혀야 한다.

갑골문의 발견이 3천년 중화문명을 말해 준다면 후베이성(湖北省) 이창(宜昌), 양쟈완(楊家灣)에서 발견된 부호조각은 6천년 전으로 거슬러 올라가고, 허난성(河南省) 우양(舞陽), 자후(賈湖)에서 발견된 결각부호는 7천년 전의 중화문명을 암시해 주고 있다. 뿐만 아니라 랴오닝성(遼寧省) 푸신(阜新), 차하이(査海)에서 발견된 '여신묘'와 동을 제련하던 감과 조각은 중화문명사를 8천년 전으로 끌고 가 고대 이집트, 바빌론, 인도문명과 동일한 출발선에 서게 했다.

실로 중화민족은 거인이고, 중화문명을 그 거인의 영혼이라고 해도 과언이 아니다. 뿐만 아니라 중화문명이라는 이 거대한 영혼을 빚는 데 크나 큰 기여를 한 노자나 공자, 장자, 묵자, 한비자 등 성현들을 무한히 존경한다. 이런 중화사상의 정수를 정립해 온 성현들을 알아야만 그 문명이 어떻게 중화 대지에 뿌리 내리게 되었는지를 알 수 있게 된다.

중화문명의 핵심은 중국의 전통적인 우주관과 정체성을 유지하는 도덕 가치관에 있다. 또한 그것이 한국을 비롯한 동아시아권에 심원한 영향을 미쳤기에 중국인과 한국인, 나아가서는 동아시아 여러 나라들 전통 우주관과 윤리, 도덕관이 근원적으로 거의 일치할 수밖에 없다.

중국인의 전통 우주관의 뿌리는 무엇일까

'세계'라는 단어와 그 개념은 불교에서 왔지만 고대 중국에서는 흔히 '우주'라는 단어를 사용하여 무궁무진한 세상의 시간, 공간과 만물을 지칭하였다.

중국 고대 철학가들은 우주에 대해, 그리고 우주와 인류의 관계에 대해 깊이 있는 연구를 해 왔다. 그들은 최초에 '우주는 초자연적인 산물, 즉 신의 의지로 생겨난 것으로서 신의 지배를 받는다'고 여겼다. 그러다가 춘추전국시대에 처음으로 초자연적인 힘이 아닌 자연계 자체에서 출발하여 우주를 해석한 노자老子라는 사상가가 출현하면서 중화사상의 핵인 전통 우주관이 바뀌게 된 것이다.

중국과의 잦은 접촉을 가지면서 제일 처음으로 읽었던 책이 노자의 『도덕경道德經』이었다. 『도덕경』은 읽으면 읽을 수록 샘이 우러나오는 책이다. 중화사상을 익히는 데 결정적인 영향을 준 책이다.

노자는 성이 이李 씨이고 이름이 '이耳'이나 한때 주周나라 수장실守藏室의 관리지금의 도서관 관장에 해당함로 있으면서 일반인에게는 공개되지 않은 전적典籍: 문화적 가치가 높은 고서과 문화유물들을 대량 접촉하면서 풍부한 지식을 쌓아 나라의 흥망성쇠를 훤히 꿰뚫었고 장고掌故에 익숙하고 국가의 예법과 예식에 정통하였으므로 노자라고 불리게 된 성인이다.

어느 날 공자孔子가 가르침을 받으러 몇 살 위인 노자를 찾아간 적이 있다고 한다. 그날 노자는 공자에게 부디 겸손하고 신중하며 교만하거나 조급하지 말 것을 충고했다고 한다.

후세에 노자의 도학道學 후학들과 공자의 유학儒學 후학들이 나라를 다스리는 법을 두고 치열한 논쟁을 벌였지만 두 성인만은 개인적으로 친분이 꽤 깊었고 서로를 존중했다고 한다.

훗날 황실에서 왕위를 쟁탈하는 내란이 일어나자 노자는 화를 피해 은둔했다가 서쪽의 진나라로 가는 길에 올랐다고 한다. 노자가 함곡관函谷關을 지나다가 관령關令 윤희尹喜를 만났는데 그가 노자를 연금하고 글을 남겨 줄 것을 요구했다고 한다. 이에 노자는 『도덕경』이라고도 불리는 저서 『노자老子』를 썼다고 한다.

노자는 "도道는 천지 만물을 이루는 근원이고 시작도 끝도 없다. 도가 곧 자연이고 자연이 곧 도이다"라는 주장을 폈다. 도는 그 자체가 곧 존재이며 다른 사물의 의지에 따르거나 지배를 받지 않는다는 얘기다. 도는 무한하고 무처불재無處不在하며 무처불유無處不有한 것이기도 하다는 것이다. 도에서 만물이 생겨나고 우주의 물체는 모두 도에서 온 것이란다.

노자는 또 우주는 하나의 큰 고리로서 그 고리 속에는 움직이는 기氣가 충만해 있다고 주장했다. 큰 행성에서 극히 작은 입자에 이르기까지, 강산과 대지, 초목과 짐승 등은 모두 그 고리 속의 기가 변하여 만들어졌다는 것이다. 즉, 자연에서 왔다는 뜻이다. 천제天帝도 신지神祇도 없고 자연을 초월할 수 있는 그 어떤 힘도 없다. '도'에는 아무것도 존재하지 않는다. 이러한 지혜로운 천도天道의 자연관은 바로 지금으로부터 2천500년 전에 생겨난 것이다.

노자의 견해에 따르면 인류는 자연계의 산물이고 자연계의 일부분이다. 즉, "천지가 생겨나고 만물이 생겨났고 만물이 생겨나고 남녀가 생겨났으며 남녀가 생겨난 후 부부가 생겨났다"는 것이다.

노자는 '도법자연道法自然', 즉 도가 자연을 본받는다는 뜻을 빌어 우주의 모든 것이 '자연'이라는 본성을 지닌다는 이치를 설파했다. '성인聖人', 즉 훌륭한 통치자가 '도를 지킬守道' 경우 신하와 백성들은

'자연'의 본성에 따라 교화를 받고 복종한다는 주장은 노자의 '도법자연'의 사상을 나타내고 있다.

이상적인 사람들이 이상적인 집단을 형성하고 이상적인 집단이 이상적인 사회를 형성하며 이상적인 사회가 생생한 자연계와 반듯한 우주를 만든다는 지론은 아름다운 세상에 대한 인류의 동경이기도 하다.

노자의 '도법자연' 학설에서 인류는 자연계로부터 받으려고 하지 말고 자연의 법칙을 준수해야 한다는 논리를 추리해 낼 수 있다.

자연법칙을 파괴하고 위반하는 모든 언행은 인류사회에 큰 재난을 가져다준다. '천리와 민심을 따르는順天應人' 사상은 중국 전통 우주관에서 보여지는 주관 관념과 중화사상을 구성하는 사상적 기반이다.

장자庄子의 '천인합일天人合一'의 사상에는 하늘을 존중하고 백성을 보호하는 의지가 짙게 깔려 있다. 중국인은 예로부터 사람을 중히 여겼었다. 사람을 하늘과 같이 보았으며 사람은 하늘의 노예가 아니라 하늘의 주인이면서 일부분이라고 보아 왔다.

말하자면 하늘과 사람은 상호 조화를 이루어야 한다는 것이다. 사람은 천리에 순응하고 자연계의 법칙을 파괴하지 말아야 한다는 것이다. 장자는 "봄에는 초목이 자랄 수 있도록 삼림에 도끼를 가하지 말며 여름에는 물고기들이 노닐 수 있도록 강과 호수에 그물을 던지지 말아야 한다春三月, 山林不登斧, 以成草木之長; 夏三月, 川澤不入網罟,以成魚鱉之長"면서 자연을 보호할 것을 주장했다. 장자는 사람들이 새, 짐승, 벌레, 물고기 그리고 산천초목과 조화롭게 어울려 사는 아름다운 사회를 지향했다고 한다.

노자와 장자의 학설이 오늘날 '환경보호론'의 시초였다고도 할 수 있다. 그런 차원에서 '도가 자연을 본받고', '도가 도를 본받는' 사상

중화인민공화국이 공식 인정한 '中韓友好使者'

이 얼마나 지혜로운 것인지에 대해서는 아무도 부인하지 못한다.

노자와 장자의 학설은 아름다운 사회에 대한 중국 성현들의 이상을 펼쳐 주었고 인류와 자연의 관계에 대한 연구에서 고대 중국인들이 매우 높은 경지에 달하였음을 보여 주고 있다.

이론적으로 볼 때 중국 성현들의 우주관에는 치밀하지 못한 부분도 있지만 고대 철학사상 정립의 각도에서 볼 때 그들이 이룩한 사상적 경지와 후세에 남긴 영향은 매우 크다.

중화문명이 추구해 온 '이상적 사회학설'

오늘날 중국이 주창해 온 '조화로운 사회和谐社会' 이론과 '민생民生 정치'의 사상적 근원은 중화사상과 중화문명의 정수를 만들어 낸 노자와 장자, 묵자墨子, 한비자韓非子, 공자의 학설에서 왔다고 생각한다.

노자는 무위이치無爲而治로, 장자는 천인합일天人合一로, 묵자는 겸애兼愛와 비공非攻으로, 한비자는 법法, 술術, 세勢의 결합으로, 공자는 '대동세계大同世界' 학설로 인류의 이상을 제시해 왔다. 그중 가장 이상적인 사회가 유가 학설을 기반으로 한 '대동세계설'이 아닌가 싶다.

춘추전국시기 제자백가諸子百家들은 모두 이상사회에 대한 자기의 주장을 제기했다.

장자는 노자의 사상을 이어받은 한편 그것을 더욱 발전시켜 "자연에 순응해야 한다"는 이상사회 논리를 제기했고, 묵자는 2천여 년 전에 지금의 박애주의에 맞먹는 "겸애와 비공을 실시해야 한다"는 이상사회설을 주창하였다. 그리고 한비자는 법, 술, 세의 3자를 결합시켜 이상적인 사회를 만들어야 한다고 주장했다.

중국의 전통문화에서 이상사회에 관한 학설의 주요 유파는 공자가 창립한 유가학설이었다.

공자는 가장 아름답고 이상적인 사회는 '대동세계', 즉 수많은 개체들이 합리적인 질서를 통해 구성된 통일되고 조화로운 사회라고 주장했다. 이 사회에서 사람들은 모든 재주를 남김없이 발휘할 수 있고 노인들은 돌아갈 곳이 있고 아이들은 보살펴 줄 곳이 있어 즐거움이 끝이 없다고 하였다. 이러한 이상사회는 오늘날 현대인들이 희망하는 바이기도 하다.

공자 학설의 핵심은 '예禮'와 '인仁'이다. '예'는 정치질서이고 행위규범인 동시에 '대동세계'의 질서를 구체적으로 구현한 것이다.

'인仁'은 최고의 도덕규범으로서 '예'의 영혼이라고 할 수 있다. 이는 인간관계에서 반드시 필요한 기준으로서 사람들이 서로 사랑해야 함을 나타낸다. 공자사상의 최고 경지가 되는 '인'은 인간의 세계관, 인생관, 윤리관, 인격, 심리구조와 사상적 경지를 규정하는 핵심 범주이다.

공자는 '대동세계'라는 '이상사회설'을 주창하면서 인간은 반드시 질서를 유지해야 한다고 주장했다. '군군君君: 임금은 임금다워야 하고, 신신臣臣: 신하는 신하다워야 하고, 부부父父: 아버지는 아버지다워야 하고, 자자子子: 아들은 아들다워야 한다'. 즉, 임금과 신하, 아버지와 아들은 각자의 신분에 맞게 도덕 원칙과 예의를 지키고 자기의 신분에 걸맞지 않는 욕망과 언행을 자제해야 한다는 것이다. 이것이 바로 '극기복례克己復禮: 자신을 억제하고 예의에 맞게 행동하라'이다.

보다시피 유학의 '이상사회설'에는 가혹한 정치와 폭군이란 용납될 수 없었다. 그들은 조화로움과 질서를 강조하고 인애仁愛가 있고 예를 지킬 것을 주장했다.

'군자는 화이부동和而不同이요, 소인은 동이불화同而不和이다'는 말처럼 개성을 존중하면서 조화로움을 만드는 사람은 '정인군자正人君子', 즉 마음씨가 올바르고 학식과 덕행이 높고 어진 사람이고, 동일성을 위해 개성을 홀시하거나 말살하는 사람은 소인배, 즉 정파답지 못한 사람이라고 치부하여 왔다.

고대 중국에서 영향력이 가장 컸던 사상가는 공자이다. 그가 주장해 온 '삼강오륜三綱五倫'사상은 한국을 비롯한 동남아시아 각국에 전파되어 심원한 영향을 끼쳤다. 특히 한국의 경우, 이 씨 조선시기에 유교가 국교가 되었고 사람들의 생활 방식과 가치관에도 유교문화의 뿌리가 깊이 내려졌다. 유교가 비록 중국에서 생겨났지만 유교의 영향은 한국이 중국보다 더 깊다고 감히 말한다. 한국인들은 예로부터 공자를 대성인으로 추대해 왔고 지금도 여전하다. 따라서 오늘날 한국에는 공자를 숭배하고 연구하는 사람들이 수없이 많으며 곳곳에 공자학원에 세워져 운영되고 있다. 해마다 수만 명의 사람들이 중국에 와서 공자를 참배하고 있다.

공자는 한국과 중국의 교류, 우의 증진에 큰 기여를 한 위대한 성인이다.

중국인의 전통 윤리와 도덕, 가치관

중국의 전통 윤리와 도덕, 가치관은 우연이 아니라 중국인들의 전통적인 우주관과 이상사회에 대한 추구에서 생겨났다. 그 뿌리는 공자의 '인'과 맹자孟子의 '의義'에 있다.

윤리란 인간관계에서 지켜야 할 준칙과 가치척도, 도덕규범을 말한다.

중국의 성현들은 사회의 가장 기본적인 요소는 가정이고 가정은
바로 혈연관계를 기초로 성립된 것이라고 했다. 이에 따라 부자父子
관계는 인간관계에서 가장 핵심적인 부분이 되었다. 여기서 부자父子,
부부夫婦, 군신君臣, 장유長幼, 친우朋友관계가 생겨난다는 것이다. 부자,
부부, 군신, 장유, 친우 간의 관계를 뜻하는 오륜五倫에 사회의 각종
인간관계가 거의 모두 포함되어 있다.

중국에서의 오륜에 대한 개괄은 2천년 전에 행해졌다. 이는 천재
적인 논술과 지혜로운 총화가 아닐 수 없다. 현대사회에서도 인류사
회의 각종 관계는 대체적으로 이 오륜에 귀결시켜 풀이하고 있다.

서방문화에서는 오륜이라는 관념이 별로 적용되지 않는다. 서방사
람들은 언제나 개체의 형태로 가정과 집단 그리고 사회와 어울린다.
서방문화는 개개인의 개체적인 자유와 권리를 존중한다.

오륜에 대한 규범은 사회에 따라 발전·변화하고 보충되었지만 대
체적으로 '화和'의 원칙과 '인'의 기준을 따랐다. 다시 말해 오륜은 조
화와 융합을 우선으로 하고 서로 사랑하고 사이좋게 지낸다는 뜻을
이어 왔다.

조화로운 오륜은 조화로운 사회를 구성하게 돼 있다. 그러므로 윤
리관은 이상사회에 대한 고대 중국인들의 가장 구체적인 구상이라
고 볼 수 있다.

윤리의 가치 기준은 도덕을 판단하는 척도이다. 윤리 기준에 대한
위반은 비도덕적인 것으로서 사회로부터 비판을 받게 된다. 중국이
수천 년 넘게 지속될 수 있었던 까닭은 상대적으로 안정된 우수한
도덕관과 윤리관이 존재했기 때문이다.

공자는 민족과 사회도덕의 핵심과 최고 기준을 제기하였는데 이

것이 바로 '인'이다. 이 기준을 통해 가치 기준의 규범화를 시도했다. 공자의 시도는 대중의 마음속에 깊이 파고들었다.

맹자는 이를 토대로 새로운 발전을 도모하려 했다. 그는 '의'를 민족도덕의 핵심과 최고 기준으로 정하자고 주장했다. 이 주장은 그후 2천년 간 중화민족이 도덕을 준수하는 기준이 되었다.

공자의 '인'은 폭군의 가혹한 정치에 대한 비판을 유도할 수 있는데 비해 맹자의 '의'는 폭군을 '죽일 수 있다'는 논리로 발전했다.

유학의 '예와 의, 부끄러움과 수치심은 나라를 받치는 사유四維이다. 이 사유가 바로 서지 않으면 나라가 망한다'고 주장했다. 맹자는 '사유'를 오덕五德, 즉 인仁, 의義, 예禮, 지智, 신信으로 발전시켰는데 그핵심은 '의'라고 했다. '의'는 곧 정의正義이고 합리적이고 정확한 준칙이다. 이러한 준칙은 시대의 변화에 따라 변하기도 하지만 사대적으로 안정된 것이다. 맹자는 '의'를 위해서라면 목숨도 바칠 수 있어야 한다고 했다. 이에 따라 '사생취의捨生取義: 정의를 위해 목숨을 바치다'라는 최고의 행위준칙이 생겨나게 되었다. 한 사람이 이러한 추구를 지니고 있다면 그는 곧 고상한 사람이고 한 민족에게 이러한 추구가 있다면 그 민족은 위대한 민족이라고 했다. '사생취의'는 원칙을 생명보다 더 중히 여기었는바, 중화민족이 숭고한 개성을 추구하는 데중대한 영향을 끼쳤다.

'의'가 핵심으로 되면서 중국인들은 모든 미덕을 '의'에 귀결시켜왔다. 말하자면 '신의信義', '충의忠義', '염의廉義', '덕의德義' 등이다. '의를 중히 여긴다重義'는 것은 중화민족의 도덕과 절개를 판단하는 기준이 되어 '이익을 중히 여긴다重利'는 것과 대립을 이루었다.

조화와 융합을 우선으로 서로 사랑하고 사이좋게 지내야 함을 주장하고 그것을 민족과 사회도덕의 최고 준칙으로 삼은 공자의 '인'과 중화민족의 숭고한 개성을 추구하는 데 중대한 영향을 미친 맹자의 사생취의사상이 중국 전통의 윤리관과 도덕관의 바탕이다. 그것이 오늘까지도 이어 오고 있다. 특히 중국 정부에서 지금 제창하고 있는 '조화로운 사회이론'이 공자의 '인'과 '대동세계'사상을 많이 담고 있다.

다원일체의 중화문명과 그 특징

중화문명이 어느 한 문화지역을 중심으로 생겨나서 곳곳에 전파·복사된 것이 아니라 960만 제곱미터 곳곳에서 수많은 별처럼 생겨나 찬란한 문화로 빛을 발했다.

그 반짝이는 중화문화의 별세계를 구도적으로 크게 구분한다면 황하문화권, 장강문화권, 남방문화권, 북방문화권, 서남문화권으로 나눌 수 있다.

황화문화는 6천년 전 구석기시대에서 시작되어 천여 년 간 지속되어 온 칭하이青海, 깐쑤 일대에서 산시陝西, 싼시山西, 허난 일대를 아우르는 문명권이다.

장강문화는 중화문명의 가장 중요한 구성 부분이다. 세계적으로도 가장 이르게 벼농사를 해 온 후난湖南 풍현豊縣의 도작문화, 여요余姚의 하모도河姆渡에서 발굴된 양잠업문화, 양저良渚에서 발굴된 모시 직물문화, 하모도에서 발굴된 7천년 전의 누대식干栏式 건축문화 외에도 쓰촨성四川省 싼성두이三星堆에서 발굴된 청동문화, 청두成都에서 발굴된 금사金沙문화에 이어 장강유역의 옥석문화가 나타난다.

선비鮮啤, 유연柔然, 돌궐突厥, 거란, 여진女真, 몽골蒙古권의 문화를 포함한 중국 북방의 광활한 초원문화나 광둥廣東, 광시廣西지역의 백월百越과 민월閩粵문화권에 속하는 중국 고대의 남방문화, 그리고 중국에서 구석기시대의 문물이 가장 많이 출토된 윈구고원 선민들이 창조한 윈난雲南, 구이저우貴州, 티벳지역의 서남문화권도 있다.

이와 같은 중국의 다문화 발상지의 문화유적들이 하나의 중화권으로 다원일체를 이루어 가는 와중에 노자나 공자를 비롯한 고대 성현들의 철학이 가미된 중화사상을 내놓아 다문화의 중화문화권을 더더욱 풍부하게 했다.

하지만 다원일체의 중화문명, 그것은 중국을 사랑하는 한 외국인의 시각으로 이해하기에는 너무나도 거대한, 북극이나 남극의 얼음산 같다. 양이 보이면 음이 안 보이고 음이 보이면 양이 안 보이는 그 끝이 안 보이는 빙산의 일각을 알고 중국을 안다고 할 수는 없다.

이런 중화문명이 가지고 있는 특징을 알고 중국과 대화하고 교류해야 서로를 이해하는 데 도움이 된다. 중화문명은 세계적으로도 유일하게 꾸준히 이어져 온 연속성의 문명인데다, 내부적으로는 지속적으로 융합을 시도해 왔고 또 다민족의 통일된 국가정권이 주류로 유지돼 오면서 끊임없이 분쟁이 있었지만 외부적으로는 평화 공존의 원칙을 견지하며 강한 응집력을 보여 주었다.

오늘날 중국의 초고속 발전은 바로 이러한 중화문명의 특징에서 기인된 것이다.

문화민족의 강한 자부심과 체면

유구한 역사와 전통을 가지고 있는 중화민족은 스스로의 문화에 대해 강한 자부심을 갖고 있다.

예로부터 중국의 자연조건은 중화 민족으로 하여금 자신들이야말로 이 세상 한가운데 떡하니 서서 세상을 호령해 갈 민족이라는 자기중심적인 우월감을 갖게 했다. 그래서 늘 지상의 중심, 세계의 중심, 지구의 한복판에 자기들이 서 있다는 초현실적인 중화사상을 가지게 됐다.

그러한 자기중심적인 문화적 자부심과 자만에 가까운 우월의식이 어딘가 모르게 표출되어 '만만디 중국인'이 있게 한 것이 아닌가 생각해 본다. 그들은 광활한 대륙의 중원지역은 하늘이 자신들에게 부여한 영역이라고 믿고 있다.

그러다보니 자연히 주변에 거주하는 여러 민족들을 눈에 차 하지 않는 거만함도 거리낌 없이 내보였다. 이 땅에서 우리가 큰 형님이니, 큰 형님의 사랑을 받으려거든 아우들이 살갑게 굴면서 스스로 다가서라는 것이다.

이러한 오래된 중화사상과 중화문명이 낳은 민족적 자부심과 우월감이 중국인들로 하여금 체면이나 명분을 중시하게 했다. 때문에 중국인과 만날 때는 반드시 중화문명과 중화사상의 우월성을 화두로 내세워 되도록 그들의 체면面子을 세워 주면서 화제를 풀어 나가야 한다. 반면에 괜히 이상한 얘기를 들춰 내어 자존심을 상하게 하거나 또 약점을 끄집어내어 기분을 잡치게 하거나 그들이 중시하는 체면을 구겨지게 했다면 다시 회복하기 어렵다.

중국인들이 특히 체면을 중시하는 건 과거 중화사상에 젖어 있던 향수와 함께 사회주의 혁명에 의한 평균주의 사고방식에 의해 더 심화되었다.

이런 중국인들의 자기중심적인 사상이 어딘가 모르게 굳어져 잘못을 저지른 경우에도 좀처럼 "미안하게 되었습니다. 용서해 주십시오"라는 표현은 거의 하지 않는 거만한 민족으로, 모든 걸 자기중심적으로만 생각하게 하는 민족으로 만들었다. 그들은 누구에게든 숙이고 들어가는 것을 싫어했고 그 자체가 체면을 구기는 일이자, 손해를 보는 일이라고 생각했다.

대신 그들은 일상생활에서 "괜찮습니다没关系," "별거 아닙니다啥也不是," "미안할 거 없습니다不客氣"라는 표현은 꽤 많이 한다. 그런 표현은 진정성보다는 어딘가 자신들의 대범함과 넓은 흉금을 앞세운 일종의 체면 유지를 위한 표출인 것이다.

제 11 장

중국인의 기질을 알아야
진정한 중국을 안다

중국인의 기질에는 고대 중국인들로부터 물려받은 문화적·사상적 요인들이 많이 남아 있다. 중국인을 이해하려면 중국인의 기질을 만든 역사적 배경과 사회적 배경에 대해 알고 넘어가는 것이 중요하다.

중국 역사에서 최대의 이데올로기로 군림해 온 사상이 바로 유가사상이다. 그 중심이 공자의 『논어(論語)』이고 논어의 핵심은 '인'(仁)이다. 맹자 때에 와서 유가사상은 공맹지교로 집약되고 맹자는 공자의 인을 '의'(義)로 계승하고 발전시킨다. 인과 의는 고대 중국인의 기질에 큰 영향을 끼쳤으며 현대 중국인들의 기질에도 여전히 사상적 바탕이 되고 있다.

노자도 고대 중국인들의 기질에 큰 영향을 주었다. 동양사상의 정체성이 어떤 의미에서 보면 『논어』에서보다는 『노자』에서 더 분명히 드러나 있다. 『노자』에서 말하는 이른바 도(道)의 중심은 자연을 본받음을 의미하는 것이고 자연에로 회귀하는 것을 의미하는 것이라 하겠다.

장자도 중국 사회에 큰 영향을 준 사상이다. 그 핵심은 절대적인 자유이고 초탈이다.

중국의 고대 철학에서 논어와 노자가 주되는 사상적 바탕이었다면 장자, 묵자, 순자, 한비자는 그 주되는 사상적 바탕을 만드는 데 떡잎으로 작용했다. 순자는 '법가'(法家)의 시조(始祖)로 하늘은 단지 하늘일 뿐이라고 주장하면서 종교적인 천(天)과 인격화된 천(天)을 반대했다면 그 법가의 사상을 집대성한 한비자는 과거보다는 현실을 중시했고 성악설(性惡說)을 주장했다.

불교도 중국 사회에 막강한 영향을 주었다. 동한(東漢)시기에 중국에 들어온 불교는 점차 중국문화의 곳곳에 스며들어 중국문화의 어디에서도 불교의 흔적을 찾을 수 있다.

중국인에 대해 똑바로 알자면 우선 중화사상의 밑거름이 되어 온 중국의 고대 철학에 대해 알아야 한다.

중국인의 기질과 중국의 고대 철학

배움을 우선시한 유가사상

『논어』의 첫 부분 「학이편學而篇」에 나오는 구절이다. "배우고 때때로 익히니 어찌 기쁘지 아니하랴. 먼 곳에서 벗이 찾아오니 어찌 즐겁지 아니하랴. 사람들이 알아주지 않아도 노여워하지 아니하니 어찌 군자가 아니겠는가學而時習之不亦說乎, 有朋自遠方來不亦樂乎, 人不知而不慍不亦君子乎."

여기서 벗을 즐긴다는 내용과 자신의 낙관을 말한 듯하지만 그 핵심은 '배움'이다. 공자는 '배움'을 살아가는 데서 가장 중요하게 여겨 왔다. 그 배움의 내용이 유가사상의 핵심인 '사유팔덕四維八德'이다. 사유는 예禮, 의義, 염廉, 치恥이고 팔덕이란 충忠, 효孝, 인仁, 애愛, 신信, 의義, 화和, 평平을 말한다.

공자는 중국인들에게 사유팔덕을 익힐 것을 호소했을 뿐 아니라 자신이 솔선수범하여 사유팔덕을 빈틈없이 지키며 살아온 성인이라고 할 수 있다. 이런 사유팔덕이 수천 년을 내려오는 동안 중국인들의 폐부에 깊숙이 뿌리 내린 것이다.

한국이 예로부터 동방예의지국이란 말을 듣는 것 역시 중국의 유가사상을 받아들여 계승하고 발전시켰기 때문이다. 사실상 삼강오륜三綱五倫과 같은 사상의 영향은 오늘날 한국이 중국보다 더 짙다고 볼 수 있다.

노자의 '도법자연론', 스스로 만족하고 즐기라

『노자』를 읽고 고대 중국인들이 우주는 초자연적인 산물이고 신의 지배를 받는다고 여겨 온 줄을 알았으며 처음으로 초자연적인 힘이 아닌 자연계 자체에서 출발하여 우주를 해석한 사람이 춘추시대의 사상가 노자였음을 알았다.

노자사상의 핵심은 앞으로 나아가는 것이 아니라 근본으로 돌아가야 한다는 것인데 그 돌아가야 할 곳이 자연이라는 것이다. 여기서 말하는 자연이란 문명에 대한 야만의 개념이 아님은 물론, 산천山川과 같은 대상으로서의 자연을 의미하는 것도 아니다. 노자의 자연은 천지인天地人의 근원적 장소를 의미하는 큰 개념이다.

노자는 다음과 같이 설파했다. '도道'는 천지만물을 이루는 근원이고 시작도 끝도 없다. '도'가 곧 자연이고 자연이 곧 '도'이다. 도는 그 자체가 곧 존재이며 다른 사람의 의지에 따르거나 지배를 받지 않는다. '도'는 무한하고 '무처불재, 무처불유無處不在, 無處不有: 존재하지 않는 곳이 없고, 있지 않는 곳이 없다는 뜻'의 것이다. '도'의 운행은 자유롭고 필연적인 것이며 완전히 자연의 법칙에 따라 결정된다. '도'에서 만물이 생성되고 우주의 물체는 모두 '도'에서 온다. '도'는 우주를 산생시키는 어머니이다.

노자는 도법자연道法自然: 도가 자연을 본받는다을 빌어 사회와 사람을 포함하는 우주의 모든 것들이 자연이라는 본성을 지닌다는 도리를 설명했다. 노자는 '도법자연'의 학설로부터 인류는 자연계로부터 받으려 하지 말고 자연의 법칙을 준수해야 한다는 관점을 추리해 낼 수 있다고 했다.

한편 노자는 '도법자연론'에서 세상에서 벗어나라고 강조했다. 노자가 가장 중요시한 것은 "매사에 다투지 말고無爭 족함을 알라知足"였다. 그리하여 "화를 피하기 위해 족함을 알고 남보다 두각을 나타내려 하지 말며 스스로 낙을 즐기라避禍知足, 不出人頭地, 自安其樂"고 강조했다. "족함을 알고 항상 기뻐하라知足常樂," "가난함 속에서 편안함을 즐기라安貧樂道"와 같은 경구는 훗날 중국인들의 중요한 사상이 된 것은 물론 한반도에도 큰 영향을 미쳤다.

맹자의 의(義)와 민본사상

맹자는 공자의 인仁을 의義의 개념으로 발전시킨 사람이다. 그는 이利보다 의義를 중요시해 왔다.

고대 중국사에 결의형제 이야기가 많이 나오는데 모두가 의와 충忠으로 연결돼 있다. 중국 영화를 보다 보면 "내가 한 일은 내가 책임진다一人作事一人當"라는 말이 자주 나오는데 이것도 의라고 할 수 있다. 대표적인 것이 『삼국지』에 나오는 유비, 관우, 장비의 이야기와 『수호전』에 나오는 108명 영웅들의 이야기이다. 의는 오늘까지도 면면히 맥을 이어 오면서 중국인들의 성격 기질에 영향을 미치고 있다.

맹자사상의 두 번째 핵심은 여민낙장與民樂章이다. 백성들과 함께 기쁨을 즐긴다는 것이다. 여기에는 맹자의 민본사상民本思想이 집약되어 있다. 맹자는 이렇게 말했다.

"한 국가에서 가장 귀한 것은 백성이다. 그 다음에 사직社稷이며 임금이 가장 가벼운 존재이다."

맹자의 민본사상은 오늘날의 민주주의와도 맥을 같이하며 중국공산당이 일관되게 주장하는 "인민을 위해 복무하자爲人民服務"와도 일맥상통한다.

장자의 소요(逍遙), 절대적 자유와 초월

인간의 자유를 제창함에 있어서 노자와 장자는 견해가 같았지만 장자가 노자에 비해 더 철저하였다. 장자의 이상은 사람이 천지와 혼연일체가 되는 것으로 진정한 의미의 인간이 되기 위해서는 영욕榮辱과 인의仁義도 필요 없고 모든 것을 탈피해야 하며 심지어 자신의 육체까지도 잊어버려야만無己 진정한 인간이 될 수 있다고 강조했다.

장자의 궁극적인 주장은 철저한 자유와 해방이었다. 인간의 삶 위에 군림할 수 있는 어떠한 가치도 존재할 수 없다는 것이 장자사상의 핵심이다. 사회적 법규 앞에서 자유를 추구하던 일민逸民들의 경물중생經物重生, 즉 개인적인 생명존중론이 양주학파楊朱學派에서 크게 고조되었는데 이 양주학파의 사상을 철학적으로 발전시킨 것이 장자이다. 장자의 사상은 유가사상과 완전히 분리된다. 장자는 권력 그 자체를 부정하였다. 유가사상의 바탕이 현실적이라면 장자사상의 바탕은 초현실적이며 유가사상의 중심이 '자기를 수양하고 사람을 다스리는 것修己治人'이라면 장자사상의 핵심은 '억지로 무엇을 하지 말고 자연의 순리에 따라 사는 것無爲自然'이다. 유가의 가장 대표적인 비유가 '인간이 만물의 영장'이라면 장자사상은 '마음을 비우는 것'이다. 이 면에서 장자사상은 불교와도 통한다.

장자는 정신적 자유라는 기치를 들고 표방함으로써 인간의 삶을 한 단계 더 높은 차원으로 승화시켰다. 장자의 절대적 자유와 철저한 초탈의식은 지배계급의 배척을 받았지만 백성들한테서는 환영을 받았다. 당시는 자유를 박탈당한 노예계급이 대다수였기 때문이다. 그러나 장자의 절대적 자유의 이념은 당시 지배계급의 세력이 막강하고 유가의 반발이 강했기에 실현될 수 없었다.

노장지도老莊之道에는 부정적인 면도 적지 않다. 명철보신明哲保身이 대표적이다. 노장지도에서는 자신에게 위험이 닥치는 일에는 관여하지 말라고 주장하고 있다. 그러한 사상이 오늘까지 이어져 중국인들에게 심원한 영향을 끼쳤다. 지금도 적지 않은 중국인들은 약자가 피해를 당하거나 비정한 일을 하는 것을 보고서도 모르는 척하는 경향이 비일비재이다. 이러한 정신적 폐단은 전적으로 명철보신 철학의 영향이 아닐까.

유교사상은 주로 정치, 경제, 윤리 등 실질적인 분야에서 막강한 영향력을 발휘하였다면 노장사상은 예술과 문화 분야에 많은 영향을 미쳤다고 볼 수 있다. 또 유가사상이 지배계급의 이념이었다면 노장사상은 피지배계급의 이념이었다.

묵자의 겸애와 반전평화사상

공자가 춘추시대의 사상가라면 묵자는 전국시대 최초의 사상가이다.

묵자의 철학에서 가장 중요한 것이 겸애와 반전평화사상이다. 묵자는 겸애兼愛라는 보편적인 박애주의와 교리交利라는 상생相生의 이론을 내놓았다.

"사회의 혼란은 모두 서로 사랑하지 않게 때문에 생긴다天下之亂物, 皆起不相愛"는 그의 교리는 지금 되새겨 봐도 참으로 명언이다.

묵자는 천하 사람들이 서로 사랑하지 않으며 나라와 나라가 싸우고 집안끼리 다투고 사람들 사이가 적이 되고 군신, 부자, 형제 간에 불충과 불효가 생겨 천하가 크게 어지러워진다고 했다. 묵자는 또 "강자가 약자를 누르고 부자가 가난한 사람을 능멸하고 귀한 사람이 천한 사람에게 오만하며 간사한 자들이 어리석은 사람을 속이며 천하의 우한과 찬탈이 생겨나는 근본 원인이 서로 사랑하지 않은 데 있다"고 주장했다.

묵자의 겸애는 어느 하나만을 사랑하는 별애別愛의 개념이 아니다. 겸애는 세상의 모든 사람을 차별 없이 똑같이 사랑하라는 것이다. 즉, 평균주의와 박애주의를 말한다. 이처럼 묵자는 2천년 전에 박애주의를 설파했다.

묵자는 또한 전쟁을 반대하고 평화를 주장했다. 반전론과 평화론은 싸움으로 혼란스러운 오늘의 세계에도 시사하는 바가 크다.

묵자는 「비공非攻」에서 이렇게 말한다.

"사람을 죽이는 것은 복숭아를 훔치는 것보다 죄가 더 무겁다. 그래서 한 사람을 죽이면 불의不義라고 한다. 그러나 지금 크게 나라를 공격하면 그 그릇됨을 알지 못하고 그것을 칭송하면서 의로움이라고 한다. 이러고서야 의와 불의의 분별을 안다고 할 수 있겠는가!"

묵자는 전쟁의 모든 희생을 최종적으로 짊어질 수밖에 없는 민중을 대변하여 정면에서 전쟁을 반대하였다. 전쟁은 수천수만의 사람을 살인하는 행위이며 수많은 사람들의 생업을 빼앗고 불행의 구덩이로 떨어뜨리는 최대의 죄악이다. 비공, 즉 전쟁을 반대하는 것은 가장 인간적인 사상이며 그런 점에서 묵자의 반전평화사상은 전국시대의 최고의 사상이며 최대의 윤리이다. 이 때문에 묵가의 사상은 민중들의 열렬한 지지를 받았다.

묵자의 겸애사상과 반전평화사상은 오늘날의 중국인들에게도 심원한 영향을 미치고 있다. 중국이 시종일관하게 주장해 온 '평화공존 5항 원칙'도 따지고 보면 묵자의 겸애사상과 반전평화사상의 오늘날의 모습이라고 볼 수 있다.

순자의 법제사상과 '성악설'

순자는 최초로 법제사상을 내놓았고 맹자의 '성선설性善說'을 반대하고 '성악설性惡說'을 주장했다.

순자의 사상 영역이 매우 넓지만 가장 중요한 것이 법제사상과 '성악설'이다. 순자가 유가학파로부터 배척을 받은 가장 큰 이유는 '천론天論' 때문이다. 순자의 천天은 추상적이 아니고 물리적 천天이다. 순자의 하늘은 그냥 하늘일 뿐 인간 세상과 하늘은 아무런 상관도 없다고 보았다. 순자는 종교적인 하늘과 인격적인 하늘을 거부했다. 이것이 순자의 탁론卓論이다.

순자는 천론에서 "하늘은 사람이 추위를 싫어한다고 하여 겨울을 거두어가는 법이 없고 땅은 사람이 먼 길이 싫다고 하여 그 넓이를 줄이는 일이 없다"고 했다.

이렇듯 순자는 하늘을 하등의 의지가 없는 단순한 물리적 하늘이라고 주장했다. 한편 이러한 물리적 천관天觀에 의거하여 순자는 인간의 적극적인 의지를 주장했다.

맹자가 인간의 본성이 원래부터 착하다는 '성선설'을 주장했지만 순자는 인간의 본성이 원래부터 악하다는 '성악설'을 주장했다. 순자는 「성악性惡」에서 이렇게 말하였다. "사람의 본성은 악한 것이다. 선善이란 인위적인 것이다. 사람의 본성이란 태어나서부터 이익을 추구하기 마련이다. 이러한 본성을 그대로 따르면 쟁탈이 생기고 사양하는 마음이 사라진다. 사람에게는 태어나서부터 질투하고 증오하는 마음이 있다. 이러한 본성을 그대로 따르면 남을 해치게 되고 성실과 신의가 없어진다 … 때문에 본성을 따르고 감정에 맡겨버리면 반드시 싸우게 되고 … 사회적 질서가 무너져 천하가 혼란에 빠지게 된다."

중화인민공화국이 공식 인정한 '中韓友好使者'

순자의 '성악설' 이론체계는 교육이라는 후천적 훈련과 예禮라는 사회적 제도에 의해 악한 성性을 바로잡음으로써 사회의 혼란을 방지해야 한다는 논리이다.

순자는 모든 인의仁義와 법도法度를 알 수 있는 지知의 바탕을 갖추고 있으며 그것을 행할 수 있는 능력을 갖추고 있다고 주장했다. 이것이 선천적으로 선을 갖고 나온다는 맹자의 주장과 다른 점이다. 순자의 '성악설'은 인간에 대한 불신이나 절망을 이야기하는 것이 아니다. 순자는 모든 가치 있는 문화적 소산은 인간 노력의 결정이라고 주장하는 인문철학자이다.

맹자의 '성선설'과 마찬가지로 순자의 '성악설'도 중국인들에게 많은 영향을 주었다고 볼 수 있다.

불교, 중국인들에게 크게 영향주다

불교는 중국인들에게 거대한 영향을 주었다. 불교가 중국에 들어오기 전에 중국에는 전통적인 민간신앙이 복잡하게 형성되어 있었는데, 기원전 67년 동한東漢시기 불교를 받아들인 다음에는 이를 적극 수용하여 보다 중국적인 특색을 가진 종교로 발전시켜 나갔다.

석가모니가 초자연적인 힘이 현실사회를 창조했다는 설을 부정하면서 '연기성공緣起性空', 말하자면 법가의 모든 것은 연기에 의해 이루어지고 그 본성은 공空한 것이라는 견해를 주장했는데 그런 주장이 조장지도와 닮은 데가 있어 불교가 중국 땅에 발을 붙일 수 있게 된 것이다.

불교가 중국에 전파된 후 점차 중국인들의 인정을 받았고 세월이 흐르면서 점차 유가, 도가와 더불어 중국의 3대교로 자리매김했지만 초창기에는 이미 중국 사회에 정착되어 있던 유학과 대립되어 오랫동안 대치상태에 있었다. 불교와 유학의 대립이 가장 심했던 것이 불교의 출가사상 때문이었다. 속세에서 여자가 일단 시집가면 출가외인이라고 하듯이 한 사람이 속세를 떠나 승려가 되면 속세의 모든 것을 버려야 한다. 군주제와 대가족제를 숭배하는 유교의 관점에서 보면 출가는 군주도 무시되고 부모도 무시되는 행위로서 절대로 받아들일 수 없는 이단적인 행위였다. 그러나 시간이 오래 지나감에 따라 불교와 유학은 서로 조화하는 데로 나아가 불교의 교리가 유학에 스며들고 불교도 유학의 교리를 받아들이게 되었다.

세월이 흐름에 따라 불교는 점차 중국인의 모든 영역에 침투되어 삶의 한 부분으로 되었다. 중국의 곳곳에 사찰이 세워지고 많은 백성들이 절을 찾아 향을 피우고 합장기도하면서 목적을 이루어 달라고 빌고 있다. 사찰 중에서 가장 유명한 것이 소림사少林寺이다. 소림사는 고대뿐 아니라 지금도 유명하다. 현장이 서역에 가서 불경을 가져오는 이야기를 다룬 『서유기西遊記』는 지금도 중국인들이 애독하는 책이며 드라마로까지 제작되어 상영되고 있다. 비단 『서유기』뿐 아니라 중국의 고대 소설들에서 다루고 있는 내용이 대부분 불교와 연관이 있는 이야기들이다.

불교의 영향은 중국의 언어, 문학, 예술, 건축양식 등 여러 분야에서 찾아볼 수 있다. 만약 중국문화 속에서 불교를 제외한다면 이는 틀림없이 불완전한 문화양식이 될 것이다. 불교는 당시 지도층의 부패와 사회 불안에 따라 급속도로 발전했다. 나라가 혼란에 빠졌을 때는 유학이 주장하는 방식으로 이를 수습할 수가 없었기 때문에 불교는 황제를 비롯한 귀족, 백성 모두가 의지할 수 있는 좋은 탈출구였던 것이다.

불교의 각 종파 중에서도 선종禪宗은 신비하면서도 현실적이며 선승들의 평민화와 세속화를 통해 일반 농민들과 쉽게 어울릴 수 있었다. 선종은 절대적이고 지고至高무상하며 우상 숭배를 부정했기 때문에 중국 사회에 쉽게 파고 들어갈 수 있었다. 특히 사상 면에서 윤리 도덕의 개념을 유가의 윤리사상과 융합시켜 인仁, 의義, 충서忠恕라는 유가의 본질을 이어받았다. 선종은 진眞, 선善, 미美라는 개념을 추구함으로써 중국인의 기질에 중대한 영향을 미친 동시에 중국인의 지혜가 더욱 원숙해지는 데 공헌했다.

한마디로 불교는 중국의 모든 분야에 걸쳐 중국인들에게 막강한 영향을 미쳤다.

모난 돌이 정 맞는다

외국인들이 중국인을 만나면 먼저 느끼는 것이 매우 '보수적'이라는 것이다. 사실 이런 기질은 일종의 사회적인 자기 보호라고 할 수 있겠다. 오랫동안 정치적으로는 봉건군주제도하에서, 가정적으로는 엄격한 가장제家長制의 속박에서 살아왔으므로 경솔하게 나서지 않고 극도로 자신을 억제한다.

유가儒家에서 말하는 군君, 신臣, 부父, 자子 간의 사회 질서에 의해 중국인들은 항상 등급을 유지해야 했으며 어떠한 경우에도 이 질서를 거스를 수 없었다. 중국인들이 "모난 돌이 정 맞는다槍打出頭鳥"는 표현을 자주 쓰는 것은 지나친 경쟁을 하지 말자는 뜻이다. 그러다 보면 자연적으로 보수적이게 된다. 또 중국인들의 즐겨 쓰는 말 중에 "말을 조심하라"는 것도 모든 화禍가 입에서 난다고 보기 때문이다. 그래서 말을 할 때는 항상 분수를 지키고 조심하며 어떠한 경우에도 과도하게 표현하지 않는다.

현재 중국의 사회 현실을 볼 때도 보수적인 성향을 쉽게 찾아볼 수 있다. 특히 중국에서는 상대방에게 무엇을 요청했을 때 그 자리에서 가부를 결정하는 경우가 드물다. 그들은 항상 "고려해 보겠습니다," "최대한 노력해 보겠습니다," 아니면 "참고하겠습니다"라는 식으로 답한다. 최종 결정은 윗사람이 내리므로 자신이 대답을 하게 되면 윗사람의 권한을 침해할지도 모른다고 생각한다. 윗사람을 거스르는 것은 예의에 어긋나는 일이기 때문이다.

물론 신중한 것과 상명하복上命下服의 보수적인 기질은 구분해야 하지만 중국인들의 보수적인 성향은 오랫동안 이어져 온 역사와 문화적인 성찰의 산물이라고 할 수 있다.

보수적이라는 것은 중국인들의 성격 특징의 하나이다. 그동안 중국 사회에 많은 변화가 있었지만 전 국민적 측면에서 보면 아직도 매우 보수적이다. 특히 일반 생활에서뿐만 아니라 정치적으로도 매우 보수적이란 점을 자주 느낀다.

남을 돕는 것이 자기를 돕는 것이다

중국인들은 흔히 "이 세상 사람이 모두 형제다四海之內皆兄弟"라는 표현을 곧잘 한다. 이는 중국인들의 포용성을 가장 단적으로 드러낸 말이다.

중국인들은 비교적 후덕하고 선량한 편이며 도량이 넓다. 특히 '서로 양보하고 서로 혜택을 주는 것互讓互惠'을 중요시한다. 중국의 외교정책에도 이러한 사상이 배어 있다.

중국인들은 다른 사람에 대해 "용서할 수 있는 만큼 용서하라得饒人處且饒人"고 하는데 이는 유가의 "자신에게는 엄하고 남에게는 관대하라嚴以律己,寬以待人"는 말과 일맥상통한다. 같은 맥락에서 중국인들은 "다른 사람을 돕는 것은 곧 자기를 돕는 것帮人就是帮自己"이라고 자주 이야기하며 이렇게 하면 반드시 일을 성공적으로 이룰 수 있다고 믿는다.

철저하고 광범위한 관계망과 인정망

중국인들은 가정家을 몹시 중시한다. 가정은 대가大家를 의미하기도 하지만 어떤 때는 조상을 의미하기도 한다. 중국인들의 집안에 대한 생각은 철저하고도 오랜 의미를 지닌 것으로 가족애를 애국으로 확대시켜 "조국을 사랑하라"고 말하기도 한다. 특히 대외적으로 "조국을 열렬히 사랑하라"는 표현을 자주 사용하는데 이처럼 중국인들의 유대와 결속을 강조한 말은 없는 듯하다.

중국인에게 가장家長은 아주 중요하며 대가의 단결을 위해 반드시 가장의 명령에 복종해야 하므로 이를 거역할 방법이 없었다. 아랫사람들을 자신의 명령에 따르게 하려면 가장은 반드시 그들에게 인내라는 기질을 훈련시켜야 하며 아랫사람들은 가장에게 순종하기 위해 "되는 것도 없고 안 되는 것도 없다無可無不可"라는 것을 스스로 터득하게 되었다.

그래서 중국에서는 어느 누구도 조상의 결점을 거론할 수 없는데 이는 가문의 명예를 실추시키는 것이기 때문이다. 중국의 어느 가정이든 가장은 있기 마련이고 그 가장이 좋든 나쁘든 간에 조상의 영욕榮辱은 그 후손들이 사회적인 진출과 출세를 하는 데 있어 큰 영향을 미쳤다. 만일 조상의 영광이라고 하는 간판이 없다면 아무리 죽을 때까지 노력해도 사회적 신분 상승을 이룰 수 없기 때문에 과거 중국의 상민들은 이 점을 가장 두려워했다. 한편 일반 백성들은 가문을 그다지 중시하지 않았지만 그들 역시 조상의 추함을 이야기하는 것을 꺼려하기는 마찬가지였다.

덕성德性은 중국인 모두가 중요시하는 덕목이다. 사회적 신분과는 별개로 고대 중국은 모두가 하나의 대가나 대가장大家長이 있었다. 따라서 군君은 임금이자 아버지이며 신臣은 아들이자 백성을 의미했다. 모든 사회적 관계의 중심은 부자父子관계이며 부자관계는 감정적으로 충효忠孝를, 법률적으로 복종을 의미하는 것이다. 과거 봉건사회에서는 복종이 절대적인 미덕이었으며 상하가 바뀌는 일이란 있을 수가 없었다. '복종'은 주인의 뜻을 거역하지 않겠다는 것으로 '아첨'이나 '겉으로는 복종하나 속으로는 따르지 않는陽奉陰違' 현상까지 불러일으켰다. 한편 명령에 복종하는 사람들은 주인을 전력으로 섬기는 동시에 이를 이용해 자신의 권위를 높이는 수단으로 이용했다.

어느 가정이든 가훈이 있고, 오랫동안 화목하게 지내 온 가정이라면 틀림없이 가족 구성원들이 존중하는 가장이나 조상이 있기 마련이었다. 이런 경우 그 가정의 가장이나 조상이 정한 지침이나 규례를 함부로 바꿀 수 없으며 이것을 흔히 가풍家風이라고 불렀다. 중국의 고대 지도자들은 농업국가라는 경제적인 기반 위에 전제적인 정치 개념을 도입하였다. 즉, 농업국가를 형성하는 소농경영의 형식 위에 집家이라는 초석을 깔고 족族을 종宗으로 국가로 연결하여 가족이라는 기본 단위가 군주의 통일을 이루도록 유도하였다. 이로써 국가 전체가 하나의 관계망關係網, 인정망人情網으로 형성되어, 어느 개인이든지 이 망網 속에서 생존할 수밖에 없도록 구조화해 놓은 것이었다.

중국인은 가정의 주인은 아버지이고 나라의 아버지는 임금이며 '부모에게 효도하고 연장자를 공경하는 것孝悌'을 국가 윤리의 강요綱要로 삼고 '충성하고 관대하는 것忠恕'을 국가 기준의 도덕으로 삼았다. 여기서 효孝는 '처음에는 부모를 섬기고 나중에는 임금을 섬기며 끝으로는 출세를 하는 것始於父母, 中於事君, 終於立身'을 뜻한다. 제悌는 '연장자를 잘 모시는 것'을 의미했다. 이와 같이 효제孝悌와 충서忠恕는 중국인들이 자신을 수양하는 규준이 되었으며 봉건 윤리와 도덕의 핵심 내용이 되었다.

지금도 중국에서는 가정을 중시하는 경향이 있지만 과거에 비해 많은 변화가 있다. 왜냐하면 가정의 구조에 많은 변화가 생겼기 때문이다. 지금 많은 사람들이 집안 식구들을 돌볼 겨를이 없다. 또한 중국에서는 집에만 있는 청년丁克家住들이 점점 늘어나고 있고 아이들을 가지려 하지 않는 고학력 부부들도 상당히 많다.

최근 중국에서는 젊은이들이 반드시 노인들을 돌봐야 할 의무에 관한 규정을 만들었는데 이 규정은 과거에는 없었던 것이다. 이렇게 정부가 전통을 유지하려 노력은 하지만 문제는 젊은이들이 부모를 모실 능력이나 경험이 없기 때문에 현실적으로는 많은 문제가 발생하고 있다는 것이다. 이것이 최근 중국에서 일어나고 있는 가정의 변화이다.

친구를 위해서라면 뭐든 희생한다

중국인들은 우정을 매우 중시한다. 중국인의 사상적 기초가 되어 온 유가, 도가, 불교사상 모두가 평화를 중시하고 있다. 중국에서는 가정의 관념을 중시하고 가정도 내부적으로 적자와 서자, 친소親疏, 방계傍系 등으로 나뉘지만 여하를 불문하고 '친척이나 친구로서의 관계가 있으면' 친척으로 생각했다.

그래서 친척 간 관계는 친정親情이라 하고 혈연 외의 관계를 친정
보다는 약하다는 의미로 우정友情이라고 표현했다. 그리고 일단 우정
이 맺어지기만 하면 반드시 서로 공경하며, 돕고, 양보한다 하여 '물
불을 가리지 않는다赴湯蹈火'고 했던 것이다.

중국인 기질의 긍정적인 측면

중국의 역사를 펼쳐보면 거의 모두 통일과 화합을 위한 역사였다.
또한 중국인들은 '의義'를 중요시해 왔다. 맹자는 일찍이 "사는 것도
내가 원하는 바요, '의'도 내가 원하는 바이니 두 가지 모두 얻을 수
없다면 생을 버리고 의를 취하겠다"고 했다.

고대 중국인들은 5천년의 기나긴 역사 동안 태어나서 죽기까지
예의 영향을 받았는데 이는 중국인의 온순한 성격을 형성하는 요인
이 되기도 했다. 중국인들은 그 밖에도 인을 중시했는바 심지어는
'자신의 몸을 버려 인을 이룬다有殺身以成仁'고까지 했다. 그 밖에도 화
평, 관용, 절조 검약, 과감, 애국 등을 중시했다.

가장 귀한 것이 화합이다

중국의 창세신화를 보면 중국의 56개 민족은 그 어머니가 여와女媧로
모두가 같은 동포이고 친형제였다. 이러한 창세신화가 중국인들이
화합을 중요시하고 서로를 귀하게 여기는 근원이 됐다.

중국의 성현들은 "하늘을 우러러야 하고 땅의 귀함을 알아야 한
다尊天厚地"고 가르쳤으며 그러한 훈도를 받은 백성들은 사람과 자연

중화인민공화국이 공식 인정한 '中韓友好使者'

은 상생하는 존재로서 서로 융합해야 한다고 믿었다. 여기에 가장 큰 영향을 미친 것이 장자의 '천인합일'사상이다. 설령 어쩔 수 없는 일이 생긴다 하더라도 '화합하는 것은 귀한 것和爲貴'이라고 여겨 자연의 뜻을 거스르지 않았다.

노장지도의 영향을 받은 중국인들은 사람과 자연의 조화, 사람과 사람의 조화를 중시하고 하늘, 땅, 사람이 하나가 되어 '사람과 천지만물이 일체가 되는人與天地萬物爲一體' 것을 최고의 경지로 여겼다.

천지와 함께 살아가면서 만물이 하나가 되는, 즉 '하늘과 사람이 하나가 된다는 천인합일의 총체적 사고방식은 중국의 정치, 철학, 예술, 천문, 의학 등 여러 면에서 지대한 영향을 미쳤으며 중화문명 속에서 수없이 많은 문화전통이 생성되는 토대가 되었다.

중국인들은 천인합일을 주창함에 있어서 인간의 능동적인 작용을 첫자리에 놓았다. 사람이 자연과 합일을 추구한다 하더라도 사람이 피동적이거나 소극적인 관계가 아닌, 즉 사람이 자연의 종속물이 아닌 적극적인 주체라는 사실이다. "하늘은 끊임없는 운행을 통해 힘을 유지하나니 군자도 스스로를 강하게 하기 위한 노력을 멈추지 말아야 한다天行健, 君子以自强不息"는 옛말은 바로 이러한 사상을 잘 나타내고 있다.

화합을 중히 여기는 중국인들의 기질이 현 중국 정부의 대내외 정책에도 깊숙이 반영되어 있다. 중국의 현 국책에서 가장 중점으로 내세운 것이 '조화로운 사회'이며 대외적으로는 '평화공존 5항 원칙'이다. 그리고 지구에서 동란과 분쟁이 있을 때마다 중국은 언제나 대화와 화합을 주장하면서 무력 사용을 견제하여 왔다.

의(義)가 최고의 경지이다

중국인들은 의를 위해서는 목숨도 버릴 수 있을 만큼 의를 중요시하고 숭상한다. 중국의 지도자들과 자주 접촉하는 과정에서 중국인들이 의를 행하는 것에 깊은 감명을 받았다.

중국인들은 또 무슨 일을 하든지 항상 도道를 생각했다. 도는 공리公理와 정의와 자연법칙 등 여러 가지 뜻을 내포하고 있다. 고대 중국의 많은 사상가들이 도道에 관한 수많은 이야기를 했지만 결국 이들이 추구한 한 가지의 목표는 천하지도天下至道였다. 도는 인간이 추구할 수 있는 가장 이상적인 것으로, 반드시 질서가 있어야 하고 모든 것이 조화로워야 하며 도를 위해서 사는 것을 버리고 죽음을 잊어버리라고 강조했다.

특히 도는 중국 농민에게는 정치 참여의 구실로 이용되었다. 중국 역사상 39개 왕조에서 대규모 농민의 난이 수차 있었는데 당시 이들 농민들이 주장한 것은 도로서 평등하고 공평한 대우를 요구한 것이었다. 그들이 부르짖은 가장 보편적인 구호는 다름 아닌 "하늘을 대신하여 도를 행한다替天行道"였는데 여기서 말하는 도는 그 의미가 지극히 크고 공명정대한 것을 표명한 것이어서 그 호소력도 컸다. 사람들이 즐겨 읽는 『수호전』에 나오는 영웅호걸들이 추구하는 것도 도라고 할 수 있다.

맹자는 일찌기 "사는 것도 내가 원하는 바요, 의도 내가 원하는 바니, 두 가지 모두 얻을 수가 없다면 생을 버리고 의를 취하겠노라生亦吾所慾也, 義亦吾所慾也, 二者不兼得, 舍生而取義也"라고 했다. 중국인들은 늘 이를 새기면서 가능한 행동으로 옮기려 노력했다. 여기서 말하는

의義: 현대에 이르러서는 국가의 운명과 사회적 책임을 강조하는 쪽으로 변화는 넓은 의미

에서 도를 행하는 행위를 말한다.

　중국인들에게 있어서 의와 도와 정情은 하나의 맥으로 이어지고 있어 의가 없다는 것은 도가 없다는 것을 의미하며 의가 없는 것은 정이 없다는 것을 상징한다.

인간으로 되는 기본: 예(禮)

『논어』의 핵심은 예禮다. 예는 단순히 예모禮貌라는 뜻으로서의 예가 아니고 그 범주가 큰바, 인간이 갖추어야 할 모든 덕목의 대명사라고 할 수 있다.

　예는 2천년의 역사를 경유하면서 점차 중국문화의 중심이 되었고 중국인들의 각종 기질을 형성하는 근본이 되었다. 중국인의 특징 중의 하나인 '되는 것도 없고 안 되는 것도 없다無可無不可'의 근원이 바로 예에 있었다. 예는 원래 고대에 제를 지내는 일종의 규범이었는데 이것이 점차 중국인들의 일상생활에서 필요한 행위규범으로 되었다. 공자는 주례周禮를 적극 주창함으로써 후대 중국인들에게 지대한 영향을 끼쳤으며 통치자들은 자신들의 통치를 유지하기 위한 수단으로 예를 이용했다. 따라서 고대 중국인들은 태어나서 죽기까지 예의 영향을 받았으며 이는 중국인의 온순한 성격을 형성하는 요인이 되기도 했다.

　예의 내용은 아주 복잡한데 기본적으로는 종법제도宗法制度와 긴밀히 연계되어 있다. 예에서 말하는 이른바 삼강오상三綱五常은 중국 사회 각계각층의 복잡다단한 관계를 포괄하는 지주支柱로서 군신君臣, 부자父子, 부부夫婦, 형제兄弟, 친구朋友라는 조합을 통해 등급을 배열한 다음 존귀尊貴, 고하高下, 장유長幼, 친소親疏의 관계를 분명히 했다. 이에 따라 모든 사람들은 격格을 갖게 되고 누구도 이 격을 뛰어넘을 수 없었다. 결국 고대 중국에서 예의 기본은 '난을 방지하는 것以防亂'이었으며 이것은 사실 통치자들이 궁극적으로 노린 목적이기도 했다. 그럼에도 중국인들은 예를 통해 노인을 존중하고 어린이를 사랑하며 부부 간에 서로 경애하고 형제 간에 서로 화친하며 화평과 예를 숭상했다. 그리고 훌륭한 중국인들은 예의를 숭상하고 자신을 극복하기 위해 노력했던 것이다.

덕행의 규준: 인(仁)

지난날 중국인들은 예를 말할 때 인仁 을 말하고 인을 말할 때 예禮를 빼놓지 않았다. 이렇게 예와 인은 그림자처럼 따라 다녔다. 초기에 예와 인은 공자가 주나라의 예를 소개하면서 나온 말이었으나 그 후에는 체계를 갖춘 철학관과 미학관으로 되어 중국인의 기질 형성에 큰 영향을 미쳤다.

인이라는 낱말에는 그 본래의 뜻을 초월해 효孝道, 의義利, 충忠誠, 지知慧, 용勇孟과 같은 참인간이 갖추어야 할 덕목이 포함되어 있다. 또 인을 숭상하는 자는 필히 사람을 사랑하고 그것은 천하의 공리인 세계의 평화와 사람들의 화목을 전제로 한 것이었다. 공맹지도가 제창한 인은 많은 면에서 백성들이 지배계급에게 복종하는 데 이용되었지만 그래도 정신적 수련을 하는 데 많은 도움을 주었다. 고대 중국인들은 지사志士와 인인仁人으로서 '남을 해함으로써 자신의 생을 추구함이 없고無求生以害人', '자신의 몸을 버려 인을 이룬다有殺身以成仁'고 했던 것이다.

고대 중국인들은 어렸을 때부터 가정에서 예와 인을 공부하였고

중화인민공화국이 공식 인정한 '中韓友好使者'

게다가 송나라 때부터 실시된 과거제도科擧制度의 내용이 기본상 공맹 지도였기에 수많은 중국인들이 자연스럽게 인仁적인 기질이 몸에 배 게 되었다.

공자는 인은 일종의 환상적인 도화원桃花園이요. 이상세계로서 '천 하가 인으로 돌아가면天下歸仁' 세상이 화목하고 사랑으로 넘치고 아 름답게 된다고 했다. 결국 인은 일종의 숭고한 도덕이며 사람들의 덕행을 가늠할 수 있는 최고의 규범이었다. 군자는 덕행을 갖춘 표 준적인 인간에 대한 칭호로서 인이 갖추어진 사람을 군자라 하고 인 을 갖추지 못한 사람은 소인이라고 불렀다.

중국인들은 동년배를 높여 부를 때는 인형仁兄, 사람을 존경하여 높이 부를 때는 인군仁君, 형제를 부를 때는 인제仁弟라고 부르며 인덕 이 있는 사람을 인풍人風이 있다고 했다. 사람에게 도움을 요청할 때 는 상대방을 '인인군자仁人君子'로 칭하고 유가의 도덕적인 규준을 말 할 때는 '인의도덕仁義道德'이라고 했으며 모든 관점에 일리가 있다고 여겨질 때는 '인자견인, 지자견지仁者見仁, 智者見智'라고 말했다.

중국 역사를 보면 인으로 소문난 사람들이 많다. 전형적인 인물로 는 『삼국지』의 유비와 『수호전』의 송강松江이다.

한마디로 중국문화를 이야기할 때 인이라는 말을 빼서는 안 된다 는 것이다.

수양의 최종 목적: 덕행

고대 중국에서는 인仁과 예禮를 중시했지만 그에 못지않게 덕행德行도 상당히 중시했다. 노자의 『도덕경』은 도와 덕을 기술한 책이다. 도 합 82장으로 되어 있는 『도덕경』은 『손자병법孫子兵法』, 『명심보감』과

더불어 귀중한 책이다. 노자의 『도덕경』은 도와 덕을 닦아 스스로 숨어서 이름이 드러나지 않도록 힘쓰는 데 그 학문의 목표를 두었다. 자고로 『도덕경』은 수양을 닦는 최고의 지침서다.

『도덕경』 제7장에 "성인은 남의 뒤에 섬으로써 오히려 남 앞으로 나아가는 경지에 이른다是以聖人後其而先身"라고 했고 제11장에서는 "참 흙을 뭉쳐서 그릇을 만들지만 속이 비어야만 그릇으로서의 쓸모가 있고 벽을 뚫어 창문을 내는 데 그 안이 비어야 집으로서의 쓸모가 있다. 그러므로 있음有의 유익함은 없음無의 작용에서 나오는 것이 다埏埴以爲器, 堂其無, 有其之用, 擺戶牖以爲實,當其無, 有室之用,故有之以爲利, 無之以爲用."

『도덕경』 전편의 내용이 심오하고 의미심장하며 신비롭기도 하다. 중국의 사대부들은 『도덕경』을 읽으면서 군자와 성인이 되기 위해 노력하였으며 시간이 지남에 따라 그러한 성향이 일반 민중들에게 도 영향을 미치게 되었다. 고대 중국인들은 "덕이 후한 자는 빛이 흐르나 덕이 박한 자는 비천함이 흐른다厚德者流光, 薄德者流卑"고 믿었으며 사람의 질이 나쁠 때는 덕이 부족하다缺德고 했고 훌륭한 사람을 칭찬할 때는 덕을 쌓는다積德고 했다. 결국 덕은 중국인들에게 있어서 수양의 최고 목표였다.

중국인들은 이와 같이 덕을 중시했기 때문에 완력이나 무력을 써서 상대방을 억누르거나 침략하는 것을 원하지 않았다. 중국의 성구에는 "군자는 말로 하지 손을 대지 않는다君子動口不動手"는 말이 있다. 어떤 일이 발생했을 때 말로써 해결하고 무력을 사용하지 않는다는 뜻이다. 비록 중국 속담에 "때려야 효자가 된다"는 말이 있지만 중국인들은 일반적으로 아이를 잘 때리지 않으며 교양이 있는 집에서는 심지어 몽둥이라는 말까지 꺼린다. 인과 예와 덕은 불가결의 형태로서 나타나 흔히 덕이 있는 사람은 인과 예도 갖추었고 예의가

중화인민공화국이 공식 인정한 '中韓友好使者'

있는 사람은 덕행도 갖추었다. 중국의 고전소설에 등장하는 긍정 인물들은 대부분 인, 의, 예, 덕이 공존하는 사람들이었다.

옛날에도 그러했지만 오늘의 중국인들 중에도 덕행을 수양의 최고 목표로 삼는 사람들이 많다.

스스로 만족하고 스스로 즐기라

중국인들은 태도가 온화하고 우아한 것을 추구하기 때문에 화평의 소양을 최고로 여긴다. 서로 친하고 사랑하며 다른 사람에게 도움이 되는 것이 수양이며, 조화롭게 안락함을 추구하며 서로 족함을 아는 것도 수양이다.

유가의 중용지도中庸之道, 도가의 '스스로 만족하고 스스로 즐거워하며自足自樂', '하늘을 경외하고 삶을 즐거워하라敬天樂命'는 사상에서도 화평이 지향하는 바가 잘 나타나 있다. 하늘을 경외하고 삶을 즐거워하는 사상은 농업경제의 특징과 관련이 있는 것으로 농업사회가 안정되면 경쟁이 감소되면서 정복심리도 감소되기 마련이다. 따라서 고대 중국 사람들은 '오랑캐를 굴복시키고四夷賓服', '모든 나라와 화합하는 것協和萬邦'을 중시했다.

중국인들은 자신들의 방어를 위한 것이 아닌 한 정복이라는 즐거움을 향해 전쟁을 하는 일은 거의 없었다. 물론 수양제가 고구려를 침략한 것과 같은 전쟁 역사가 있긴 하지만 역사의 대부분은 통일을 위한 내부 싸움이었을 뿐, 대외침략은 극히 적었다. 중국인들에게 있어서 '화합하는 것은 귀한 것이다和爲貴'라는 생각은 언제나 머릿속에 견고하게 자리잡은 일종의 신념과도 같았다.

중국인들이 말하는 겸애兼愛, 비공非攻, 예의禮儀, 무쟁無爭 등은 전쟁과 살인, 정복과 같은 비정상적인 행위를 싫어하는 데서 온 말이었다. 가장 비근한 예로 우리가 잘 알고 있는 만리장성도 방어적인 성격의 건축물로서 이민족을 공격하기 위한 목적이 아니라 방어하기 위한 것이었다. 중국인들이 세계 최초로 발명한 화약이나 화살도 남을 침략하기 위해 사용된 적은 없었다. 또한 많은 사람들이 애독하는『손자병법孫子兵法』의 기본 사상도 "전쟁은 국가의 대사이자 백성들의 생사와 국가의 존망과 관련된 문제이기 때문에 이를 일으킬 때는 반드시 신중해야 한다"는 것이다. 결과적으로 "유리하면 움직이고 유리하지 않으면 중지하라合於利而動, 不合於而止"는 것이었다.

또한 "용병을 하는 데 있어 적국이 온전히 투항하도록 하는 것이 최상이고 적국을 격파하는 것은 다음이며 적국의 모든 군대가 항복하도록 하는 것이 최상이고 적의 군대를 격파하는 것이 다음이다用兵之法, 全國爲上,破國次之, 全軍爲上,破軍次之"라고 되어 있는데 이것이야말로 중국의 모든 병가兵家가 추구한 작전관이었던 것이다.

한마디로 남을 건드리지 말고 스스로를 즐기라는 것이 중국인들의 추구였다.

사람은 선하게 살아야 한다

중국인들은 화목을 좋아하지만 선善도 좋아한다. 이런 기질이 형성된 데는 역사적 배경이 있다. 공자는 '성선설'을 주장했고 그 외에도 중국의 고대 사상에서 불교를 비롯해 선을 주장한 것이 많다. 노자도 비록 '성악설'을 주장했지만 그 본의가 선을 반대하는 데 있지 않고 본래부터 타고난 악을 교육을 통해 선으로 돌려놓아야 한다는 것이 결론적인 주장이다.

고대 중국에서는 어린이들의 교양을 목적으로 하여 만든 『삼자경三字經』이라는 책이 있었다. 『삼자경』의 첫 구절이 "사람은 태어날 때부터 착하다人之初, 性之善"이다. 이렇게 고대 중국에서는 어렸을 때부터 선을 중시하여 가르쳤고 커서 배우는 것도 '성선설'이었으므로 대다수 중국인들은 보편적으로 선을 베풀기를 즐긴다. 다른 사람을 돕는 선행善行을 즐거움으로 생각한다는 것이다. "선을 쌓으면 선을 만나고 악을 쌓으면 악을 만난다積善逢善, 積惡逢惡"는 것은 결국 "적선하는 집안은 그 후손에게 즐거움이 돌아간다積善之家, 必有餘慶"는 생각과 연결되어 있었다.

이러한 사상은 불교의 '인과보응因果報應'이나 유가의 '성선설', 그리고 '권선징악勸善懲惡설'의 영향을 받은 것이었다.

이러한 생각은 후에 중국인들이 흔히 말하는 "천하를 위해 이익을 도모한다爲天下謀利益"든지 "천하의 모든 백성은 공정하고 평등해야 한다天下大公"는 개념으로 발전했다.

관용의 힘과 응집력

중국인의 기질에는 관용도 크게 작용하고 있다. 중국인들은 관용도 일종의 군자와 성인의 풍도라고 생각한다. 거대한 중국이 분열되지 않고 통합을 유지한 것은 관용과 그것으로부터 솟아나는 커다란 응집력의 힘 때문이다. 일례로 제갈량이 서천을 얻을 수 있었던 것은 포로가 된 맹획孟獲을 일곱 번이나 놓아 준 것과 같은 관용의 자세가 있었기 때문이다.

중국인들은 이미 오래전부터 하늘의 뜻天意은 순환하는 것으로 인생을 살아가는 데 있어서 사람과의 관계, 사람과 자연과의 관계를 조화롭게 운영하는 묘미를 체득하고 있었다.

그러므로 천인합일사상에 따라 '화합은 하지만 동화되지 않는和而不同' 중국인의 관용은 '통하면서 동한다通而同之'는 사상과 통한다. 즉, 대동大同을 구하되 조그마한 차이는 그대로 놓아 둔다는 것이다. 이런 사상은 유가, 불교, 도교의 융합, 여러 민족들의 단합, 그리고 이 민족의 생산과 생활뿐 아니라 문화예술의 우수성을 흡수하고 동화시켰다. 이런 포용성은 중국이 총체적인 발전을 추구하면서도 각자 가지고 있는 장점을 취합해 중국문화의 거대한 응집력을 가능하게 만든 원동력이 되었다.

사실 관용정신은 오직 천명天命만을 믿으며 자기 본분에만 충실하고 보수적이며 진취적인 생각을 하지 않는 부정적 측면도 있지만 중국인들로 하여금 아무리 어려운 상황에서도 비관적인 생각이나 절망감을 갖지 않게 하는 힘이 있었다. 그래서 '푸른 산이 있는 한 땔나무 걱정을 할 필요가 없다留得青山在,不愁沒柴燒'는 말에서 알 수 있듯이 그들은 아무리 어려운 환경에서도 믿음을 잃지 않으면서 언젠가는 '나쁜 일이 극에 달해 좋은 일이 찾아온다否極泰來'라고 믿었던 것이다.

또한 온건穩健은 중국인들이 일을 하는 데 있어 항상 총체적인 이익을 생각하고 극단에 흐르지 않으며 전체적인 균형을 이루는 데 기여했다. 그들은 항상 다른 사람과의 교제를 안정적으로 넓혀 나감으로써 귀속감을 느낄 수 있었으며 전체 사회에서 탈락되어 혼자가 되는 것을 두려워했기 때문에 매사에 온건함을 유지하려 애썼다. 그러므로 온건은 중국인의 정치, 경제, 사회 나아가 사상 면에도 지대한 영향을 미쳤다.

지금의 중국인들은 과거와는 많이 달라져 있다. 툭하면 화도 잘 내고風風火火 사회 전체가 빨라졌고 사람들 사이 인심 또한 야박해졌다.

근면함과 검소함

중국인은 근면하고 검소하기로 소문이 나 있다. 중국의 고대인들은 근면과 검소함을 고상함으로 여겨 왔다.

현대인들은 근면과 검소함을 말할 때 저우언라이 총리를 거론한다. 사실 저우언라이 총리 외에 마오쩌둥을 비롯해 주더朱德, 덩샤오핑 등 중국의 제1세대 지도자들 대부분이 근면하고 검소하였다. 그러한 경향이 미풍으로 전해져 오늘의 중국 지도자들도 다른 나라의 지도자들에 비해 아주 근면하고 검소하다. 이러한 면에서 중국 지도자들을 높이 존중하고 있다.

모든 인류는 역사가 시작된 이래로 문명을 창조하기 위해 부단히 노력해 왔다. 그런데 근면은 의식주 해결뿐 아니라 지혜를 축적하는 역할을 하므로 문명창조에 결정적인 기여를 했다.

고대 중국인들은 많은 발명을 했는데 벼 재배, 양잠, 수리 전답, 교량 건설, 천문, 건축, 원예 등 각 방면에서 다양한 재능을 보여 주었다. 이런 재능의 저변에는 근면과 검소한 정신이 깔려 있다. 중국인은 근면과 검소함을 자연으로부터 배우긴 했지만 이를 단순히 따라한 것이 아니라 일찍부터 성실한 노동에 관한 교육을 받아 온 결과였다. 역대 사상가 대부분은 근면과 검소함의 중요성을 강조했으며 중국의 전 사회가 매사에 일을 착실하게 하는 것을 미덕으로 알았다. 이런 정신이 자연스럽게 중국문화의 일부분이 되었고 중국 사회를 발전시키는 윤활유 역할을 해 온 것이다.

고대 중국인들의 근면과 검소함은 일종의 덕으로 정착되어 훗날 중국의 전통이 되었다. 중국인은 어느 한 개인의 덕성을 평가할 때도 반드시 근면함과 검소함을 기준으로 한다. 따라서 중국인들은 관리가 되기 위한 자격 요건에 반드시 '백성을 위해서 일을 해야 한다'는 조건을 전제로 하고 있다.

이런 전통을 이어받아 오늘의 중국도 근면과 검소함을 호소하며 사치에 빠진 관리들을 징벌한다. '백성을 위해서 일을 해야 한다'는 원칙은 지난날 관리로 되는 자격 요건이었을 뿐 아니라 오늘의 중국에서도 의연히 적용되고 있다.

또한 고대 중국에서 관官은 곧 부모관父母官: 백성을 직접 다스리는 지방 장관의 존칭으로서 가장의 의미를 가지고 있었으며 백성들의 일을 도맡아 해 주는 경우가 많았다. 집안의 질서를 다스리기 위해 좋은 가장이 필요하듯이 백성들도 관리가 될 사람의 품덕을 중시하지 않을 수 없었다. 만일 한 가정의 가장이 사치와 낭비가 심하다면 그 가정의 안정은 요원한 일일 것이며 가정 구성원들은 필연적으로 어려운 일에 직면할 수밖에 없다. 따라서 규모가 크지 않은 가정의 경우 가장의 근검절약이 중요하며 전 가족이 근검해야만 집안의 화목과 행복을 보장할 수 있는 것이다. 『대학大學』에서 말하는 "집안을 다스리고 천하를 평정한다齊家平天下"는 말은 중국인들의 독특한 정치 이념으로 자리잡고 있다.

이와 같이 근면과 검소함은 중국인들이 항상 수양해야 하는 덕목이었고 이러한 미덕을 양육하는 것이 공통된 준칙이었다. 근면과 검소함은 도덕적인 가치관으로, 후에 중국인들이 도덕을 수양하는 좌우명이 되었다. 중국인들에게는 명리名利에 담백하고 근검하며 '청렴 결백하게 공무를 집행廉潔奉公'하는 것이 관리를 저울질하는 표준이 되었기 때문에 많은 정치가나 관리들이 이런 기준에 부합하기 위해 노력을 기울인다. 그들이 가장 경계해 온 것이 바로 '좋아하는 것에만 푹 빠져 원대한 이상과 포부를 잃어버리는 것玩物喪志'이다.

이렇게 중국의 수천 년 역사가 주는 값진 경험은 항상 간고분투艱苦奮鬪해야 한다는 것으로, 이는 어려움을 즐겁게 생각해 한 단계 높은 행복을 추구하기 위한 심리 상태를 의미했다. 그래서 성현들은 "사치한 사람은 아무리 부유해도 족함이 없고 검소한 사람은 아무리 빈궁해도 남음이 있기 때문에 사치한 자는 항상 마음이 빈궁하지만 검소한 사람은 항상 마음이 부유하다奢侈者不足, 儉者貧有餘, 奢侈者心帶貧, 儉者心帶富"라고 설파했다.

중국인 기질의 소극적인 측면

중국인의 기질에는 적극적인 측면도 있지만 소극적인 측면도 많다. 그중에서도 가장 특징적인 것이라면 지극히 보수적이고 유별난 것을 싫어하고 '성실하고 고지식한 것老實'을 지나치게 중시한다는 것이다. 그리고 중용지도로 인해 새로운 의식을 창출한다는 것은 불가능하고 법에 의해 일을 처리하는 방법을 기피하게 되었다.

한편 중국인들의 과거에 대한 자긍심은 오직 옛것만을 배우고 조상을 숭배하는 데 시간을 낭비함으로써 '미래를 내다보는向前看' 시각이 형성될 수 없었다. 또한 절대 군주 밑에서 관리들은 자기 일이 아닌 것에는 관심도 갖지 않고 민감한 문제는 관여치 않으면서 나중에 올지 모를 화를 피하다 보니, 일반 백성들도 자연스럽게 이들의 처세술을 배우게 되었다.

보수적인 중국인, 앞에 나서기를 꺼려하다

중국인들은 웬만한 일에는 잘 나서지 않는다. 그들은 "모난 돌이 정 맞는다"는 말을 잘한다. 아무 데나 나서다간 손해를 본다는 뜻이다. 그래서 외국인들은 중국인들을 보고 보수적이라고 한다. 보수적이라 는 말은 진취심이 없다는 말과도 통한다. 나는 중국인의 보수적인 기질이 정권에도 반영되어 청나라가 대문을 닫고 쇄국정책을 실시 하다가 망했다고 생각한다.

그러나 시간이 지남에 따라 진취성도 나타나고 있다. 예를 들어, 새로운 산품연구에 박차를 가하고 인조위성, 로켓 발사 등 우주 개 발에서 앞장서고 있으며 최근에는 항공모함을 제조하여 해군의 막 강한 위력을 과시하고 있다.

지나치게 둥글둥글하다

중국을 드나들면서 중국인들의 장점도 많이 보았지만 단점도 적지 않게 보았다.

그중의 하나가 중국인의 기질 속에 있는 보수성이다. 중국인들은 흔히 일처리에서 맺고 끊는 멋이 적고 질질 끄는 폐단이 있다. 중국 의 성구에 비록 '일을 재빨리 처리한다喊哩喀嚓'는 말이 있긴 하지만 정작 일 처리에서는 이리 밀고 저리 밀면서 속도가 늦다. 그래서 중 국인들을 보고 '만만디'라고 말하기도 한다.

중국에서는 젊은 사람들의 신중한 태도를 가리켜 '노숙하다老成' 혹 은 '노련하고 신중하다老成持重'고 말한다. 중국인은 조급한 것을 싫어 하고 특히 '유별난 것出格'을 싫어한다. 무릇 군자의 태도는 따뜻한

정이 있고 고상한 기품이 있어야 한다는 것이다. 여기서 노숙하다는 의미는 젊은이들은 가능한 한 노숙해지기 위해 노력하고 어른들은 이를 통해 안심하게 되는 것을 뜻한다.

따라서 중국의 젊은이들이 모험을 한다거나 무슨 일을 지나치게 열정적으로 하는 것은 사회의 안정을 해치는 좋지 않은 행위로 의식했다. 이런 의식이 지금도 이어져 중국은 비록 스포츠강국이지만 모험을 동반한 운동인 스키나, 자동차 경주 등 항목에서는 아직 세계적인 선수가 없다. 과거 중국의 관리들은 무슨 일이 닥치면 항상 '한 발 물러서서 생각退一步想'했다. 이는 과거 관리들의 규제가 헤아릴 수 없을 정도로 많아서 매사에 둥글둥글하고 원만하게 처리하지 않으면 집은 물론이고 자신의 목숨이나 명예까지도 한순간에 잃어버리는 처지가 되었기 때문이다. 보수성은 중국인이 갖고 있는 명철보신明哲保身 처세술과도 관련이 있다.

원숙하다는 단어는 항상 따라다니는 것이 '성실하고 고지식하다老實'는 말인데 일이 없으면 다투지 않고 욕심 부리지 않고 구하지도 않는다는 것을 의미했다. 이러한 원숙은 기질상의 약점이다. 그 이유는 만일 모든 사회 구성원이 성실하고 고지식하다면 그 사회는 진취력을 잃을 수밖에 없기 때문이다. 중국인의 지나친 원숙함은 중국의 정치에서도 보이는 때가 있다. 외교 문제가 발생했을 때 명확한 태도를 밝히지 않고 애매한 입장을 천명하는 경우가 많다.

중국은 수천 년 동안 '성실하고 고지식한 것'을 지나치게 중시함으로써 수많은 경쟁 기회를 잃었다. 또한 적지 않은 진취적인 지혜를 사장死藏시켰을 것으로 추정된다.

중국의 봉건군주들이 백성을 다스릴 때 이용한 기술 중 하나가 '백성들을 검소하도록 가르치고 뜻을 꺾어 백성을 약하게 만드는 것敎民返樸'이었다. 그래서 통치자나 가장에서 반대하는 경우에는 극단적인 수단을 사용했는데 중국 역사에서 혁명이나 난이 발생했을 때 그 피해가 컸던 원인이 바로 여기에 있었다.

그러나 지금 중국에서 개혁개방의 바람이 세차게 불면서 완숙과 노숙 같은 경향들이 점차 생기발랄한 참신한 사유와 모험의식으로 탈바꿈하고 있다.

중용지도의 폐단

중국을 오랫동안 지배하여 온 중용지도中庸之道는 이로운 점도 있지만 해로운 점도 있다.

중용을 분석해 보면, 중은 양극兩極의 합일점이고, 용은 영원한 상용성常用性, 즉 지나치거나 모자람이 없는 상태라고 할 수 있다. 정이程頤는 "치우치지 않는 것을 중이라 하고 바뀌지 않는 것을 용이라 한다不偏之謂中 不易之謂庸"고 하였는데, 이것은 곧 중은 공간적으로 양쪽 끝 어느 곳에도 편향하지 않는 것인 데 비해, 용은 시간적으로 언제나 변하지도 바뀌지도 않는 것을 의미한다.

한편, 주희는 중용을 해석하기를, "중은 어느 한쪽으로 치우치거나 기대어 있지 않아 지나치거나 모자람이 없는 것으로서 인성人性이 지극히 중정中正하여 질서를 이룬 안정된 상태가 사물에 접하여 감이동感而動하기 이전의 인성본연人性本然을 나타내는 말이며, 용은 일상생활에 있어서 평상平常됨을 나타내는 뜻"이라고 하였다.

그러므로 중용의 참된 뜻과 그 실현은 중과 용, 즉 알맞음과 꾸준함이 서로 떨어지지 않는 관계를 유지하면서, 치우치거나 기대어 있지도 않고 지나치거나 모자람도 없는 중덕中德뿐만 아니라, 꾸준한

용덕庸德을 겸비하여야만 비로소 이루어질 수 있다고 하였다. 이러한 철학사상은 화친에서는 유용하고 효과를 내지만 인간의 개성을 속박하게 되며 사람들을 권력에 순종하는 도구로 만든다.

한편 중국인들은 "천하대세는 합한 것이 오래되면 반드시 나뉘게 되고 오랫동안 나뉘어 있으면 반드시 합해지게 된다天下大勢, 合久必分, 分久必合"는 말을 자주 사용했다. '합'은 역사 발전의 추세를 의미하는데 사물과 사물 간의 합, 일과 일 사이의 합을 의미한다. 그런데 사람과 사람 사이의 관계는 '화'라고 함으로써 결국 중국인들이 '화합'이라고 말하는 것은 사물과 인정이 모두 화목하고 조화를 이루는 것을 의미한다. 이것이 바로 중국인들의 응집력을 대변하며 중국인들로 하여금 극단에 이르지 않고 무슨 일이든지 당신이 반, 내가 반이라는 사고방식을 가지게 하는 근본 원인이 된 것이었다.

중국인들은 중용지도를 설명할 때 '어느 한 쪽으로 치우치지 않고 중립을 유지하는 것은 천하의 정도이며 평범한 것은 천하의 진리中者天下之正道, 庸者天下之定理'라고 말한다. 공자도 일찍 '지나침은 미치지 못함과 같다過猶不及'고 갈파했는데 이는 왼쪽이 지나친 것도 반대하지만 오른쪽에 못 미치는 것도 반대한다는 뜻이었다. 결국 중용은 중국의 전통문화 중 가장 독특한 것의 하나로 꼽히는데 오랫동안 중국 통치자들의 정책으로 이용돼 왔다.

지족상락의 폐단

노자의 『도덕경』에 지족상락知足常樂이라는 구절이 있다. 어떤 일에 만족하면 항상 즐겁다는 뜻이다. 불교의 안빈락도安貧樂道와 비슷한 말이다. 이 구절에는 이로운 점도 있지만 미래지향적인 사상이 없어 중국인들에게 적지 않은 나쁜 영향을 주었다. 사실 지족상락은 여유가 있는 부유한 사람들이나 하는 소리고 빈곤에 시달리는 일반 계층은 만족할 형편이 못 되어 항상 즐길 수도 없었다.

지족상락은 생활하는 데 적당히 하라는 충고의 말이기도 하지만 중국인 스스로 매사에 상대방과 다투어 경쟁하지 말라는 뜻이 담겨 있다. 나는 지족상락의 폐단이 바로 '다투어 경쟁하지 말라'는 여기에 있다고 생각한다. 현실에 안주하고 분투하지 않는다면 개인도 진보할 수 없을 뿐더러 나라도 발전할 수 없기 때문이다.

만족함을 알라는 이야기는 자연히 보수적인 사고방식으로 쌓일 수밖에 없다. 그러나 중국 사람들은 세계 어느 나라 국민보다도 '족함을 알라'는 말의 숨은 뜻을 잘 이해하는 국민이다. 중국인들이 다른 사람을 칭찬할 때 사용하는 '순박'이나 '검소'라는 단어에는 항상 '지족'이라는 뜻이 담겨져 있다. 또 중국의 사상이나 철학 속에도 항상 지족정신을 포함하고 있다. 지족정신은 사치스러운 생활을 배격하고 고상하면서도 절도 있는 성품을 기를 수 있는 긍정적인 측면과 함께 '자기 안위에만 관심을 두는明哲保身' 처신의 변명이 될 수 있다.

그러면 중국인들이 왜 이런 생각을 가지게 되었을까? 중국인들은 토지 위에서 수천 년을 살아왔고 찬란한 중화문명을 창조하였다. 그러나 그 토지는 중국인들에게 만만찮은 자연재해를 몰고 왔다. 그들에게 중요한 것은 '어떻게 하면 토지 위에서 생존할 수 있는 방법을 찾아내는가?'였으며 이 때문에 중국에서는 일찍부터 농경기술이 발달했다.

농업은 자급자족으로, 자연재해가 발생하면 어려운 농민들은 하늘만 의지하고 살았다. 이런 상황은 결국 현실적인 생활의 족함을 알고 살아가려는 사고방식이 중국인의 의식을 지배하게 했으며 그들은 아무리 어려운 상황이 닥치더라도 지족知足으로 극복해 갔던 것이다. 이렇게 지족 심리는 자연의 위력 앞에서 어쩔 수 없이 생겨난 것이었다.

중국인들은 누구에게도 자신의 공적을 자랑하지 않으며 또한 그렇게 할 수 없다. 어떻게 하다 보니 자신이 앞섰을 뿐이고 자신이 한 일은 얼마 되지 않으며 모든 것은 뒤에서 여러 사람들이 도와 준 결과라고 생각한다. 만일 계속 자기의 업적을 자랑하면 중국 사회에서는 금방 경시당한다. 그래서 어느 한 사람이 명예를 갖게 되면 그에 수반되는 물질적인 것은 다른 구성원들과 나누어 가져야 한다. 즉, '명예'라는 정신적인 만족감을 느끼게 되면 물질적인 것은 가능한 한 적게 가짐으로써 자신의 영예를 다른 사람과 나누길 원하는데 이것이 바로 지족정신인 것이다. 그러므로 지족정신을 가지고 앞으로 나아가길 멈춘다면 중국인들은 그 사람을 높이 평가하며 그는 일상생활 속에서 화평과 안일을 즐길 수 있다. 이러한 기질이 중국의 발전을 가로막는 걸림돌이 되었다.

지족은 항상 내향적이기 때문에 밖으로 드러나는 법이 없다. 중국인들은 대체로 무슨 일을 미주알고주알 캐려는 습성이 없으며 가능하면 사물의 영역을 넓히려 하지 않는다. 무슨 일이든지 깊이 따지지 않으며 족함을 알고 편안하게 화평을 즐기려는 성격은 자연스럽게 중국인들의 사고방식을 보수적으로 만들었다. '걱정이 없고 염려가 없으며無憂無慮', '마음이 편안하고 몸이 느긋하면 몸도 편안하다心寬體胖'는 사고방식은 모두 지족과 보수적인 경향을 단적으로 드러낸 것이다.

'하늘의 뜻에 순응하여 자기의 처지를 만족하게 생각樂天之命하고 궁하지만 편안하게 도를 즐긴다安貧樂道'는 것도 좀 더 엄밀하게 정의한다면 현상 유지에 만족할 뿐 대외적으로는 진취성이 결여된 지족의 부정적인 측면을 드러낸 것이라 할 수 있다.

그러나 지금은 상황이 많이 달라졌다. 과거 중국인들은 지족을 알았지만 현대 중국인들은 그렇지 않다. 많이 변했다. 과거에는 지족이 중국인들의 미덕이었지만 이제는 다르다. 사람마다 만족을 모른다. 사람마다 돈을 더 벌려고 생각하며 어디에서나 치열한 사투를 벌이고 있다. 서로가 비교하고 경쟁하는 것이 오늘의 중국이다. 돈이 있는 사람은 사회적으로 존중을 받고 가난한 사람은 업신여김을 당한다. 그리고 이런 상황에서 빈부의 격차도 심해지고 있다. 이러한 것들이 현재 중국사회를 각박하게 만드는 중요한 요인의 하나다. 지금 중국 정부가 모든 인민들이 골고루 사는 사회를 만들기 위해 노력하고 있지만 그것이 단시일 내에 이루어지기는 어려울 것이다.

옛것에 지나치게 안주하다

중국은 5천년의 찬란한 문화를 가지고 있으며 세계의 문명을 위해 많은 공헌을 했다. 특히 중국은 아시아문명에 막강한 영향을 주었다. 그러므로 중국은 사실 큰소리로 과거를 자랑할 만도 하다. 따라서 많은 중국인들이 자신들의 유구한 역사와 찬란한 문명, 문화적 우월성에 대해 강한 자긍심을 갖고 있다. 하지만 그러한 심리가 지나쳐 미래로 나아가는 길을 스스로 막는다.

'뽐내고 박학다식한 척하는自詡博大' 것은 대다수 중국인들의 보편적인 심리이며, '큰 것을 좋아하고 공을 기뻐하는好大喜功' 것도 기질상의 특징이다. 이러한 자의식으로 인해 고대 중국인들은 상대적인 고립 상태에서 기술, 제도, 언어 등의 발전으로 일종의 자아만족감을 느끼게 되었다. 교육받은 사대부들조차 자신들의 문명에 필적할 만한 문명이 있다는 것을 모른 채 중국이 지리적·문명적으로 세계의 중심이며 중국문화가 어느 문화보다도 우수하다고 믿고 있었다. 중국이라는 뜻도 세계의 중앙에 군림한 나라라는 의미다. 중국인들은 이 세상에 자기들보다 더 강하고 우수한 나라가 없다고 생각했다. 세상의 모든 일은 중국에서 시작되고 중국에서 끝난다고 생각했으며 중국이 없으면 세계가 없다고 생각했다.

문화에 대한 자긍심은 역사적 영광에 대한 자부심으로 이어졌다. 하지만 새로운 사상을 창조하기보다는 공자를 비롯한 성현들의 사상을 배우고 익히는 데만 치중함으로써 새롭고 독창적인 지혜나 사상의 출현을 요원하게 만들었다. 과거 중국의 왕조들은 학식이 높은 사士들을 뽑아 벼슬을 시키는 취사取士제도를 통해 인재를 등용했다. 취사제도는 지배계급이 통치력 유지 수단으로 인재를 선발하는 데 있어 가장 좋은 방법이었다.

이 제도는 시간이 지남에 따라 점점 보수적으로 바뀌었으며 벼슬을 하려고 마음먹은 사람들은 어릴 적부터 죽도록 경서를 외우고 과거를 보아야 했다. 중국 사회에서 사람들은 관리가 되기 위해 '오직 옛 것을 배우고 옛 것을 해석하는 데學古釋古' 대부분의 시간을 허비해야 했다. 그러니 새로운 사물을 배우고 익힐 겨를이 없었다. 유럽을 비롯한 서구의 선진적인 철학사상이 뒤늦게 중국에 들어온 것도 대부분 옛것을 배우는 데만 시간을 허비했기 때문이다. 그러다가 1919년에 일어난 5.4운동을 맞으면서 비로소 서구의 선진사상이 중국에 발을 들여놓기 시작했다. 중국이 성취한 번영과 보편적인 만족감이 오히려 중국인을 자만하게 만들었으며 '옛것을 지키는 사상守舊思想'을 정당한 것으로 받아들였던 것이다.

아무리 사회가 혼란스럽고 황제나 왕족이 바뀌더라도 생활습관은 바뀌지 않았다. '옛것을 숭상하면 뽐낼 수 있는 자부심'이 생기므로 군이 미래를 생각하는 비전이나 탁견은 필요 없었던 것이다. 중국의 사대부들은 옛것만을 배우고 조상을 숭배하는 데 많은 시간을 낭비하고 항상 경전이나 성현의 가르침을 인용해 현재의 상대방을 공격하고 과거 성현들이 지금 사람들보다 총명한 것을 강조했다. 이런 상황에서는 '미래를 내다보는向前看' 시각이 형성될 수 없었다. 이것이 지난날의 중국의 비극이다.

또한 고대 중국의 지식인들은 경전을 많이 인용함으로써 자신의 학문과 수양의 높음을 증명하려 했다. 그 학문이라는 것도 대부분 사회과학이고 자연과학은 얼마 되지 않았다. 학문을 공부할 시간이 많지 않은 노동자들에 비해 중국문화는 특수계층에 집중되어 있어 당연히 일반 백성들과 거리가 있을 수밖에 없었다. 하여 중국의 백성들 중에는 문맹이 아주 많았다. 따라서 고대 중국의 지혜라는 것은 소수 학자들의 점유물이었으며 문화는 사대부들의 점유물이었던 셈이다.

남의 일에는 상관하지 않는다

중국인들이 명철보신明哲保身하면서 남의 일에 상관하지 않는 것도 단점의 하나다. 사실상 남의 일에 관계하지 않는다는 사상은 인에도 어긋나고 의에도 어긋나는 일이다. 중국에서는 지금도 때론 어떤 사람이 강탈을 당하거나 수모를 당하는 일을 보고서도 자기와는 상관이 없다 하여 그대로 지나치는 경우가 비일비재다. 중국 정부에서는 '인민을 위해 복무하자'를 항상 호소한다. 남의 일에 상관하지 않는 행위는 '인민을 위해 복무하자'는 것과 위배된다. '인민'이라는 개념 속에 '남'도 포함되기 때문이다. 하지만 고질화된 병은 쉽사리 치유하기 어렵다. 이런 불량한 기질은 과거의 종법제도와 깊은 관련이 있다.

고대 중국에서는 가정마다 법이 있었고 가족의 구성원들은 자신들의 집안을 보호하기 위해 노력했으며 자손을 많이 두는 것을 복으로 생각했다. 종법제도에서는 가정의 모든 권력을 장자가 장악하도록 하므로 장자 이외의 아들이나 서자들은 불만이 많을 수밖에 없었다. 대부분 가정의 권리나 이익을 쟁취하기 위해 노력했는데 사私는 권력을 쟁취하거나 평등을 추구하려는 측면이 강했다.

사실 전제정치하에서 가장 큰 가정은 황제였고 모든 일은 황제의 사적인 판단에 의해 처리됐다. 모든 사람이 모여 공도公道를 논한다 하더라도 황제의 한마디로 모든 것이 뒤집혔으며 황제가 손바닥을 뒤집기만 하면 구름이 비가 되기도 했으니 사실상 황제에게 공公이라는 개념은 아예 없는 것이나 다름이 없었다. 그가 아무리 황당무계한 이야기를 하더라도 이는 곧 진리가 되었고 아무리 군신을 우롱해도 그들의 충성을 확보할 수 있었다.

따라서 황제에게 나라는 곧 자신의 집이었고 집은 바로 자기 자신과 동일했으며 자신의 뜻이 바로 나라의 뜻이었던 것이다. 이처럼 중국의 역대 황제들은 대부분 자신만을 위해 살았고 그들에게 있어 도덕이나 윤리 같은 게 있을리 없었다.

황제의 절대적인 통제하에서 관리들이 직언을 한다는 것은 상상도 할 수 없는 일이었다. 자기 일이 아닌 것에는 관심도 갖지 말고 항상 적당히 대응하고 민감한 문제는 관여치 않으면서 정치적 부담을 피하고 누구에게든지 최대한 공손하게 행동함으로써 나중에 올지 모르는 화를 피하는 것이 현명한 방법이었다. 이러다 보니 일반 백성들도 자연스럽게 이들의 처세술을 배우게 되었고 대인관계 기술들이 점점 발달하게 되었던 것이다.

고대 중국은 분산된 소농경제를 기초로 한 전제주의 국가였다. 소농들은 자급자족의 단위로 모두가 자신들의 유형 또는 무형의 담장을 가지고 있었다. 성의 장벽인 성장城墻, 집의 벽인 원장院墻, 마음의 벽인 심장心墻 등이 이들이었다. 스스로 담장을 막기만 하면 안과 밖은 단절되었다. 겉으로는 예를 가지고 사람을 대하지만 타인을 자신들의 울타리 안으로는 절대로 들여놓지 않았다.

중국인들에게 사私는 혈육을 의미했으며 친소親疏 감정이 확실해서 인정人情은 같은 집안 식구들 사이에만 적용되는 것이며 대내적으로는 화합을 이야기하지만 대외적으로는 담장을 쌓았다. 그래서 '다른 사람을 해하려는 마음을 가지고 있어서도 안 되며, 다른 사람을 방비하는 마음이 없어서도 안 된다害人之心不可有, 防人之心不可無'고 했다. '자기 집 문 앞의 눈은 치워도 다른 집 기와의 서리는 상관하지 않는다只顧自掃門前雪, 休管他人瓦上霜'는 속담이 이를 말해 준다.

중국인들은 어떤 사건이 생기면 구경하는 것은 좋아하지만 자신이 그 일에 관여하는 것은 원치 않는다. 특히 어려운 문제와 만나면 "선례가 없다沒有先例"는 말부터 한다. 통상적으로 일이 생기면 법에 따라 처리하면 되는데 인치人治가 중심이었던 고대 중국의 법률은 일반 백성들에게나 적용되는 것이었다. 법의 개념이 불투명한 상황에서는 자연히 공공도덕이나 공리公利가 잘 지켜지기 어렵고 선례가 없으면 이를 처리하기가 난감한 것이었다. 중국은 공공 도덕이 선진국에 비해 거리가 먼데 이것도 '자기 집 문 앞의 눈은 치워도 다른 집 기와의 서리는 상관하지 않는다'는 기질의 한 형태라고 할 수 있다.

그러나 지금은 많이 달라졌다. 남의 일에 상관하는 사람들이 점점 늘어나기 시작했다. 최근 중국의 직장에서는 남에 대하여 나쁜 말을 하거나 고자질하는 행위가 심해지고 있다고 한다. 그 이유는 승급할

중화인민공화국이 공식 인정한 '中韓友好使者'

자리도 적고 기회도 적기 때문에 경쟁이 너무 심해 다른 사람들을 헐뜯지 않으면 올라갈 수 없기 때문이라는 것이다. 따라서 지금 많은 중국인들이 다른 사람들의 일에 관여를 하는데 이것은 중국인들의 기질에 있어서의 큰 변화라고 할 수 있다. 그런데 이러한 변화는 중국문화의 표면 현상이 아닌, 문화 속에 깊이 감추어진 현상으로 보인다. 아직은 기초가 그대로 있는데 기초 위에 올린 집의 모양이 변화하고 있는 것이다. 앞으로 그 기초가 동요할지는 지켜봐야 할 몫이다.

제 12 장

나의 소원은 한중 동반 발전, 그리고 한반도 통일

나의 사회생활 인생 전반기는 '사랑'을 실천한 세월이었다. 미국 유학 시절에도 마찬가지였지만 1970년 미국에서 돌아와서도 오로지 주변 사람들에게 사랑을 주기 위한 삶을 살았다고 자부한다. 하지만 늘 베푼 사랑보다는 오히려 주변으로부터 더 큰 사랑을 받았다. 그 베푼 사랑의 대가로 국회의원에 이어 장관을 지내면서 보다 의미 있는 삶을 살았다.

이제 남은 인생에 부디 이루고 싶은 소원이 있다면 남북통일이다. 마지막 꿈이다. 눈감기 전에 하나의 통일국가를 만들고 싶다.

요즘 들어 나에게 '당신은 어느 쪽 사람인가'를 묻는 이들이 많다. 나는 좌도 우도 아니라고 분명히 말한다. 한때는 국회의원에 장관까지 지내면서 노선이 확실했던 적이 있었지만 지금은 아니다. 초당적이고 초정권적인 사람이다. 더구나 '통일'이 여생의 소원이자 사명이 되어 버린 이상 그 어디에도 치우칠 수 없다는 게 나의 '통일지론'이다.

어쩌면 중국을 안방 드나들듯 하면서 '관시'를 심어 온 것도 궁극적으로는 '통일을 위한 준비'였다고 말할 수 있겠다.

멀고도 험난한 길, 한중 통상 마찰 극복

한국과 중국의 교역 규모는 엄청나게 커졌다. 통상관계에서 많은 실적을 거뒀고 지금도 급속도로 발전하고 있다. 중국은 한국의 최대 교역대상국이자 무역수지 흑자국이다. 한국의 대중국 수출액은 1992년 27억 달러에서 2010년 1천168억 4천만 달러 수준으로 약 43배 증가했고 중국의 대한국 수출액은 1992년 37억 달러에서 2010년 715억 7천만 달러로 약 19.4배나 증가했다. 증가율도 같은 기간 연평균 각각 23.3%와 17.9%를 기록했다.

특이한 것은 한국의 대중국 수출의존도가 높아졌고 수입의존도도 늘고 있다는 점이다. 수치로 보면 2010년 기준 대중국 수출은 한국 전체 수출의 25.1%를 기록하고 있으나 같은 해 중국의 대한국 수출은 중국 전체 수출의 4.4%에 불과했다.

한국의 대중국 수입의존도는 16.8%였고 중국의 대한국 수입의존도는 10%였다. 이제 수치로 보아서는 한국 수출은 중국이 먹여살리고 있다. 이미 중국은 수출시장을 다변화했다.

한중 교역 규모가 확대되면서 통상 마찰도 커지고 있다. 양국의 이해관계에 맞물려 여러 상품들이 이미 마찰을 빚고 있다. 복잡한 관세제도를 거론하지 않더라도 중국 상품으로 인한 피해, 그에 따른 조정 신청은 갈수록 늘고 있다. 값싼 중국 제품으로 한국 상품은 경쟁력을 잃고 있다.

중국과의 통상 마찰은 중국과 한국 내에서뿐 아니라 세계 곳곳에서 거세질 전망이다. 왜냐하면 두 나라 모두 무역의존도가 높아 세계시장에서의 경쟁이 커지기 때문이다. 예를 들어, 중국산 자동차가 세계시장으로 수출된다면 한국이 가장 피해를 볼 것이다. 저렴한 인건비와 저평가된 위안화로 인해 시장은 위축될 것이고 싼값에 수출되는 한국산 자동차의 피해가 클 것임은 자명하다. 중국의 무분별한 투자 확대로 피해가 커진다는 계산이다.

컬러 텔레비전이 통상 마찰의 대표적인 사례다. 한때 점유율 90% 이상을 차지했던 외국투자업체들의 제품은 설 자리를 잃고 중국 업체에 밀려나 대부분 자취를 감췄다. 소니와 삼성만이 명맥을 유지하고 있다.

통상 마찰의 심화는 조그만 품목이나 농산물에서 조선업에까지 밀려오고 있다. 선박 건조 1, 2위를 앞서거니 뒤서거니 하며 분규가 일기 시작했다.

첫 분규는 1999년 마늘이었다. 중국산 마늘의 수입이 늘어 국내 시장점유율 11%가 되자 마늘 가격은 크게 하락했다. 양국은 두 차례 실무협상에 들어갔다. 그러나 마늘이 깐 마늘이냐 안 깐 마늘이냐의 시비로 결론을 내지 못했다. 중국이 휴대전화 등 전자제품 수입을 중단한다고 으름장을 놓았다. 결국은 한국이 관세부과 철회로 일을 마무리했다.

한국에서 중국산은 품질이 떨어지고 가격은 싸다는 인식이 팽배해 있다. 지금은 다소 바뀌었지만 여전히 중국산 제품에 대해 인식이 좋지 않다. 한때 '납꽃게 분쟁'이 벌어졌다가 수입금지 등 강경조치로 끝났다. 김치 분쟁도 마찬가지다. 한 국회의원이 중국산 김치에서 국산 김치의 5배에 이르는 납이 검출됐다는 폭로를 하면서 시작됐다. 그러자 식약청은 중국산 12개 제품에 대해 기생충이 검출됐다고 불을 질렀다. 납에서 기생충으로 사건은 확대됐다. 중국도 가만 있지 않았다. 한국산 김치, 고추장, 불고기 양념장에서 기생충이 검출됐다고 발표했다. 양국의 실익 없는 마찰이었다.

상하이자동차와 쌍용차 사이의 분쟁도 마찰의 한 예이다. 상하이
자동차는 쌍용차의 지분 48.9%를 5천900억 원에 매수했다. 쌍용차
의 최대주주가 된 것이다. 이는 중국 기업의 영향력 증대와 한국과
중국 간 경제적 유대 강화의 상징으로 받아들여졌다. 그러나 잦은
노사 분규와 기술 유출 등의 고발을 견디지 못하고 상하이자동차는
철수했다.

앞으로도 한중 간 통상 마찰은 계속될 것이다. 무역 규모가 커지
고 있기 때문이다. 한국은 중국의 3대 무역국이고 중국은 한국에서
최대 무역흑자를 내고 있다. 그러니까 한국은 분규를 야기시킬 수밖
에 없다. 한중 간 통상 마찰에 효율적으로 대응하려면 불필요한 마
찰은 최소화하며 필요한 마찰은 반드시 소기의 성과를 달성하면서
도 양국관계에 손상이 없도록 해야 한다.

우선 제도적 차원에서 통상정책 수립을 일원화하고 운영을 효율
화해야 한다. 뿐만 아니라 사회적 합의에 기초한 준비된 대응도 필
요하다. 떼를 쓰고 강제 추진하고 예의를 갖추지 않는다면 마찰은
점점 커질 것이다. 통상 상대국인 중국을 현실적으로 인정하고 국내
이익 집단이 있다 해도 무조건 뛰어들지 말고 한국 정부가 취할 수
있는 대안을 찾아 결정해야 한다. 또한 정치인이나 언론의 과시적
보도를 냉철하게 판단하고 국익 여부를 파악하여 사회적 합의를 도
출해 내야 한다.

남남으로 만난 부부도 싸우면서 살아가기 마련인데 하물며 나라
와 나라 간에 마찰은 불가피하다. 문제는 싸움에 임하는 자세와 태
도에 있다는 것이다. 이 문제는 한중 통상 마찰뿐 아니라 남북통일
을 둘러싸고도 마찬가지다.

중화인민공화국이 공식 인정한 '中韓友好使者'

더 이상 미룰 수 없는 한중 FTA

한국은 실로 오랜 기간 미루어 오던 한미 FTA자유무역협정를 성사시켰다. 야당의 반대에 부딪히고 미국에 대한 반미감정까지 거세어 비준이 통과되기 전에 많은 시련을 겪었다. 야당은 자신들이 추진하던 FTA 협상을 선거 전략으로 활용하며 국격을 떨어뜨리기도 했다.

한미 FTA 체결에 놀란 것은 중국과 일본이었다. 한국의 자유무역협정 독주에 일본과 중국이 긴장을 할 수밖에 없었던 것이다. 드디어 중국과 일본도 환태평양 동반자협정TPP을 계기로 한국과의 FTA 협정을 서둘러야 한다고 입을 모으고 있다.

이명박 전 대통령은 재임 시절 중국의 후진타오 주석을 만난 자리에서 한중 FTA 협상을 시작하기로 합의했다. 양국은 협상을 위한 내부 절차를 끝낸 상태다. 일본도 미국과 FTA 협상에 속도를 내고 있지만 중국은 갈수록 커지는 한중 양국의 무역 규모로 보아 서두르지 않을 수 없다는 얘기다.

중국의 원자바오 전 총리는 한 국제모임에서 한·중·일 3국의 FTA를 제안했다. 그는 "3국이 함께 노력해 연내에 타당성 공동연구를 완성하고 빠른 시일 내에 협상을 시작해 최대한 빨리 FTA를 체결하자"고 밝혔다. 원자바오 전 총리의 이 발언은 미국 중심의 환태평양 동반자협정을 견제하기 위한 것으로 보여 주목되기도 했다.

물론 3국은 산업, 관광, 학술 등 분야에 대한 공동연구가 마무리 단계에 와 있어 곧 협상을 시작할 수도 있다.

문제는 농산물시장이다.

중국과는 이미 FTA가 상당히 진전된 것으로 보인다. 중간에 간혹 중단되기도 했지만 지난 5년간 여러 차례 추진됐다.

한중 FTA 역시 농산품시장 개방이 예민한 사안이다. FTA를 통해 중국 농산품이 대거 수입되는 문제를 많이 걱정하고 있다는 것이다.

현재 한국 농산품시장은 110억 달러 수준이다. 그중에서 중국에서 들어오는 농산품이 30억 달러약 3분의 1 규모를 넘어선 상황이다.

중국은 한국과는 달리 하이테크 제품과 부가가치가 높은 철강 및 석유화학 제품이 수입될 것에 대한 경계심을 갖고 있다. 그래서 양국 정상들은 FTA를 추진하기 위해 국민들의 반대를 잠재우면서 보다 큰 틀에서 원활한 무역 교류가 이루어지도록 논의하고 있는 중이다. 이미 양국은 거대 교역국이 되었다. 한중 FTA가 체결되면 양국 간 교류는 더욱 활발해질 것이다.

한중 FTA 협상을 둘러 싼 몇 가지 키워드를 제시하고자 한다.

우선은 중국 정부에서 시행하고자 하는 거시적 정책에 귀를 기울여야 한다. 중국은 1978년 개혁개방 이후 경제특구를 만들어 서부대개발 등 단계적 국가경제정책을 시행해 왔다. 일본은 사업지를 옮겨가며 잘 적응하고 있다. 한국은 늦은 감이 있다. 앞으로 중국 정부의 개발정책들을 주시하고 해당 시기에 맞게 사업전략을 짜는 것이 필요하다.

다음으로 해당 국가의 문화적 특성을 이해하는 것이 필수라는 점이다. 인천공항에서 A기업의 신차발표회를 본 적이 있다. 자동차 맨 앞에 크고 흰 꽃이 달려 있었다. 만약 중국에서 이런 마케팅을 하면 곧장 실패로 이어지는 건 불 보듯 뻔한 일이다. 중국에서 흰색 꽃은 죽은 사람과 관련되어 있기 때문에 중국인들은 흰 것을 가급적이면 피한다.

그 다음으로 중국의 지역별 전문가와 현지 인재를 양성할 필요가 있다. 중국은 각 지방에 따라 복잡다양한 문화를 가지고 있다. 강남

중화인민공화국이 공식 인정한 '中韓友好使者'

에서 성공한 아이템이 중서부지역에서 통할 수도, 통하지 않을 수도 있다는 말이다. 이국에서 시장을 개척할 경우는 본사에서 파견하는 것보다 현지인을 채용하는 것이 많은 도움이 된다. 그런 차원에서 지역전문가 인재를 양성할 필요성이 있는 것이다.

그 외 중국은 너무 덩치가 큰 나라이기에 중앙정부와 지방정부가 서로 차별화된 정책을 시행하는 경우도 있다. 중앙정부의 큰 정책의 틀 안에서 꼼꼼히 따져보고 사업을 추진할 필요가 있지만, 지방에서 특정사업을 추진할 경우 중앙정부의 거시적 계획과 실제적인 허가 여부도 함께 고려하면서 사업을 추진할 필요가 있다.

다행히 박근혜 대통령의 6월 중국 방문 때 양국이 경제 안정과 장기 성장에 기여할 수 있도록 포괄적이고 심도 있는 경제협력체제를 구축하기로 합의하고 '경제통상 협력 증진 양해각서' 등 7개의 MOU가 체결됐다. 이제 한중 FTA 협상은 불가피해졌다. 지금부터라도 바짝 서둘러야 한다. FTA는 양국 모두에게 이롭다. 누가 고양이 목에 먼저 방울을 다느냐가 중요한 시점이 왔다.

한반도 통일을 둘러싼 중국의 '양다리 걸치기'

결론부터 말하면 중국은 공식적으로는 한반도 통일을 원하지만 내심으로는 그냥 지금의 이대로도 괜찮다고 생각한다. 적어도 당분간은 그렇다. 북한이 사회주의 혈맹국으로서 체면 유지에 도움이 되고 남한 또한 경제협력국으로서 지속적인 윈-윈이 필요하기 때문이다.

한반도 통일이 중국의 국익에 별 도움이 될 수 없는 한, 중국은 북한체제의 안정과 대북 영향력이 지속되기를 원하는 차원에서 어찌 보면 아이러니한 입지를 보이기도 한다.

중국은 북한이 전략적 요충지로 동북아시아 최전방에서 적어도 '중국의 보호막'이 되어 주고 있다고 생각한다. 뿐만 아니라 북한도 중국의 이런 사실을 간파하고 체제 유지를 하면서 원조를 바라고 있다고 볼 수 있다. 그래서 북한은 비핵화보다는 체제 유지에 비중을 두는 것이다.

중국은 양다리 걸치기를 하면서 은근히 대국적인 책임을 앞세우고 좌우와 앞뒤를 조율하고 있다. 북한에 적당히 원조하면서 혈맹임을 강조하고, 남한과도 다각적인 교류를 추진하고 있는 것이다.

북한은 이런 중국의 태도에 불만이 없진 않다. 1992년 한중 수교가 그렇고, 탈북자 처리 문제도 불만이다. 그래서 언젠가 변할지도 모르는 초초함에 핵 개발을 서둘러 온 것인지도 모른다.

중국은 북핵문제에 대해서도 대국답게 비교적 유연하다. 비핵화와 한반도 안정은 별개의 문제라고 보고 있다. 비핵화 선결 조치가 없이도 중국은 북한의 안정을 위해선 경제지원에 나설 수 있다는 것이다.

중국이 북한에 요구하는 것은 간단하다. 북한에서 더 이상 문제를 일으키지 말고 자신만의 발전 전략을 찾아 나서기를 원하는 것뿐이다. 중국의 개혁개방을 배우고 남한과는 대화하고 미국과는 적당히 조율하는 길이다.

중국의 표면적 입장은 한반도의 비핵화와 점진적인 통일을 지지해 간다는 것이다. 적어도 그때까지는 양다리 전략으로 남과 북을 조율할 것으로 보인다.

중화인민공화국이 공식 인정한 '中韓友好使者'

한국 박근혜, 중국 시진핑 체제는
통일외교의 절묘한 타이밍

지난 2012년 12월 27일부터 29일까지 베이징을 급히 다녀온 일이
있다. 새누리당 박근혜 후보가 대한민국 첫 여성대통령으로 당선된
한 주 뒤였다. 베이징에서 1992년 한중 수교의 중국 측 실무주역들
인 공산당 대외연락부와 외교부의 전직 고위 지도자 4명과 마주 앉
아 향후 한중관계의 새로운 도약을 위한 방안을 모색했다.

중국은 박근혜 대통령에 대한 기대가 대단했다. 동북아시아 첫 여
성 대통령인데다 '한강의 기적'을 일궈 낸 박정희 전 대통령의 딸이
라는데 중국 국민 모두의 관심과 기대가 모아진 것 같았다. 게다가
박근혜 대통령이 과거 북한에 건너 가 김정일 국방위원장을 만나고
온 만큼 남북관계 개선에도 새로운 물꼬가 트이지 않을까 기대하는
눈치였다. 현재 한중관계가 묘한 시점인데 중국 정부는 외교부 상무
부부장 장즈쥔張志軍을 특사로 한국에 보내 당시 당선인 신분이던 박
근혜 대통령을 예방하고 '조속한 방중을 원한다'는 중국 지도자의 친
서를 전달했다.

외교란 타이밍이 아주 중요하다. 이제 한중 양국은 새 지도체제를
맞아 또 한 번 크게 도약할 시점에 왔다.

박근혜 대통령이 한미 동맹을 고려해 첫 번째 해외 방문으로 미국
을 택하는 건 어쩔 수 없는 순리이지만, 두 번째 예방국은 당연히 중
국이어야 한다고 생각했다. 중국이 이미 명실상부한 G2 반열에 오른
만큼 일본이 아닌 중국행 비행기를 먼저 타야 했다. 실제로 박근혜 대
통령은 미국에 이어 두 번째 방문국으로 중국을 택했다. 잘한 일이다.

전임 이명박 정부는 G2 가운데 중국보다는 미국 친화적인 외교정책을 펴 왔지만, 박근혜 정부는 앞으로 10년 동안 중국을 통치할 시진핑 체제를 맞아 균형외교를 해야 한다.

지금은 타이밍이 아주 괜찮다. 중국은 지도자가 바뀌면 외교정책 기조가 새롭게 수립돼서 10년 동안 좀처럼 변하지 않는다. 시진핑 주석 향후 10년간의 외교정책에서 대북정책이 수립되기 전에 박근혜 대통령이 시진핑 주석을 만난 것은 시의적절했다. 아마 시진핑 주석도 북한 핵문제, 한반도 통일과 관련해 어떤 대안을 생각하게 됐을 것이다.

특히 지금은 중국뿐 아니라 미국, 일본, 러시아와도 평화통일외교를 적극 추진할 수 있는 기회다. 한반도 통일이 자국의 이익에 부합하며, 특히 북한보다 남한과 더 친밀하게 지내는 것이 주변 4강국 외교에 좋다는 사실을 인식시키는 통일외교가 필요하다. 그러면서 미국, 중국과는 반드시 균형외교를 펼쳐야 한다. 중국이 남북관계에 미치는 영향, 그리고 한중 양국의 국익 차원에서도 한중관계가 한미관계 못지않게 중요하다는 인식을 가져야 한다.

현시점에서 대미對美 일변도 외교는 금물이다. 정부가 지나치게 미국의 핵우산에만 기대지 말아야 한다. 물론 한미 공조도 중요하지만 남북통일을 위해서는 중국의 영향력이 절대적으로 필요한 시점이다. 실제로 북한이 사용하고 있는 에너지와 식량 대부분을 중국이 제공하고 있다는 점만 감안해도 그 실효성을 짐작할 수 있다.

북핵문제 등 남북 간 갈등 해결의 열쇠를 쥔 중국 역시 한국과의 관계 개선에 꾸준한 노력을 경주해 왔다. 북한이 그동안 미국과 일본으로부터 중국의 방패막이 역할을 해 왔지만, 북한의 일방적인 군사 행동으로 중국 또한 난처한 입장에 처했을 때가 많았다. 그러는 와중에 동북아시아 패권을 두고 미국과 경쟁해야 하는 시점이 된 중국인 만큼 한국과의 보다 친화적인 관계 개선에 더 신경 쓸 수밖에 없다.

중국의 북한에 대한 영향력뿐만 아니라, 한중 교류 차원에서 보더라도 향후 10년간 중국과의 우호협력이 무엇보다 중요하다. 중국은 현재 북핵문제와 전통적인 우호국으로서의 대북정책을 분리해서 대응하고 있다. 유엔에서 아무리 대북 제재를 결의해도 북한의 후견인 역할을 하는 중국이 입 다물면 그다지 효력이 없다.

박근혜 대통령이야말로 대중對中외교의 적임자다. 박근혜 대통령은 2002년에 21세기한중교류협회가 주최한 한중 수교 10주년 행사에서 중국어 실력을 발휘해 중국 고위층들로부터 찬동을 받은 적이 있다. 대통령이 된 뒤 중국 방문에서도 그랬다.

박근혜 대통령은 현재 아시아에서 가장 주목받는 여성 지도자다. 특히 중국인들은 대부분 박근혜 대통령의 부친인 박정희 전 대통령을 존경한다는 점에서도 친 중국정책을 펴는 데 연결 고리는 확보한 셈이다.

중국과의 우호협력 관계 확대를 위해선 외교부 장관과 주중대사를 누가 맡느냐도 중요하지만, 대중국 외교에서는 비공식 채널을 잘 이용하는 것이 훨씬 더 중요하다. 중국에서는 '원로 정치인'들이 상당히 존경받고 있고 또한 굵직한 결정은 여전히 당 원로들 손에서 이뤄진다. 실제로 이미 퇴임한 당 원로들의 말 한마디가 막강한 힘을 발휘하는 곳이 중국이다.

서로 간에 풀기 어려운 껄끄러운 문제도 '막후 채널'을 가동해 원만히 풀 수 있다. 특히 중요한 것은 양국 간 수시로 대화할 수 있는 '핫라인' 같은 전략적인 대화채널을 마련하는 일이다.

그리고 통일을 위해서는 이제부터 중국 동북3성과의 경제·문화교류와 인적 교류를 확대해 나가야 한다. 동북3성이야말로 통일에 대비해 아주 중요한 지역이다. 우선은 북한과의 접경지대이고, 현재 비공식으로 북한과 교류협력을 추진하고 있는 곳이 바로 동북3성이다. 게다가 동북3성에는 같은 피를 나눈 조선족 동포 200만 명이 거주하고 있기 때문에 앞으로 한반도 통일을 대비한 포석으로 이곳의 조선족 동포들의 역할이 필요하다.

제 13 장

사랑의 눈길로 바라본
중국의 문제점과 풀어야 할 과제

중국은 개혁개방 후 세인을 놀라게 하는 발전을 이룩하면서 서서히 세계 강국으로 부상하고 있으며 지금도 의연히 힘찬 진군을 거듭하고 있다. 그러나 그 휘황한 성과의 이면에 여러 가지 문제점들도 적지 않으며 아울러 풀어야할 과제들도 많다. 이를테면 불균형한 발전, 불공정한 분배, 불공평한 교육 문제 등이다. 또 부동산 가격 폭등, 구인난, 빈부 격차, 부정부패, 환경오염, 내수시장 부진, 고령화 문제 등도 있다. 그중에서도 가장 두드러진 것이 발전의 불균형과 빈부의 격차 및 부정부패라 할 수 있겠다.

나는 항상 중국을 사랑의 눈으로 바라보면서 '큰집이 잘 살아야 작은 집이 묻어 잘 산다'는 생각을 하곤 한다. 그런 의미에서 사랑의 눈길로 보아온 '중국이 풀어가야 할 문제점'들에 대해 일별해 보고자 한다. 중국인의 입장에서는 반드시 받아들여야 할 따끔한 충고일 것이다.

어김없이 찾아온 성장의 진통, 불균형 발전

어느 나라건 간에 발전의 불균형은 존재한다. 하지만 중국은 너무 급속도로 발전하다 보니 발전의 불균형이 아주 심각하다.

그 전형적인 예가 세계에서 가장 긴 36km에 달하는 해상대교인 항저우만과해대교杭州湾跨海大橋다. 상하이와 닝보宁波의 육로거리를 120km나 단축시키는 기적의 다리로 소문이 나 있다.

하지만 쓰촨이나 윈난云南의 산간 오지에 가면 지금도 강에 다리를 놓을 수가 없어 쇠밧줄을 타고 강을 건너다니는 사람들을 볼 수 있다.

상하이 번화가에 벤츠와 인력거가 동시에 달리는 걸 보고 외국 사람들은 크게 놀라는데 이것이 오늘날 중국의 현실이다.

중국의 한 인기 여배우 생일을 맞아 국내는 물론 동남아시아 거부들까지 몰려와 북새통을 이룬 일도 있었다. 고급스러운 자가용은 물론 전용비행기까지 몰고 와 위세를 과시한 거부도 있었다고 한다.

하지만 아직도 중국의 오지에 사는 아이들은 달랑 계란볶음밥 한 접시에 사이다 한 병으로 생일을 때우곤 한다.

한국의 제주도에 중국의 한 통신업체 직원들이 대규모 집단 관광을 왔는데 제주도 호텔방이 포화 상태에 이르러 곤욕을 치렀다.

하지만 아직도 중국 서부의 오지에 가면 치약을 이 닦는 데 쓰는 지조차 모르고 사는 사람들이 있는가 하면, 비행기나 기차를 구경조차 하지 못하고 사는 이들이 많다. 이것이 '수수께끼나라' 중국의 엄연한 현실이다.

두 발로 뛰면서 중국을 공부했던 나는 중국의 현실을 너무나도 잘 알고 있다. 중국과 한국을 비교할 수는 없다. 뭐든 비교하려면 비등점이 있어야 하는데 비등점 자체가 안 보인다. 중국과 한국을 비교할 것이 아니라 서울과 칭다오青島를 비교한다든지, 아니면 한국과 지린성을 비교한다면 그건 어느 정도 비등점이 있다.

개혁개방 후, 중국의 경제는 총체적으로 급속히 발전하여 세인이 주목하는 성과를 거두었지만 동시에 발전이 불균형한 문제가 두드러져 사람들의 우려를 자아내고 있는 게 엄연한 현실이다.

우선은 도시와 농촌의 발전 격차가 심각하다. 개혁개방 후 도시와 농촌의 소득 격차는 한때 얼마간 축소되어 1983년에 도시와 농촌주민의 일인당 소득 비례가 1.82 : 1이었지만 후에 차츰 커져 2009년에는 3.33 : 1로 확대되었다. 절대적 격차로부터 보면 1978년에 농민의 일인당 소득과 도시주민의 일인당 가처분 소득의 격차는 209.8위안이었지만 1992년에는 1천 위안을 넘어 1천242위안에 달했고 2009년에는 1만 2천22위안에 달하게 되었다.

그리고 지역 간 발전의 격차 또한 너무 뚜렷한 것이다. 최근 30여 년 동안 주민들의 소득은 대폭 상승하였지만 지역 간의 소득 격차는 오히려 더 커졌다. 2009년에 중국 동부지역의 일인당 연간소득은 3만 8천587위안이었지만 서부지역은 1만 8천90위안으로 격차가 2만여 위안에 달했다. 성급 행정구 사이의 격차를 보면 상하이시의 일인당 연간 소득이 7만 6천976위안으로 가장 높고 구이저우성貴州省이 9천187위안으로 가장 낮아 두 곳의 격차는 6만 7천789위안에 달한다. 현재 중국의 4천7만 빈곤인구 중, 서부지역이 차지하는 비중이 94.1%에 이른다. 이것이 오늘날 중국의 엄연한 현실인 것이다.

또 경제적 격차 외에도 도시와 농촌 간, 지역 간의 의료 등 기본 공공서비스 수준의 격차도 크다.

중국식 불균형 발전의 복합적 원인

발전의 불균형은 반드시 객관적이고 변증법적으로, 역사적이고 구체적으로 분석하여야 한다.

중국식 불균형은 우선은 자연적인 원인에서 기인된 것이라고 할수 있다. 중국은 땅이 넓고 지역 간의 자연조건이 완전히 다르기에지역 간의 발전에 선천적인 차이가 있게 마련이다. 예를 들면, 동부지역은 평원이 많고 기후가 온화하며 토양이 비옥하고 교통이 편리하기에 선천적인 발전 동력을 가지고 있지만 서부지역은 산지와 구릉, 사막이 많고 기후가 건조하며 생태가 악화되고 교통이 막히어외계와의 정보 교류 및 무역 거래가 제한을 받으므로 경제사회 발전에 불리한 요소가 많다.

다음으로는 역사적인 원인에서 찾아볼 수 있다. 수천 년 동안 중국에는 줄곧 발전 격차가 있었으며 국가의 경제 중심이 끊임없이 변화하는 과정을 겪었다. 중원지역은 오랜 기간 전국의 경제 중심이었지만, 북송 이후 경제 중심이 장강 중하류와 동남 연해지역으로 옮겨지면서 발전의 격차가 더 커질 수밖에 없었다.

새 중국이 창건된 초기에 전국의 70% 이상의 공업과 교통운수 시설이 주로 전국 면적의 12.5%밖에 안 되는 동부 연해지역에 집중되어 있었다. 국가에서는 제1차 5개년 계획, 3선건설1964년부터 중서부지역의 13개성, 자치구에서 전쟁 준비를 지도 사상으로 하여 진행한 대규모적인 국방, 과학기술, 공업, 교통 기본건설 시기에 중서부지역에 대한 투자와 지원을 했지만 총체적으로 불균형한 상황은 개선시키지 못했다. 개혁개방 이후 여러 지역에서 모두 큰 발전을 이룩하였지만 지역 간의 격차는 확대되고 있다.

여기다 발전의 격차가 있게 된 것은 정책적인 원인에서도 찾아볼 수 있다. 일정한 시기에 시행한 정책과도 관련이 있다는 것이다. 예를 들면, 개혁개방 후 중국은 국정과 경제발전 수요에 비추어 비균형적인 발전 전략을 실시하여 동부 연해를 먼저 발전시키고 먼저 개방하는 정책을 적극 추진하면서 투자, 재정, 세금, 금융 등의 분야에서 동부지역에 편중되었다. 이런 정책은 동부 연해지역의 경제발전에 거대한 활력을 주입하고 국가의 전반적인 발전을 이끌었지만 객관적으로 동부와 중서부의 발전 격차를 확대시킬 수밖에 없었다.

이렇듯 현재 중국의 불균형 발전은 포괄범위가 넓고 원인이 극히 복잡해 여러 가지 요소가 상호작용하고 영향을 준 결과이기에 객관적으로 변증법적으로 대해야 한다.

중국식 균형 발전으로 가는 길

일반적으로 사회경제 발전은 나선식으로 전진하는 과정이므로 균형은 상대적이고 불균형은 절대적인 것이다. 경제사회에 일정한 정도의 불균형이 존재한다면 경쟁의 압력과 활력을 유지하는 데 이롭고 평균주의를 타파하고 생산요소의 합리적인 유동과 최적화 배치를 촉진하는 데 이롭다. 그러나 불균형 문제가 장기적으로 지속된다면 무시할 수 없는 사회적 불안을 초래할 수밖에 없다.

불균형 발전이 이뤄지면 경제의 안정적인 발전에 유해하고 초요사회를 전면적으로 건설하는 데 불리하며 사회 안정에 유해하다.

경제적 시각에서 보면 국민경제가 안정적이면서도 빠른 발전을 유지하기가 어렵다. 도시와 농촌 간의 격차가 장기간 지나치게 크면 농촌의 주민 소비가 완만하여 사회 소비의 증가를 가로막고 소비구조의 최적화 승격에 영향을 주게 되며 경제사회방식의 전환을 어렵게 한다. 지역 간의 격차가 장기간 지나치게 크면 지방의 이익 경쟁을 유발시켜 지방 보호, 시장 분할, 무역 장벽 등 좋지 않은 상황이 나타나고 지역 간의 경제 마찰과 이익 충돌이 많아져 대국의 통일된 대시장체제 형성에 직접 지장을 주게 되며 따라서 국민경제의 총체적인 능률을 떨어뜨리게 된다.

뿐만 아니라 지나치게 큰 발전 격차는 중서부지역과 광범위한 농촌의 자원, 자금, 인재 등 생산요소가 끊임없이 동부지역과 도시로 밀려들게 되는 악순환을 초래할 수밖에 없다. 이는 낙후한 지역과 농촌의 발전에 더더욱 영향을 끼쳐 이런 지역의 자체 발전 능력 형성에 불리하게 되고 따라서 초요사회를 전면적으로 건설하는 데 장애가 된다.

사회적 차원에서 보면 전반 사회의 심리 격차를 쉽게 초래하여 사회의 결집력을 약화시키게 된다. 사회성원들의 심신이 잘 어울리는 것은 사회 안정의 중요한 토대이다. 발전 격차가 지나치면 교류와 이해의 장애를 초래하여 냉담하고 불만을 느끼게 되며 대립되고 적대시하는 정서를 만들어 사회 모순을 격화시키며 총체적으로 사회의 조화와 안정에 영향을 주게 된다.

불균형 발전 문제를 타당하게 처리하지 못한다면 더욱 엄중한 후유증을 빚어낼 수도 있다. 일부 나라의 역사적 경험에서 보듯이 불균형 발전 문제가 민족 문제, 종교 문제 등과 뒤섞여질 경우 흔히 사회동란, 국가의 분열을 유발하는 요소로 작용할 가능성이 높다. 중국도 이미 티베트사태와 신강폭동 등의 동란을 겪은 바 있어 그 심각성을 모르는 바는 아니라고 보고 있다. 그러므로 중국도 발전이 불균형한 문제를 단순히 경제에 귀결시키지 말고 보다 신중하게 생각하고 대책을 강구하여야 할 것이다.

불균형 발전의 해소 여부는 중국 공산당의 집권 능력을 짚어 보는 바로미터가 된다. 결국은 발전이 비과학적인 표현이므로 이를 해결하려면 중국 공산당이 일관적으로 주창해 온 '과학발전관'에 근거하여야 한다. 중국 정부가 이미 불균형 발전 문제를 진단하였고 아울러 대안을 마련했다고 확신하고 있다.

중국식 '선부론'의 양면

중국의 빈부 격차는 '선부론先富論'에서 초래됐다고 본다.

중국 정부가 주창해 온 중국 특색의 사회주의 건설의 궁극적인 목표는 모든 인민이 부유한 삶을 영위하는 공동 부유의 길이다. 이를 위해선 중국의 현실을 감안한 차별적인 발전 전략이 필요했다.

덩샤오핑은 개혁개방을 시작하면서 "사회주의의 특징은 가난이 아니라 부富이고 이러한 부는 서로 공동으로 부유해지는 것이다"라고 설파했다. 또 "일부 지역이 먼저 발전하여 가난한 지역의 발전을 이끌게 하자"는 '선부론'을 주창했던 것이다. 중국은 나라가 커 지역마다 상황과 여건이 다르기 때문에 일률적으로 발전하는 것은 불가능하므로 동부 연안지역을 중심으로 우선 발전을 진행시키고 그다음 차차 서부 내륙으로 발전을 확대해 나가자는 구상이었다. 이는 더 이상 균등 발전이나 평균주의는 추구하지 않고 차별적인 발전을 인정하겠다는 것이다. 빈부의 격차는 사실상 '선부론'으로부터 기인된 것이다.

이와 같은 덩샤오핑의 주장은 지금까지 지속되어 오고 있는데 18차 당 대회에서 후진타오 총서기 역시 "반드시 공동 부유의 길로 나아가는 것을 견지해야 하며 공동 부유를 도모하는 것은 중국 특색의 사회주의의 근본 원칙이며, 사회주의 기본 경제제도와 분배제도를 견지하고 소득분배격차와 같은 비교적 큰 문제를 극력 해결하여 발전성과의 혜택이 보다 공평하게 전체 인민들에게 돌아가게 함으로써 공동 부유의 방향을 따라 온당하게 전진해야 한다"고 강조한 바 있다.

하지만 '선부론'이 중국의 경제발전에 상당한 시너지 효과로 작용한 것은 사실이다.

중화인민공화국이 공식 인정한 '中韓友好使者'

제 14 장

박근혜 대통령,
시진핑 주석 시대의 미래 비전

나는 2012년 12월 19일 박근혜 대통령이 제18대 대한민국 대통령으로 당선된 직후 각종 언론 인터뷰를 통해 박 대통령의 조속한 중국 방문 필요성을 강조했다. 한미 동맹을 고려해 취임 후 첫 번째 해외 방문국으로 미국을 택하는 것은 어쩔 수 없지만, 두 번째는 중국을 방문하는 게 옳다고 지적했다. 역대 대통령은 미국, 일본, 중국 순으로 해외 순방에 나섰지만 이제 중국이 명실상부한 G2 반열에 오른 만큼 미국 다음에는 일본이 아닌 중국행 비행기를 타야 한다는 게 나의 지론이었다.

실제로 그 시점에 중국 측에서도 박 대통령의 조기 방중에 거는 기대가 컸다. 박 대통령은 중국에서 덩샤오핑, 리콴유(싱가포르) 반열의 지도자로 꼽히는 '박정희'의 딸인데다, 중국말도 어느 정도 할 줄 알아 인기가 높다. 내가 박 대통령 당선 직후인 2012년 12월 27일부터 29일까지 베이징을 급히 찾아 1992년 한중 수교의 중국 측 실무주역들을 만났을 때도 그들은 박근혜 대통령 집권 기간 동안 한중관계가 크게 발전할 것으로 기대했다.

특히 비슷한 시기에 중국에서도 시진핑 주석 체제가 새로 출범한 만큼 양국은 동반성장의 속도를 한층 높일 수 있는 호기를 맞았다. 지금은 북한의 핵 문제가 한반도 평화를 위협하고 있다. 북한의 무모한 도발을 통제하고 국제사회로 이끌어 낼 수 있는 나라는 중국밖에 없고, 지금 중국의 최고 지도자는 시진핑이다.

따라서 한국에 박근혜 정부가 들어서고, 중국에 시진핑 체제가 완성된 것은 한중관계의 미래 발전 비전과 한반도 평화통일 준비에도 상당히 긍정적인 요소로 작용할 것이라고 믿고 있다.

박근혜 대통령과 시진핑 주석의
역사적인 첫 만남

나의 기대대로 박근혜 대통령은 취임 후 두 번째 해외 방문국으로 중국을 선택했다. 2013년 5월 5일부터 5박 6일 일정으로 미국을 다녀온 뒤 6월 27일부터 3박 4일 동안 전용기를 타고 중국을 방문했다.

박 대통령은 중국 베이징 서우두首都 공항에 도착한 직후부터 중국 정부로부터 극진한 환대를 받았다. 공항에는 장예쑤이張業遂 외교부 상무부부장이 나왔다. 이는 장관급 인사로, 외국 정상의 국빈 방문 때 해당 국가를 담당하는 외교부 부부장을 영접 인사로 내보는 관례를 깨고 부부장 가운데서 가장 서열이 높은 인사가 마중 나와 환대한 것이다.

박근혜 대통령과 시진핑 주석의 역사적인 첫 정상회담은 6월 27일 오후 4시 45분부터 베이징 인민대회당 동대청 내 남소청에서 열렸다. 두 정상은 예정 시간을 넘긴 70분간의 정상회담에서 '한중 미래비전 공동성명'을 채택했다. 공동성명의 핵심이 우리의 가장 큰 관심사였던 북한의 핵은 결코 용인하지 않는다는 항목이었다. 여기다 향후 한중관계 발전 방향 및 원칙, 전략적 협력 동반자 관계의 내실화는 물론이고 한반도 신뢰프로세스에 대한 평가와 타이완臺灣 문제, 국제 무대에서의 협력 방안까지 포괄적으로 담았다.

문제는 공동성명의 실천이다. 양국 간 전략적 협력 동반자 관계를 내실화하기 위해서는 청와대 국가안보실장과 중국 외교 담당 국무위원 간 대화 체계를 구축해야 한다. 또 한중 FTA는 한 단계 높은 수준의 협상에 착수해야 속도를 내게 된다. 아울러 '인문교류공동위원회'를 설치해 장기적이고도 안정적인 발전 기반을 구축할 필요가 있다.

박근혜 대통령의 한반도 신뢰프로세스에 대해 중국이 환영의 뜻을 밝히고 동북아시아평화협력 구상에 원칙적인 지지를 표명한 만큼 이를 구체화하는 데도 관심을 기울여야 한다. 한중 양국이 한반도 비핵화 목표를 재확인한 점도 의미 있는 성과였다. 다만 중국이 이번에 대북 태도에 변화가 있음을 보여 줬지만, 대북 전략의 기본 틀은 그대로임을 확인했기 때문에 여기에도 대처해야 한다.

'북핵 불용'을 공동성명에 명시하지 못하고 유엔 안보리 제재 이상의 대북 압박 공조가 없었던 점은 아쉬움으로 남는다. 중국은 오히려 한미 양국에게 대북 대화의 문턱을 낮추고 성의를 보여 주길 바라고 있다. 따라서 박 대통령의 이번 방중만으로 중국의 대북 전략이 당장 변화할 가능성은 크지 않다고 생각된다. 이는 북한을 의식한 것으로, 김정은에게 숨 쉴 공간을 제공한 것이나 마찬가지다. 즉, 중국의 대북 제재는 어디까지나 북한 내부의 안정이 흔들리지 않는 범위 내에서 하겠다는 것이고, 이는 곧 구호는 강력하지만 실천의지는 그다지 강하지 않다는 것으로 해석할 수 있다.

특히 미국과 중국의 전략적 갈등이 잠재돼 있는 상황에서 중국이 북한정권을 포기하고 북한 비핵화에 올인할 것으로 기대하기는 어려운 실정이다. 중국에 있어서 북한은 골칫덩어리이기는 해도 아직 대미 전략의 자산이기 때문이다.

다만 중국은 앞으로 외교관계에서의 구조적 갈등에 대비해 동북아시아에서 한국의 전략적 가치를 재평가하기 시작했다고 볼 수 있다. 북한은 3대 세습정권이 불안정한 상황에서 중국의 의견을 무시하고 독자적으로 핵 개발과 군사도발을 강행하고 있기 때문에 북한만 믿고 동북아시아의 안정과 평화를 지키는 것이 어렵다고 판단해 한국을 끌어안아야 된다는 생각을 하고 있다. 한반도 전체를 전략적 자산으로 보고 지역 전략을 수립하지 않으면 안 되는 상황에 직면해 있는 셈이다.

따라서 현 상황에서 중국이 취할 수 있는 입장은 북한에게 너무 가혹하게 대하지 않으면서 한국과의 관계를 개선하고 발전시키는 길이다. 이런 맥락에서 북핵 문제와 관련해 두 개의 떡을 들고 북한도 끌어안으면서 한국의 비핵화 주장도 어느 정도 수용하는 자세를 보이는 것이다.

장기적인 중국의 한반도정책은 일단 분단된 현 상황을 유지하면서 어떤 변수로 인해 한반도가 통일될 경우 통일 베트남처럼 중국을 적대시하는 상황이 벌어지지 않도록 하는 데 초점을 맞추고 있다. 그렇게 하려면 한국의 입장을 어느 정도 수용해야 하고, 그런 계산에서 나온 것이 이번 정상회담의 공동성명이라고 할 수 있다.

중국이 박 대통령을 환대한 것은 남북한 사이 등거리를 유지하는 가운데 한국민의 마음을 잡으려는 외교술로 볼 수 있다. 이런 중국의 입장에서 보면 '북한 비핵화'의 실질적 진전을 노렸던 한국 정부의 전략은 근본적으로 한계가 있을 수밖에 없었다.

결론적으로 중국이 북한의 핵 문제보다 한반도 관리 차원에서 접근하기 시작한 이상 한국도 과거의 논리와 카드를 가지고 북핵 문제를 다룰 수는 없게 됐다. 중국이 구상하는 미래의 큰 그림이 한반도에 어떤 영향을 미칠 것인지를 냉철하게 분석하고 한반도 문제를 주도적으로 풀어갈 수 있는 창의적 외교가 절실한 시점이다.

중화인민공화국이 공식 인정한 '中韓友好使者'

한중 미래비전 공동성명 전문

2013년 6월 27일, 베이징

박근혜 대한민국 대통령은 시진핑(習近平) 중화인민공화국 국가주석의 초청으로 2013년 6월 27일부터 30일까지 중국을 국빈 방문하여 중국 정부와 국민들의 성대한 환영과 따뜻한 영접을 받았다. 방문기간 중 박근혜 대통령은 시진핑 국가주석과 정상회담을 가졌으며, 리커창 국무원총리, 장더장 전인대 상무위원장과도 면담하였다.

양측은 1992년 수교 이래 양국관계 발전 성과를 평가하고, 한중관계, 한반도 정세, 동북아를 포함한 지역정세 및 국제문제 등 상호 관심사에 대해 심도있는 의견 교환을 가졌으며, 한중 간 전략적 협력동반자 관계를 신뢰에 기반하여 내실있게 발전시켜 나가기 위한 미래비전을 제시하였다.

1. 양국관계 발전 방향 및 원칙

1-1 양국관계 발전 평가

양측은 수교 이래 양국관계가 상호존중, 호혜평등, 평화공존, 선린우호의 정신 하에 제반 분야에서 눈부신 발전을 이루었다고 평가하였다.

양측은 양국 간의 역사적인 수교와 지난 20여 년간의 관계발전이 양국의 번영, 양국민의 복지증진과 한반도의 평화와 안정, 그리고 아시아의 공동 번영에도 기여해 왔다는 데 의견을 같이 하였다.

1-2 양국관계 발전 방향

양측은 양국관계 발전 성과를 토대로 양국 간 전략적 협력동반자 관계를 양자 및 지역 차원뿐만 아니라 국제사회의 평화와 번영을 위한 협력 차원으로까지 더욱 진전시켜 나갈 필요성이 있다는 데 인식을 같이 하였다. 아울러, 양측은 앞으로 정치안보 분야의 협력과 경제통상, 사회문화 분야의 협력을 모두 대폭 발전시켜 나가기로 하였다.

이러한 방향으로 나아가는 데 있어, 양측은 향후 5년간 함께 협력할 양국 신정부가 공히 국민 행복과 인류사회의 복지 증진을 국정목표의 우선순위로 두고 있다는 점이 중요한 추동력으로 작용할 것이라는 데에 의견을 같이 하였다.

1-3 양국관계 발전 원칙

이러한 공통된 인식 하에, 양측은 향후 양국관계 발전의 기본 원칙으로 첫째, 상호이해와 상호신뢰 제고, 둘째, 미래지향적 호혜협력 강화, 셋째, 평등원칙과 국제규범의 존중, 넷째, 지역·국제사회의 평화안정과 공동번영 및 인류의 복지 증진에의 기여를 제시하였다.

2. 전략적 협력동반자 관계의 내실화

2-1 중점 추진 방안

이러한 기본 원칙을 바탕으로, 양측은 한중 전략적 협력동반자 관계를 신뢰에 기반하여 내실화하기로 하고, 이를 위해 다음 세 가지 방안을 중점적으로 추진해 나가기로 하였다.

첫째, 정치·안보 분야에서 전략적 소통을 강화한다.

이를 위해, 양국 지도자가 긴밀히 소통하고, 양국의 정부, 의회, 정당, 학계 등 다양한 주체간의 전략적 소통을 포괄적·다층적으로 추진하여 상호 전략적 신뢰를 가일층 제고한다.

이를 통해, 한중관계 발전, 한반도와 동북아의 평화·안정, 지역협력 및 글로벌 이슈의 해결에도 함께 기여한다.

둘째, 경제·사회 분야에서 협력을 더욱 확대한다.

이를 위해, 기존 협력을 더욱 확대하는 동시에 새로운 협력 분야와 사업을 지속적으로 개발한다. 특히, 양측은 실질적인 자유화와 폭넓은 범위를 포괄하는, 높은 수준의 포괄적인 한중 자유무역협정(FTA) 체결을 목표로 한다는 점

중화인민공화국이 공식 인정한 '中韓友好使者'

을 재확인하였다. 양측은 모델리티 협상의 실질적 진전을 평가하고, 한중 FTA 협상팀이 협상을 조속히 다음 단계로 진전시킬 수 있도록 노력을 강화할 것을 지시하였다.

아울러 양국 국민의 건강과 안전확보를 통한 삶의 질 제고를 위해 공동으로 노력하며, 새로운 성장동력을 조성하기 위한 교류협력을 증진시켜 나간다.

이를 통해, 양국의 호혜적 이익과 양국민 뿐만 아니라 인류의 복지증진에도 기여해 나간다.

셋째, 양국민간 다양한 형태의 교류를 촉진하고, 특히 인문유대 강화 활동을 적극 추진한다.

이를 위해, 학술, 청소년, 지방, 전통예능 등 다양한 인문분야에서 교류를 적극적으로 추진한다. 아울러 양국 간 공공외교 분야에서의 협력, 그리고 다양한 문화교류도 가일층 촉진시킨다.

이를 통해, 양국관계의 장기적, 안정적 발전의 기반이 되는 양 국민간의 상호 이해와 신뢰를 제고한다.

2-2 세부 이행계획

양측은 전략적 협력동반자 관계의 내실화를 위한 상기 세 가지 중점협력 방안을 구체적으로 이행하기 위해, 이 공동성명의 첨부 부속서를 통해 아래와 같은 다섯 가지 사항을 중심으로 하는 세부 이행계획을 제시하였다.

첫째, 정상 및 지도자간 빈번한 상호방문과 회담, 서한 교환, 특사 파견, 전화 통화 등 방식으로 상시적 소통을 추진한다. 한국의 청와대 국가안보실장과 중국의 외교담당 국무위원 간 대화체제를 구축한다. 외교장관 상호방문의 정례화 및 핫라인의 구축, 외교차관 전략대화의 연간 2회 개최, 외교안보대화, 정당 간 정책대화, 양국 국책연구소간 합동 전략대화 등을 추진한다.

둘째, 거시경제정책 공조와 국제금융위기 등 외부경제위험에 대한 공동대처 등 경제통상 협력을 더욱 강화하고, 정보통신, 에너지, 환경, 기후변화 등 미래지향적인 분야에서의 협력사업을 지속 개발한다. 또한, 보건의료, 식품안전,

인구구조 변화 등 사회분야에서도 발전 경험을 공유하기 위해 다양한 협의채널 확충 등의 노력을 강화한다.

셋째, 인문유대 강화를 위한 정부 차원의 협의기구로서 '한중 인문교류 공동위원회'를 설치하고, 동 공동위를 연례 개최하여 관련 협력사업 계획을 수립하고 그 이행을 지도한다. 또한, 교육, 관광, 문화, 예술, 스포츠 등 분야에서의 다양한 교류를 강화한다. 아울러, 이 분야에서의 교류협력을 제3국으로 확대하는 데에도 협력해 나간다.

넷째, 양국민간 교류과정에서 국민에 대한 편의 제공과 권익 보호 등 분야에서 영사 협력을 강화한다.

다섯째, 지역 및 국제무대에서의 협력을 강화한다.

3. 한 반 도

한국측은 한반도의 긴장을 완화시키고 지속가능한 평화를 구축하기 위한 "한반도 신뢰프로세스" 구상을 설명하였다. 이에 대해 중국측은 박근혜 대통령이 주창한 "한반도 신뢰프로세스" 구상을 환영하고, 남북관계 개선 및 긴장 완화를 위하여 한국측이 기울여온 노력을 높이 평가하였다.

양측은 한국과 북한이 한반도 문제의 직접 당사자로서 당국간 대화 등을 통해 한반도 문제 해결을 위하여 적극적인 역할을 해야 한다는 데 의견을 같이 하였다.

한국측은 북한의 계속되는 핵실험에 대해 우려를 표명하고, 어떤 상황에서도 북한의 핵보유를 용인할 수 없음을 분명히 하였다. 이와 관련, 양측은 유관 핵무기 개발이 한반도를 포함한 동북아시아 및 세계의 평화와 안정에 대한 심각한 위협이 된다는 점에 인식을 같이 하였다. 양측은 한반도 비핵화 실현 및 한반노 평화와 안정 유지가 공동이익에 부힙힘을 확인하고 이를 위하여 함께 노력해 나가기로 하였다.

양측은 안보리 관련 결의 및 9.19 공동성명을 포함한 국제 의무와 약속이 성실히 이행되어야 한다는 데 인식을 같이 하였다.

중화인민공화국이 공식 인정한 '中韓友好使者'

양측은 6자회담 틀 내에서 각종 형태의 양자 및 다자대화를 강화하고, 이를 통하여 한반도 비핵화 실현 등을 위한 6자회담의 재개를 위해 긍정적인 여건이 마련되도록 적극 노력하기로 하였다.

한국측은 한반도 평화와 안정을 위한 중국측의 노력을 평가하고, 한반도에서의 새로운 변화를 통해 동 지역의 평화와 안정이 증진될 수 있도록 중국측이 건설적인 기여를 해 줄 것을 희망하였다. 중국측은 남북한 양측이 대화와 신뢰에 기반하여 관계를 개선하고 궁극적으로 한민족의 염원인 한반도의 평화통일 실현을 지지한다고 표명하였다.

4. 대　만

중국측은 세계에 하나의 중국만이 있으며, 대만은 중국 영토의 불가분의 일부분임을 재천명하였다. 한국측은 이에 대해 충분한 이해와 존중을 표시하고, 중화인민공화국 정부가 중국의 유일 합법정부라는 것과 하나의 중국 입장을 계속 견지해 나가기로 하였다.

5. 지역·국제무대 협력

5-1 한·중·일 3국 협력

양측은 한·중·일 3국 협력이 3국 각자의 발전에는 물론 동북아의 평화와 공동 번영에 매우 중요한 역할을 하고 있다고 평가하였다. 이를 위해, 양측은 3국 정상회의를 정점으로 하는 3국 협력체제가 안정적으로 발전해 나가야 한다는 데 인식을 같이 하고, 금년 제6차 3국 정상회의가 성공적으로 개최될 수 있도록 공동 노력하기로 하였다.

5-2 동북아 평화협력 구상

양측은 아시아 지역이 경제 발전과 상호의존의 확대에도 불구하고 정치·안보 협력은 이에 미치지 못하는 역설적인 현상에 직면하고 있고, 특히 최근에는 역사 및 그로 인한 문제로 역내국가간 대립과 불신이 심화되는 불안정한 상황이 지속되고 있는 데 대해 우려를 표명하고, 역내 신뢰와 협력의 구축이라는 공통의 목표를 달성하기 위해 노력하기로 합의하였다. 이러한 맥락에서 중국 측은 박근혜 대통령이 제시한 '동북아 평화협력 구상'에 대해 적극적으로 평가하고 원칙적으로 지지한다는 입장을 표명하였다.

5-3 지역 및 국제이슈에 대한 협력

양측은 지역의 안보 증진과 공동번영을 위해 함께 노력하기로 하였다. 또한 양측은 국제사회의 안전과 인류의 복지에 새로운 위협이 되고 있는 대량파괴무기 확산, 국제 테러리즘, 사이버 범죄, 마약, 해적, 금융 범죄, 하이테크 범죄, 원자력 안전 등 국경을 초월한 각종 범세계적 문제의 해결을 위해 상호 협력을 강화해 나가기로 하였다. 이를 위해 양측은 양국이 지역 및 국제 협력체에서도 아래와 같이 긴밀히 협력해 나가기로 하였다.

첫째, 개방적 지역협력을 더욱 확대해 나갈 필요성에 공감하고, ASEAN+한·중·일, 동아시아정상회의(EAS), 아세안지역안보포럼(ARF), 아시아태평양경제협력체(APEC), 아시아유럽정상회의(ASEM) 등에서 정책적 조율과 협력을 계속 유지한다.

둘째, 유엔 헌장의 정신을 존중하고 국제사회의 평화와 공동번영, 인권 존중을 위한 업무에 관해 협력을 더욱 긴밀화한다. 2013-14년 한국의 유엔 안보리 비상임이사국 수임을 계기로 양국간 유엔 차원의 협력을 강화해 나가기로 한다.

셋째, 세계경제의 견실하고 지속가능한 균형성장을 이룩하기 위해 G20을 포함한 국제경제협력체제에서 협력을 더욱 강화해 나간다. 또한, 한·중·일 자유무역협정(FTA), 역내 포괄적 경제동반자협정(RCEP) 등 동아시아 자유무역협정 논의 과정에서 긴밀히 협력해 나간다.

중화인민공화국이 공식 인정한 '中韓友好使者'

박근혜 대통령의 소프트 파워
: 미래연합 창당발기인으로 참여

박근혜 대통령은 2002년 4월에 이회창 총재의 독선적인 당 운영방식을 비판하며 한나라당을 탈당하고 한국미래연합을 창당한 바 있다. 나는 한국미래연합의 창당발기인으로 참여했다. 모두 38명으로 구성된 발기인 가운데 정치인은 박 대통령과 나뿐이었다. 그때부터 박근혜 대통령에게서 원칙과 소신, 교양이 결합된 소프트 파워를 느꼈다.

박 대통령은 중국 방문에서도 소프트 파워를 어김없이 발휘했다. 북한 핵은 결코 용인하지 않는다는 원칙을 설파해 시진핑 주석으로부터 한반도 비핵화에 대한 동의를 받아냈다. 북한의 국제의무 준수도 촉구했다. 예상보다 강한 대북 압박이었다.

박 대통령은 시진핑 주석과의 정상 오찬자리에서는 "처음엔 내가 사람들의 말을 듣고 그 행실을 믿었다. 지금은 사람들의 말을 듣고도 행실을 살핀다"는 『논어』의 구절을 인용하며 북한이 핵 개발과 도발을 거듭해 온 상황에서 북한의 진정성을 믿기 위해 구체적인 행동이 필요하다는 메시지를 던졌다.

이 같은 안보 문제뿐만 아니라 양국 정부 간 '인문교류공동위원회' 설치에 합의한 것도 상당한 의미가 있다. 학술, 청소년, 전통예능 등 다양한 분야에서 교류 사업을 중점 추진함으로써 양 국민이 다양한 형태로 오랜 문화와 우애를 공유하고 돈독히 하도록 했다. 박 대통령의 방중에 때맞춰 2PM, 씨스타 등 한류 주역들이 '2013 한중 우정콘서트'를 열기도 했다.

중국 이공계 제일의 명문대학이자 시진핑 주석의 모교인 칭화대학교 연설에서는 수준급의 중국어 실력을 선보였다. 또 박 대통령이 보여 준 패션외교는 대내외의 시선을 끌었다. 한복 차림의 우아한 자태에 중국인들은 크게 감동했다. '외교는 이미지'란 말이 있다. 박 대통령의 이런 소프트한 파워가 미래 한중관계를 더욱 가깝게 만들 것으로 믿는다.

시진핑 주석의 슈퍼파워

불균형 발전, 빈부의 격차 등 여러 문제들은 중국에만 있는 게 아니다. 세계 어느 나라에나 존재한다. 물론 한국이나 미국도 예외는 아니다. 하지만 자국의 힘과 노력으로 그 암담한 숙제를 풀어 나갈 수 있는 나라는 오직 중국뿐일 지도 모른다. 중국만이 13억이 다함께 '황하대합창'을 할 수 있는 핵심 정당을 가진 나라이기 때문이다.

특히 주목할 것은 지난 18차 당 대회를 통해 중국은 시진핑 주석을 중심으로 하는 제5세대 지도부가 구성되었다. 이들 제5세대 지도부는 중국 경제의 많은 문제점들을 누구보다 통찰력 있게 주시해 오면서 경험해 온 엘리트 군단이다. 그들은 문화대혁명 기간에 젊은 나이로 시골 벽지에서 서민들과 함께 하는 하방下放을 경험했고, 개혁개방 후에는 동부 연해지역 등에서 장기간 경제발전을 이끌어 온 주역들이기에 거대 중국을 한눈에 꿰뚫을 수 있는 혜안을 가진데다 세계의 흐름을 통찰할 수 있는 안목도 구비한 군단이다.

많은 사람들이 시진핑 시대에 국유 기업 개혁 등 보다 적극적인 경제 구조 개혁 정책을 기대하고 있다. 하지만 나는 당분간은 급진적인 경제 개혁보다는 경제의 안정적이고 지속적인 성장을 위해 그

간의 경제정책을 착실히 실행해 나가면서 점진적인 개혁 행보를 보일 것으로 짐작하고 있다.

중국은 이미 2011년 3월에 '12.5계획제12차 경제사회발전계획. 2011-2015'을 통해 빈부 격차 해소를 위한 다양한 민생안정책을 내놓았고 국유 기업 개혁, 내수 및 소비의 확대, 중서부 및 동북부지역 등을 중심으로 한 지역균형발전 전략을 포함한 중국 경제발전의 중장기 로드맵을 제시하였다.

앞으로 중국의 새 지도부는 점진적으로 최저임금 기준을 올리고 중소기업 종사자들이나 일반 노동자들의 수입을 증대시켜 중산층을 확대함으로써 공동 부유를 달성하려 노력할 것이다. 그 중심에 슈퍼 파워를 가진 시진핑 주석이 있다.

중국 제5세대 시진핑 시대 10년에의 기대

시진핑 주석은 1953년 중국 싼시성山西省 푸핑富平에서 태어났다. 시중쉰習仲勛, 1913-2002 전 부총리의 차남으로, 혁명 원로의 아들이었지만 시중쉰이 1962년 펑더화이彭德懷 실각 때 숙청됨에 따라 농촌 지방을 돌아다니며 고된 노동으로 청소년 시절을 보냈다.

문화대혁명이 끝난 후 부친이 복권된 뒤에야 베이징으로 돌아와 태자당의 일원이 됐다. 1975년 22세의 나이로 칭화대학교에 입학해 화학공학을 전공, 법학박사 학위를 받았다. 졸업 후에는 중앙군사위 판공실 비서로 일하며 지방근무를 주로 했다.

영국 주재 대사를 지낸 커화柯華의 딸과 결혼했지만 이혼하고 중국의 민족 성악가수인 펑리위안彭麗媛과 1987년 9월 재혼했다.

시진핑은 2007년 상하이시 당서기였던 천량위陳良宇가 비리 사건으로 낙마한 이후부터 두각을 나타냈다. 상하이시 당서기에 취임한 뒤 이 사건을 무난히 수습, 공청단파와 상하이방 양쪽에서 정치력 있는 지도자라는 평가를 받았다. 곧바로 2007년 10월 열린 당 17차 전국 대표자대회에서 리커창 당시 상무부총리를 제치고 정치국 상무위원으로 선출되면서 차기 지도부로 떠올랐다.

2010년 10월 18일 제17기 중앙위원회 5차 전체회의에서 중국 공산당 중앙군사위원회 부주석으로 선출됨에 따라 후진타오 주석의 뒤를 이을 차기 국가주석으로 사실상 확정됐다. 2012년 11월 15일 열린 제18기 당 중앙위원회 전체회의에서 당 총서기로 선출됨과 동시에 후진타오 주석이 당 중앙군사위 주석 직 퇴진을 선언해 중국 지도자 가운데 최초로 당권과 군권을 한꺼번에 이양받았다.

시진핑 주석과 리커창 총리를 주축으로 하는 제5세대 지도부는 2013년 3월 14-17일 개최된 제12기 전국인민대표회의에서 시진핑이 국가주석에 오름으로써 공식 출범했다. 이로써 시진핑은 제1세대 마오쩌둥, 제2세대 덩샤오핑, 제3세대 장쩌민, 제4세대 후진타오에 이어 중국의 향후 10년을 이끄는 제5세대 지도부 서열 1위의 최고 지도자가 됐다.

시진핑은 2013년 4월 5일 사실상의 집권 1년을 맞았다. 이 시기를 전후해 시진핑이 '차이나 3.0시대의 지도자'란 말이 등장했다. 마오쩌둥이 차이나 1.0시대, 덩샤오핑이 차이나 2.0시대의 지도자라면 시진핑은 3.0시대의 지도자라는 의미다.

장쩌민과 후진타오는 덩샤오핑 노선을 그대로 따랐을 뿐 중국의 새로운 방향을 제시하지 못했기 때문에 배제됐다. 반면, 시진핑은 중국 현대사에 큰 획을 그은 마오쩌둥과 덩샤오핑과 같은 반열로 평가받았다. 그만큼 G2의 한 축인 거대 중국을 이끌어 갈 시진핑 체제에 거는 기대가 담겨 있다.

마오쩌둥의 차이나 1.0시대에 중국은 정치는 레닌주의, 경제는 계획경제를 실시하며 나라를 열었다. 덩샤오핑의 차이나 2.0시대에 중국은 정치는 안정, 경제는 시장경제 도입이란 과감한 변화를 일으켰다.

그렇다면 시진핑의 차이나 3.0시대를 상징할 정치노선과 경제정책 기조는 무엇일까.

시진핑이 추구하는 미래 중국의 모습은 강력한 국가, 세계의 중심으로 우뚝 서는 국가다. 이를 위해 시진핑은 정치적으로는 한층 더 조이고 경제적으로는 더욱 대담하게 푸는 '정좌경우政左經右'의 행보를 보이고 있다는 평가를 받는다.

특히 사상무장을 위해 정풍整風운동을 당 고위층에서 시작해 중국 공산당 전체로 확대하고, 이를 다시 국민 모두에게로 확산시키고 있다. 2012년 12월 4일에는 회의 간소화와 근검절약 등 8가지 지시사항을 당 중앙정치국 위원들에게 하달하는 당8조黨八條를 발표했다. 이어 같은 해 12월 중순에는 인민해방군에도 금주령이 포함된 군10조軍十條가 하달됐다. 그러다 제5세대 지도부가 공식 출범한 2013년 4월 19일에는 마침내 전체 공산당 차원의 정풍운동 깃발을 올렸다. 모든 것은 군중을 위해, 군중에 의지해, 군중에서 나와서 군중으로 돌아가야 한다는 군중노선 교육실천 활동의 대대적인 전개다.

시진핑은 당이 군중과 유리되는 이유는 형식주의, 관료주의, 향락주의, 사치바람 등의 4가지 바람 때문이라고 보고 '4풍四風 반대 운동'을 펼치고 있다. 아울러 '거울 보고 옷매무새 똑바로 하며 몸을 씻고 병을 치료하자'는 캠페인을 전개하고 있는데, 이는 문화대혁명 시대를 연상케 한다.

시진핑의 차이나 3.0경제는 차이나 1.0, 차이나 2.0경제에서 나타났던 여러 문제점들을 바로잡고 지속적인 성장을 이어가는 데 목표를 두고 있다.

중국에서 경제는 리펑 총리 이래 총서기의 후원 아래 총리가 맡는 모양새를 띠고 있다. 리커창 총리는 2012년 '새로운 4개 현대화新四化' 방침을 밝혔다. 공업, 농업, 국방, 과학기술의 기존 4개 현대화를 넘어 정보화, 공업화, 도시화, 농업현대화라는 새로운 방향을 제시했다.

'신사화'의 핵심은 농민을 도시민으로 바꾸는 '도시화'다. 2011년 기준으로 51.27%인 도시화율을 매년 0.8% 포인트씩 끌어올려 2030년에는 70%에 가깝게 만들겠다는 포부다.

아울러 차이나 3.0경제에서는 시장의 역할을 존중하고 있다. 시장의 역할 강화는 국유 기업 개혁을 수반했다. 이는 곧 기득권의 반발을 불러일으키게 된다. 실제로 2013년 9월 말 상하이자유무역시범구가 문을 열었지만 국내외적인 반발을 샀다. 기득권을 놓지 않으려는 국내 세력과 상하이의 부상을 우려하는 싱가포르와 홍콩 등의 저항이었다.

시진핑은 사회주의의 본질을 빈곤 해소, 민생 개선, 공동 부유 실현이라고 믿고 있다. 일부 특권 계층이 아닌 천하의 이익을 도모해야 한다는 생각이다. 기득권 세력의 조직적 반발을 뚫고 그의 꿈이 이뤄질지 기대가 된다.

시진핑 주석은 부주석 시절이던 2008년 3월 평양을 방문해 북한 지도부와 상견례를 했다. 또 2009년 12월에는 한국을 찾아 정계, 관계, 재계의 지도자들을 두루 만났다. 평소에도 한반도 문제에 깊은 관심을 갖고 있는 것으로 알려져 있다. 차이나 3.0시대에 중국의 한반도정책도 상당한 변화를 겪을 것으로 전망된다.

중화인민공화국이 공식 인정한 '中韓友好使者'

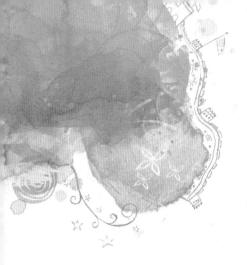

한중 교류는
영원히 지속되어야 한다
: 21세기형 독립운동

내가 체험하고 공부한 중국, 중국인의 깊숙한 내면세계로 들어가 봤다. 알면 알수록 궁금해지는 중국, 중국인의 실체와 속살을 나름대로 들춰봤다.

1992년 수교로 시작된 신新한중 우호협력관계가 이제 새로운 도약의 계기를 맞았다. 중국에서는 시진핑 시대가 시작됐고, 한국에서는 박근혜 정부가 닻을 올렸다. 양국의 동반 발전뿐 아니라, 북한의 핵 위협에 대처하고 한반도 평화통일을 이루기 위해서는 공식, 비공식 교류 채널이 지금보다 더 굳고 다양해져야 한다. 내가 앞으로 할 일이기도 하다.

양국에 새로운 지도체제가 들어선 것은 절호의 기회다. 특히 한중 관계에 획기적인 전기를 마련하고 한반도 통일을 앞당기기 위해서는 '균형외교', '평화통일외교'가 중요하다.

중국의 북한에 대한 영향력 측면뿐만 아니라, 경제 분야에서도 향후 10년간 중국과의 우호협력이 매우 중요하다. 실제로 양국의 경제교류 규모는 날로 커지고 있다. 2012년에 한국과 중국의 교역량은 2천500억 달러 규모였다. 이는 한국과 미국·일본의 교역량을 합친 1천900억 달러보다도 훨씬 많다. 앞으로 한중 FTA가 체결되면 양국의 교역량이 지속적으로 증가해 시진핑 주석이 재임하는 10년을 거치면서 연간 7천500억-1조 달러까지도 증가할 수 있다.

나는 지난 25년 동안 중국 대륙을 호령하는 수많은 최고 지도자들과 교류하면서 넓고 깊게 우정을 쌓아 왔다. 앞으로도 양국관계가 막힐 때면 먼저 중국 지도자들을 찾아갈 것이다. 한국 정부나 중국 당국의 요청이 있을 때는 기꺼이 양국 사이의 가교 역할을 맡아 한중 우호협력을 위한 밑거름이 되려고 한다. 고위지도자포럼, 여성지도자포럼, 국방안보교류, 고위언론인포럼, 차세대정치지도자교류를 더욱 활성화시켜 미래 한중 동반 발전의 모델을 제시해 나갈 것이다. 한국과 중국은 실과 바늘 같은 관계다.

나는 한국과 중국 두 나라의 동반 발전, 남북한 평화통일을 위해 '21세기형 독립운동'을 한다는 자세로 일하고 있다. 나에게 중국과 친하라고 명령한 사람은 없다. 그러나 나는 중국을 친한 친구로 택했다. 믿음과 의리가 있는 나라, 언젠가 은혜를 갚을 줄 아는 나라라고 생각하기 때문이다. 21세기한중교류협회 주관으로 중국의 각 분야 지도자들과 다양한 교류 사업을 벌이면서 내가 제대로 방향을 정하고 올바른 길을 걸어왔다고 항상 만족한다. 미래 한중관계는 한없이 밝다.

중화인민공화국이 공식 인정한 '中韓友好使者'

연 보

김 한 규

학 력

미국 캘리포니아 주립대학교, 대학원 졸업
러시아 사회과학원 정치학 박사
미국 컬럼비아 대학교 아시아문제연구소 객원 연구원
중국 사회과학원 고위직 연구원(명예 연구원)
서울대학교, 연세대학교 행정대학원 수료
고려대학교, 연세대학교 언론홍보대학원 수료
대구한의대학교 명예보건학 박사
카자흐스탄 국제경영전략대학원 명예 정치학 박사
러시아 사회과학원 극동문제연구소 명예 정치학 박사

경 력

미국 재미 한국유학생(남가주)회장
한미기독실업인회 회장
사회복지법인 홀트 아동복지회 회장
대한의료사업가협회 이사장
88장애인올림픽 조직위원회 실무부위원장

사단법인 한국사회복지정책연구원 이사장
제13·14대 국회의원
국회 국가경쟁력강화특별대책위원회 위원장
국회 88올림픽지원특별위원회 간사 및 위원장
국회 보건사회위원회 간사(여당 위원장)
김영삼 대통령직 인수위원회 위원
김영삼 대통령(당 총재) 비서실장
제20대 총무처(현 안전행정부)장관
2002년 월드컵조직위원회 자문위원
중국 국무원 부빈개발협회 특별고문(외국)

교 수
명지대학교 석좌교수(현재)
대구한의대학교 석좌교수
중국 강소성 양저우대학교 명예교수
중국 흑룡강성대학교, 산동대학교, 하얼빈공정대학교 고문교수

명예시민
흑룡강성 하얼빈시 명예시민
산동성 문등시 명예시민
귀주성 은천시 명예시민

훈장 및 수상
청조근정훈장, IOC은장훈장, 체육훈장 청룡장, 보국훈장(3.1장)
한미 수교 100주년 공로메달
노르웨이 국왕 울라프 5세 공로훈장

21세기한중교류협회의 발자취

한중 지도자포럼

2001년 10월 10-16일 제1차 한중 지도자포럼(중국 양저우) 개최

2002년 9월 1-6일 제2차 한중 지도자포럼(한국 서울) 개최

2003년 8월 25-30일 제3차 한중 지도자포럼(중국 베이징) 개최

2004년 12월 6-11일 제4차 한중 지도자포럼(한국 서울) 개최

2005년 9월 3-8일 제5차 한중 지도자포럼(중국 베이징, 후난성) 개최

2006년 10월 16-21일 제6차 한중 지도자포럼(한국 서울) 개최

2007년 8월 27일-9월 1일 제7차 한중 지도자포럼(중국 베이징) 개최

2008년 9월 22-26일 제8차 한중 지도자포럼(한국 서울) 개최

2009년 8월 25-29일 제9차 한중 지도자포럼(중국 베이징) 개최

2010년 8월 30일-9월 3일 제10차 한중 지도자포럼(한국 서울) 개최

2011년 8월 29일-9월 2일 제11차 한중 지도자포럼(중국 베이징) 개최

2012년 6월 4-8일 제12차 한중 지도자포럼(한국 서울) 개최

2113년 8월 19-23일 제13차 한중 지도자포럼(중국 베이징, 헤이룽장성) 개최

한중 여성지도자포럼

2004년 4월 21-26일 제1차 한중 여성지도자포럼(중국 베이징) 개최

2005년 4월 20-24일 제2차 한중 여성지도자포럼(한국 서울) 개최

2006년 7월 12-16일 제3차 한중 여성지도자포럼(중국 베이징) 개최

2007년 6월 6-9일 제4차 한중 여성지도자포럼(한국 서울) 개최

2008년 4월 27일-5월 1일 제5차 한중 여성지도자포럼(중국 베이징) 개최

2009년 4월 20-24일 제6차 한중 여성지도자포럼(한국 서울) 개최

2010년 4월 26-30일 제7차 한중 여성지도자포럼(중국 베이징 운남성) 개최

2011년 4월 25-29일 제8차 한중 여성지도자포럼(한국 서울, 제주) 개최

2012년 4월 24-28일 제9차 한중 여성지도자포럼(중국 베이징, 난징, 양저우) 개최

2013년 6월 7-11일 제10차 한중 여성지도자포럼(한국 서울, 제주) 개최

한중 차세대정치지도자(국회의원)교류

2009년 3월 30일-4월 2일 제1차 한중 차세대정치지도자교류(중국 베이
징, 산둥 지난)

한중 고위언론인포럼

2009년 6월 10-14일 제1차 한중 고위언론인포럼(중국 베이징) 개최

2010년 9월 26-30일 제2차 한중 고위언론인포럼(한국 서울) 개최

2011년 9월 19-23일 제3차 한중 고위언론인포럼(중국 베이징) 개최

2012년 6월 11-15일 제4차 한중 고위언론인포럼(한국 서울) 개최

2013년 7월 29-8월 2일 제5차 한중 고위언론인포럼(중국 베이징, 랴오닝성) 개최

한중 국방안보교류

2009년 4월 27-30일 제1차 한중 국방안보교류(중국 베이징)

2009년 10월 13-16일 제2차 한중 국방안보교류(한국 서울)

2010년 5월 10-13일 제3차 한중 국방안보교류(중국 베이징)

2011년 5월 23-27일 제4차 한중 국방안보교류(한국 서울, 제주)

2012년 6월 18-23일 제5차 한중 국방안보교류(중국 베이징)

2013년 6월 7-11일 제6차 한중 국방안보교류(한국 서울, 제주)

김한규, 중국과 通하다

| 초판인쇄 | 2014년 1월 5일 |
| 초판2쇄발행 | 2014년 2월 25일 |

| 지은이 | 김한규 |
| 펴낸이 | 안종만 |

편 집	김선민·엄주양
기획/마케팅	조성호·홍현숙
표지디자인	최은정
제 작	우인도·고철민

| 펴낸곳 | (주)**박영사** / **박영**books |

서울특별시 종로구 평동 13-31번지
등록 1959. 3. 11. 제300-1959-1호(倫)

전 화	02)733-6771
f a x	02)736-4818
e-mail	pys@pybook.co.kr
homepage	www.pybook.co.kr
ISBN	979-11-303-0052-8 03340

정 가   18,000원